中國学術思想 研究輯刊

三四編

林慶彰 主編

第 5 冊

劉牧《易》學研究（中）

盧秀仁 著

花木蘭文化事業有限公司

國家圖書館出版品預行編目資料

劉牧《易》學研究（中）／盧秀仁 著 -- 初版 -- 新北市：花
木蘭文化事業有限公司，2021〔民110〕
目 8+188 面；19×26 公分
（中國學術思想研究輯刊 三四編；第 5 冊）
ISBN 978-986-518-488-9（精裝）
1.（宋）劉牧 2.學術思想 3.易學
030.8　　　　　　　　　　　　　　　　110010874

ISBN-978-986-518-488-9

9 789865 184889

中國學術思想研究輯刊
三四編　第 五 冊　　　　　　ISBN：978-986-518-488-9

劉牧《易》學研究（中）

作　　者　盧秀仁
主　　編　林慶彰
總 編 輯　杜潔祥
副總編輯　楊嘉樂
編　　輯　許郁翎、張雅淋、潘玟靜　美術編輯　陳逸婷
出　　版　花木蘭文化事業有限公司
發 行 人　高小娟
聯絡地址　235 新北市中和區中安街七二號十三樓
　　　　　電話：02-2923-1455／傳真：02-2923-1452
網　　址　http://www.huamulan.tw 信箱 service@huamulans.com
印　　刷　普羅文化出版廣告事業
封面設計　劉開工作室
初　　版　2021 年 9 月
全書字數　495209 字
定　　價　三四編 14 冊（精裝）新台幣 36,000 元

劉牧《易》學研究（中）

盧秀仁 著

第四章 《易數鈎隱圖》與《遺論九事》之思想考論（上）

　　泊北宋・李淑（1002～1059）《書目》，記錄《易數鈎隱圖》一卷以降，歷來即有一卷、二卷、三卷之說者；迄南宋・晁公武（1105～1180）載記《遺論九事》之并入始，經南宋・陳騤（1128～1203）、南宋・馮椅（1140～1231）、南宋・陳振孫（1179～1262）、南宋・王應麟（1223～1296）、元・馬端臨（1254～1323）、清・朱彝尊（1629～1709）等諸家輯錄，均將《遺論九事》，視如劉牧之作；四庫館臣猶然因循，合聚彙編而成今日傳本，致使兩者詮釋、圖示混雜為一；且《易數鈎隱圖》之圖數，歷代尚有四十八圖、五十五圖、六十四圖之論者，若然之眾說紛紜，莫知孰是，令人無以為適。是以本章為求釐正《遺論九事》與《易數鈎隱圖》錯綜之糾葛，還原確切之圖數，故采依圖分析、比較，檢覈、參校之方式，進行探究、泂泝，以尋玩《易數鈎隱圖》與《遺論九事》，彼此論說之根由與異同，從而確立劉牧「象數《易》學」，獨特創見之學術依仗。

第一節　「太極為一」、「易為太易」、「易有四象」之探析

一、「太極為一」、「易為太易」之辨

　　李申曾謂：「最初的《太極圖》應是一個空心圓。……也就是說，要將太

極畫成圖，只能是個圓。」〔註1〕惟其間所作諸般引證〔註2〕獨缺劉牧所述之
太極圖：

圖4-1-1 太極第一〔註3〕

劉牧謂：「太極無數與象，今以二儀之氣，混而為一以畫之，蓋欲明二儀所從
而生也。」〔註4〕其由五白、五黑點，象徵陰陽二儀之氣，以喻二儀所由之宗，
彼此各為相間，以契〈繫傳〉：「一陰、一陽之謂道」〔註5〕之理，且一綫連繫，
猶如陰陽混合一氣，無數與象之狀，而環繞成圓，堪稱文獻所見，代表太極
意境最早之圖。

　　若然，劉牧所稱「太極者，一氣也，天地未分之前，元氣混而為一」〔註6〕
之理論，當源於《老子》所云：「有物混成，先天地生。寂兮寥兮，獨立不改，
周行而不殆，可以為天下母。吾不知其名，字之曰『道』，強為之名曰『大』。」
〔註7〕劉牧指太極之域，在天地未分之前，呈陰、陽元氣摻合為一之狀，所述

〔註1〕李申著：《易圖考》（北京：北京大學出版社，2000年），頁65。
〔註2〕李申著：《易圖考》，頁65～66。
〔註3〕〔北宋〕劉牧撰：〈太極第一〉，《易數鉤隱圖》，收入《景印摛藻堂四庫全書
　　　薈要・經部第14冊・易類》（臺北：世界書局，1988年），總第15冊，卷上，
　　　頁241。
〔註4〕〔北宋〕劉牧撰：〈太極第一〉，《易數鉤隱圖》，收入《景印摛藻堂四庫全書
　　　薈要・經部第14冊・易類》，總第15冊，卷上，頁241。
〔註5〕〔三國・魏〕王弼注，〔唐〕陸德明音義，孔穎達正義：《周易經傳注疏》，收
　　　入《景印摛藻堂四庫全書薈要・經部第1冊・易類》（臺北：世界書局，1988
　　　年），總第2冊，卷11，頁254。
〔註6〕〔北宋〕劉牧撰：《易數鉤隱圖》，收入《景印摛藻堂四庫全書薈要・經部第
　　　14冊・易類》（臺北：世界書局，1988年），總第15冊，卷上，頁242。
〔註7〕〔東周〕李耳撰，〔三國・魏〕王弼注：〈二十五章〉，《老子道德經》，收入《景
　　　印摛藻堂四庫全書薈要・子部第30冊・墨家類、道家類》（臺北：世界書局，
　　　1988年），總第275冊，上篇，頁213～214。

之情，猶如「有物混成，先天地生」之象，該象老子強名之曰「道」及「大」。

惟「大」之義，西漢・河上公（？）訓之：「高而無上，羅而無外，無不包容，故曰『大』也。」〔註8〕清・段玉裁（1735～1815）嘗注：「後世凡言『大』，而以為形容未盡，則作『太』，如大宰，俗作太宰；大子，俗作太子；周大王，俗作太王是也。」〔註9〕又解詁「極」字：「凡至高、至遠，皆謂之『極』。」〔註10〕若然「大極」亦「太極」，〔註11〕即「道之至高、至遠」之蘊，殆如陳鼓應所釋：「形容『道』的沒有邊際，無所不包」〔註12〕之義。

《老子》又謂：「道生一」〔註13〕，河上公詮解：「道始所生者一。」〔註14〕《淮南子》載記：「道曰：規始於一」〔註15〕，云道之法度，開始於一。蔣錫昌（1897～1974）則喻：「道始所生者一，一即道也。自其名而言之，謂之道；自其數而言之，謂之一。」〔註16〕是以綜上之述，「道」者，「大」也、「一」也，其態亦如一陰、一陽匯聚而成一氣之「太極」、「大極」是也。列子（450～375B.C.）有言：

夫有形者生於無形，則天地安從生？故曰有太易，有太初，有太始，

〔註8〕〔西漢〕河上公撰：〈象元第二十五〉，《老子道德經》，收入《景印文淵閣四庫全書・子部361・道家類》（臺北：臺灣商務印書館，1985年），第1055冊，卷上，頁58。

〔註9〕〔清〕段玉裁撰：《說文解字注》，收入《續修四庫全書・經部・小學類》（上海：上海古籍出版社，1995年），第207冊，第11篇上2，頁420。

〔註10〕〔清〕段玉裁撰：《說文解字注》，收入《續修四庫全書・經部・小學類》（上海：上海古籍出版社，1995年），第205冊，第6篇上，頁498。

〔註11〕按《周易注疏》原文載錄：「是故易有『大極』，是生兩儀。」〔三國・魏〕王弼注，〔唐〕陸德明音義，孔穎達正義：《周易經傳注疏》，收入《景印摛藻堂四庫全書薈要・經部第1冊・易類》（臺北：世界書局，1988年），總第2冊，卷11，頁268。唐・陸德明（556～627）《經典釋文》即注：『『大』音『泰』。」〔唐〕陸德明撰：《經典釋文》，收入《景印摛藻堂四庫全書薈要・經部第76冊・經解類》（臺北：世界書局，1988年），總第77冊，卷2，頁44。

〔註12〕陳鼓應註譯：〈二十五章〉，《老子今註今譯及評介》（臺北：臺灣商務印書館，2006年），頁146。

〔註13〕〔西漢〕河上公撰：〈道化第四十二〉，《老子道德經》，卷下，頁63。

〔註14〕〔西漢〕河上公撰：〈道化第四十二〉，《老子道德經》，卷下，頁63。

〔註15〕〔西漢〕劉安撰，〔東漢〕高誘注：〈天文訓〉，《淮南鴻烈解》，收入《景印摛藻堂四庫全書薈要・子部第32冊・雜家類》（臺北：世界書局，1988年），總第277冊，卷3，頁35。

〔註16〕蔣錫昌著：《老子校詁》（上海：商務印書館，1937年），頁279。

有太素。太易者，未見氣也；太初者，氣之始也；太始者，形之始也；太素者，質之始也。氣、形、質具而未相離，故曰渾淪。渾淪者，言萬物相渾淪而未相離也。〔註17〕

列禦寇籍「凡有形者，皆由無形而生」之常，以論證天、地生成之由，概經太易、太初、太始、太素四種變化。列子謂「太易」者，為「未見氣」。此「無形」、「未見氣」之徵，即如東漢・鄭玄（127～200）所注：「以其寂然無物，故名之為太易」〔註18〕之「寂然無物」。惟「無形」、「未見氣」、「寂然無物」之兆，則同然於《老子》：「是謂無狀之狀，無物之象」〔註19〕之境，亦如河上公（？）所示：「始者，道本也。吐氣布化出於『虛無』，為天地本始也」〔註20〕之「虛無」。

列子說「太初者，為氣之始。」鄭玄釋「太初」曰：「元氣之所本始。」〔註21〕列子又言「太始者，形之始也；太素者，質之始也」，鄭玄訓稱：「形見此天象，形見之所本始也；地質之所本始也。」〔註22〕即釋「太始」、「太素」，為所見天象、地質之肇端本始，蓋指兩儀之謂也。

列子又指「氣、形、質具而未相離，故曰渾淪。」意為太初、太始、太素，三者齊備凝聚而未分散之際，喚作「渾淪」。鄭玄詮註：「雖含此三始，而猶未有分判。老子曰：『有物渾成，先天地生』。」〔註23〕是言渾淪，同時蘊蓄彙萃，氣、形、質，三始之氣而未有析離，其狀猶如《老子》所云：「有物混成，先天地生」之況。

若此太初、太始、太素三者未分而混為一氣，鄭玄注曰：「此一，則元氣形見而未分者。」〔註24〕三國魏・孟康（？）則述：「元氣，始起於子，未分

〔註17〕〔東周〕列禦寇撰，〔東晉〕張湛注：〈天瑞第一〉，《列子》，收入《景印摛藻堂四庫全書薈要・子部第 31 冊・道家類》（臺北：世界書局，1988 年），總第 276 冊，卷 1，頁 6。

〔註18〕〔東漢〕鄭康成注：《易緯乾鑿度》，收入《景印摛藻堂四庫全書薈要・經部第 14 冊・易類》（臺北：世界書局，1988 年），總第 15 冊，卷上，頁 501。

〔註19〕〔西漢〕河上公撰：〈贊玄第十四〉，《老子道德經》，收入《景印文淵閣四庫全書・子部 361・道家類》（臺北：臺灣商務印書館，1985 年），第 1055 冊，卷上，頁 54。

〔註20〕〔西漢〕河上公撰：〈體道第一〉，《老子道德經》，卷上，頁 51。

〔註21〕〔東漢〕鄭康成注：《易緯乾鑿度》，卷上，頁 501。

〔註22〕〔東漢〕鄭康成注：《易緯乾鑿度》，卷上，頁 501～502。

〔註23〕〔東漢〕鄭康成注：《易緯乾鑿度》，卷上，頁 502。

〔註24〕〔東漢〕鄭康成注：《易緯乾鑿度》，卷上，頁 502。

之時，天、地、人混合為一。」〔註25〕是以元氣，為宇宙混沌未判之時，天、地、人三才，彼此陰、陽之氣，渾然合聚成一者也。而此三始融匯之一氣，起始於太初，誠如鄭玄所言：「此則太初氣之所生也。」〔註26〕若然太初，同然於太極，相埒於道，均始於一氣，太初本為太極，亦為道者之理。唐‧孔穎達（574～648）即疏：「太極，謂天地未分之前，元氣混而為一，即是太初、太一也。《老子》云『道生一』，即此太極是也。」〔註27〕

故劉牧據以而詮述：「太極者，元炁混而為一之時也，其炁已兆，非无之謂。……易有太極，是生兩儀，易既言『有』，則非『无』之謂也。」〔註28〕劉牧語「易有太極」之「有」，讀「云九切」〔註29〕，作「擁有、懷有」之解；不讀「又，于救切」〔註30〕之音，即不取「調換、替代」之釋。如此「易『有』太極」，洵非「易『又』太極」，「易」既含元氣混合為一之「太極」，則「太極」即屬「有」之界，非「無」之地。

相對於《老子》：「天下萬物生於有，『有』生於『無』」〔註31〕之旨，「易

〔註25〕 〔東漢〕班固撰，〔唐〕顏師古注：〈律曆志第一上〉，《前漢書》，收入《景印摛藻堂四庫全書薈要‧史部第 4 冊‧正史類》（臺北：世界書局，1988 年），總第 90 冊，卷 21 上，頁 462。

〔註26〕 〔東漢〕鄭康成注：《易緯乾鑿度》，卷上，頁 502。

〔註27〕 〔三國‧魏〕王弼注，〔唐〕陸德明音義，孔穎達正義：《周易經傳注疏》，收入《景印摛藻堂四庫全書薈要‧經部第 1 冊‧易類》（臺北：世界書局，1988 年），總第 2 冊，卷 11，頁 269。

〔註28〕 〔北宋〕劉牧撰：〈論上〉，《易數鈎隱圖》，收入《景印摛藻堂四庫全書薈要‧經部第 14 冊‧易類》（臺北：世界書局，1988 年），總第 15 冊，卷上，頁 250。

〔註29〕 按段玉裁《說文解字注》：「『有』，不宜有也。謂本是不當有而有之偁。引伸遂為『凡有』之偁。凡《春秋》，書『有』者，皆『有』字之本義也。……云九切，古音在一部。古多叚『有』為『又』字。」〔清〕段玉裁撰：〈文八 重二〉，《說文解字注》，收入《續修四庫全書‧經部‧小學類》（上海：上海古籍出版社，1995 年），第 206 冊，第 7 篇上，頁 49。

〔註30〕 按清‧段玉裁《說文解字注》：「『又』，手也，象形。此即今之『右』字，不言『又』。手者，本兼『ナ、又』，而言以『屮』別之，而『又』專謂右。猶有《古文尚書》，而後有《今文尚書》之名；有《後漢書》，而後有《前漢書》之名；有〈下曲禮〉，而後有〈上曲禮〉之名也。又作『右』，而『又』為更然之詞。《穀梁傳》曰：『又、有，繼之辭也。』……于救切，古音在一部。」〔清〕段玉裁撰：〈文十〉，《說文解字注》，收入《續修四庫全書‧經部‧小學類》（上海：上海古籍出版社，1995 年），第 204 冊，第 3 篇下，頁 836。

〔註31〕 〔東周〕李耳撰，〔三國‧魏〕王弼注：〈四十章〉，《老子道德經》，收入《景印摛藻堂四庫全書薈要‧子部第 30 冊‧墨家類、道家類》（臺北：世界書局，1988 年），總第 275 冊，下篇，頁 226。

有太極」之「易」義，猶如《列子》所載：「視之不見，聽之不聞，循之不得，故曰『易』也。『易』無形埒，『易』變而為一」〔註32〕之「易」，殆云未見氣、無形埒之「太易」。亦如劉牧所稱：「易者，陰陽氣交之謂也」〔註33〕之「易」，言太易虛無，有物混成，陰陽凝聚，氣交變化而成一氣之「太極」，其況即如《老子》所陳：「無，名天地之始；有，名萬物之母。……此兩者，同出而異名，同謂之玄」〔註34〕之「無」、「有」，同源而異名之般。若此由无形未見氣之太易，變為有形可見一氣之太初（太極），劉牧稱此元氣雜糅為一之狀，已呈顯現之兆，並非虛无之情。

綜觀以辨，劉牧於「易有太極」之「易」，當視如未見氣之「太易」，而「太極」則解為「太初」之「一氣」，同然於「道生一」之「一」者。

二、「易有四象」之「四象」審訂

劉牧因循鄭玄、孔穎達承襲於《老子》、《列子》思想之論，定義「太極」為「道」、「太初」，皆乃先天混沌一氣，若然「是生兩儀」劉牧即云：

> 一氣所判，是曰兩儀。易不云乎天、地而云兩儀者，何也？蓋以兩儀，則二氣；始分天、地，則形象斯著。以其始分兩體之儀，故謂之兩儀也。〔註35〕

太極一氣初分為二，二者乃天、地二體，形成前之陰、陽氣象，故名曰兩儀。太極分判為二儀之象，二象又始劃天、地兩體之形，形與象洎此而明顯區別。是以「兩儀生四象」之由，劉牧便述：

> 則知兩儀乃天地之象，天、地乃兩儀之體爾。今畫天左旋者，取天一、天三之位也。畫地右動者，取地二、地四之位也。分而各其處者，蓋明上、下未交之象也。〔註36〕

〔註32〕〔東周〕列禦寇撰，〔東晉〕張湛注：〈天瑞第一〉，《列子》，收入《景印摛藻堂四庫全書薈要・子部第 31 冊・道家類》（臺北：世界書局，1988 年），總第 276 冊，卷 1，頁 6。

〔註33〕〔北宋〕劉牧撰：〈序〉，《易數鈎隱圖》，頁 240。

〔註34〕〔東周〕李耳撰，〔三國・魏〕王弼注：〈一章〉，《老子道德經》，上篇，頁 200～201。

〔註35〕〔北宋〕劉牧撰：《易數鈎隱圖》，收入《景印摛藻堂四庫全書薈要・經部第 14 冊・易類》（臺北：世界書局，1988 年），總第 15 冊，卷上，頁 242。

〔註36〕〔北宋〕劉牧撰：《易數鈎隱圖》，收入《景印摛藻堂四庫全書薈要・經部第 14 冊・易類》，總第 15 冊，卷上，頁 242。

劉牧稱太極所生陰、陽兩儀，象徵天、地之象，而天、地則表兩儀之體，兩
儀、天地，相為表裡。其以黑、偶為陰，白、奇為陽，且謂：「天一、地二、
天三、地四，此四象生數也。」〔註37〕若此依陽儀為奇，取天一、天三，采
左旋而畫；陰儀為偶，取地二、地四，循右動而繪，各分其處，以明上、下未
交之象，故而畫出「太極生兩儀」之圖：

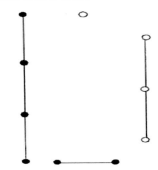

圖 4-1-2 太極生兩儀第二〔註38〕

圖中黑點二、四，表陰儀；白點一、三，示陽儀。劉牧訓曰：

> 夫氣之上者，輕清；氣之下者，重濁。輕清而圓者，天之象也。重
> 濁而方者，地之象也。茲乃上、下未交之時，但分其儀象耳。若二
> 氣交，則天一下而生水，地二上而生火，此則形之始也。〔註39〕

劉牧據《列子》所云：「清輕者，上為天；濁重者，下為地。」〔註40〕提出「陽
者，輕清為上；陰者，重濁為下」之觀念。輕清而圓者，天之象，代表陽氣在
上；重濁而方者，地之象，代表陰氣在下。顯示兩儀黑、白之點，僅分列其處
之位，呈現陰、陽二氣未交之狀。劉牧稱倘二氣交感，則將天一下而生水，地
二上而生火，若此則為有形數之開始。是以劉牧又引〈繫辭〉而言：

> 《易》曰：「形而上者，謂之道，形而下者謂之器。」……謂天一、
> 地二、天三、地四，止有四象，未著乎形體，故曰「形而上者，謂

〔註37〕〔北宋〕劉牧撰：《易數鈎隱圖》，收入《景印摛藻堂四庫全書薈要・經部第
　　　　14 冊・易類》，總第 15 冊，卷上，頁 248。

〔註38〕〔北宋〕劉牧撰：《易數鈎隱圖》，收入《景印摛藻堂四庫全書薈要・經部第
　　　　14 冊・易類》，總第 15 冊，卷上，頁 242。

〔註39〕〔北宋〕劉牧撰：《易數鈎隱圖》，收入《景印摛藻堂四庫全書薈要・經部第
　　　　14 冊・易類》，總第 15 冊，卷上，頁 242。

〔註40〕〔東周〕列禦寇撰，〔東晉〕張湛注：〈天瑞第一〉，《列子》，收入《景印摛藻
　　　　堂四庫全書薈要・子部第 31 冊・道家類》（臺北：世界書局，1988 年），總
　　　　第 276 冊，卷 1，頁 7。

之道也。」〔註41〕

劉牧稱天一、地二、天三、地四，止於四象生數，尚未著乎形體，猶如〈繫傳〉所載：「形而上者，謂之道也」〔註42〕之態。劉牧且語：「天五，則居中而主乎變化，不知何物也，強名曰中和之氣。」〔註43〕天一、地二、天三、地四，為兩儀所生四象之生數，須得天五居中主乎變化，惟此天五，劉牧稱不知何物，而將之名為：「中和之氣」，若此劉牧據以繪出「天地數十有五」之圖：

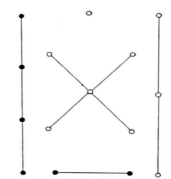

圖 4-1-3 天地數十有五第四〔註44〕

該圖劉牧又名為「〈河圖〉天地數」：

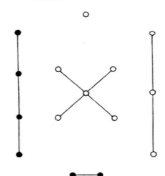

圖 4-1-4 〈河圖〉天地數第五十〔註45〕

〔註41〕〔北宋〕劉牧撰：〈論中〉，《易數鈎隱圖》，收入《景印摛藻堂四庫全書薈要·經部第 14 冊·易類》（臺北：世界書局，1988 年），總第 15 冊，卷中，頁 264。

〔註42〕〔三國·魏〕王弼注，〔唐〕陸德明音義，孔穎達正義：《周易經傳注疏》，收入《景印摛藻堂四庫全書薈要·經部第 1 冊·易類》（臺北：世界書局，1988 年），總第 2 冊，卷 11，頁 270。

〔註43〕〔北宋〕劉牧撰：《易數鈎隱圖》，卷上，頁 243。

〔註44〕〔北宋〕劉牧撰：《易數鈎隱圖》，卷上，頁 243。

〔註45〕〔北宋〕劉牧撰：《易數鈎隱圖》，收入《景印摛藻堂四庫全書薈要·經部第 14 冊·易類》（臺北：世界書局，1988 年），總第 15 冊，卷下，頁 269。

此兩圖名稱雖有不同，惟圖形內容可謂一般，均薀涵形而上之陰、陽二氣，未交時之四象生數情狀。劉牧逐一剖析天五與天一、地二、天三、地四，彼此之間變化，以得成數之式，其謂：

> 天五運乎變化，上駕天一，下生地六，水之數也。下駕地二，上生天七，火之數也。右駕天三，左生地八，木之數也。左駕地四，右生天九，金之數也。地十應五而居中，土之數也。此則已著乎形數，故曰「形而下者，謂之器」。〔註46〕

天五上駕天一，下生地六，為水之成數。天五下駕地二，上生天七，為火之成數。天五右駕天三，左生地八，為木之成數。天五左駕地四，右生天九，為金之成數。天五自駕天五得地十，為土之成數，而居中。劉牧稱此，已然著乎氣數，猶如〈繫辭〉：「形而下者，謂之器」〔註47〕之狀。劉牧將其河圖天地之生數，天一、地二、天三、地四，與之天五變化而為五行成數之圖，次第繪製如下；

一、天五上駕天一，下生地六：

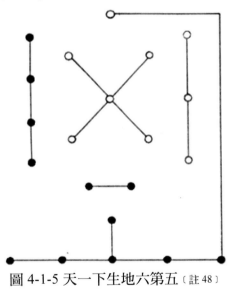

圖 4-1-5 天一下生地六第五〔註48〕

〔註46〕〔北宋〕劉牧撰：〈論中〉，《易數鈎隱圖》，卷中，頁 264。

〔註47〕〔三國・魏〕王弼注，〔唐〕陸德明音義，孔穎達正義：《周易經傳注疏》，收入《景印摛藻堂四庫全書薈要・經部第 1 冊・易類》（臺北：世界書局，1988 年），總第 2 冊，卷 11，頁 270。

〔註48〕〔北宋〕劉牧撰：《易數鈎隱圖》，收入《景印摛藻堂四庫全書薈要・經部第 14 冊・易類》（臺北：世界書局，1988 年），總第 15 冊，卷上，頁 243。

二、天五下駕地二，上生天七：

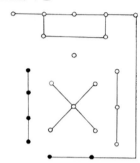

圖 4-1-6 地二上生天七第六〔註49〕

三、天五右駕天三，左生地八：

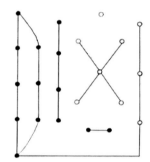

圖 4-1-7 天三左生地八第七〔註50〕

四、天五左駕地四，右生天九：

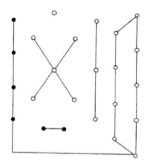

圖 4-1-8 地四右生天九第八〔註51〕

〔註49〕〔北宋〕劉牧撰：《易數鈎隱圖》，收入《景印摛藻堂四庫全書薈要·經部第14冊·易類》（臺北：世界書局，1988年），總第15冊，卷上，頁244。

〔註50〕〔北宋〕劉牧撰：《易數鈎隱圖》，收入《景印摛藻堂四庫全書薈要·經部第14冊·易類》（臺北：世界書局，1988年），總第15冊，卷上，頁244。

〔註51〕〔北宋〕劉牧撰：《易數鈎隱圖》，收入《景印摛藻堂四庫全書薈要·經部第14冊·易類》（臺北：世界書局，1988年），總第15冊，卷上，頁244。

　　兩儀所生四象之生數，天一、地二、天三、地四，與天五上下交易所得之成數，六、七、八、九，劉牧謂之：「夫七、八、九、六，乃少陰、少陽、老陰、老陽之位，生八卦之四象，非《易》之所以示四象也。」〔註52〕劉牧以七、八、九、六，少陽、少陰、老陽、老陰四者，為「兩儀生四象，四象生八卦」之「四象之位」，非〈繫辭〉所云：「《易》有四象，所以示也」〔註53〕之「四象」。若此劉牧將兩儀所得四象之成數，依次分別繪之；

　　一、少陽數七，示意圖：

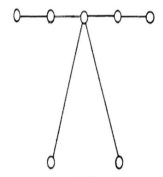

圖 4-1-9 少陽第十七〔註54〕

　　二、少陰數八，示意圖：

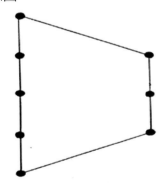

圖 4-1-10 少陰第十八〔註55〕

〔註52〕〔北宋〕劉牧撰：《易數鉤隱圖》，收入《景印摛藻堂四庫全書薈要‧經部第14冊‧易類》，總第15冊，卷上，頁245。

〔註53〕〔三國‧魏〕王弼注，〔唐〕陸德明音義，孔穎達正義：《周易經傳注疏》，收入《景印摛藻堂四庫全書薈要‧經部第1冊‧易類》（臺北：世界書局，1988年），總第2冊，卷11，頁268。

〔註54〕〔北宋〕劉牧撰：《易數鉤隱圖》，卷上，頁251。

〔註55〕〔北宋〕劉牧撰：《易數鉤隱圖》，收入《景印摛藻堂四庫全書薈要‧經部第14冊‧易類》（臺北：世界書局，1988年），總第15冊，卷上，頁251。

三、老陽數九，示意圖：

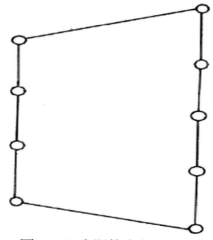

圖 4-1-11 老陽第十九〔註 56〕

四、老陰數六，示意圖：

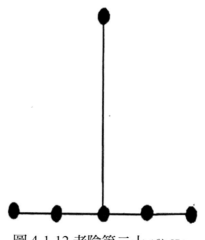

圖 4-1-12 老陰第二十〔註 57〕

此四象成數，七、八、九、六，即為少陽、少陰、老陽、老陰四象之數，劉牧云四數所處，即為「四象生八卦」之四象之位。是以劉牧將其四位所居繪製而為：

〔註 56〕〔北宋〕劉牧撰：《易數鈎隱圖》，收入《景印摛藻堂四庫全書薈要·經部第14 冊·易類》（臺北：世界書局，1988 年），總第 15 冊，卷上，頁 251。

〔註 57〕〔北宋〕劉牧撰：《易數鈎隱圖》，收入《景印摛藻堂四庫全書薈要·經部第14 冊·易類》（臺北：世界書局，1988 年），總第 15 冊，卷上，頁 252。

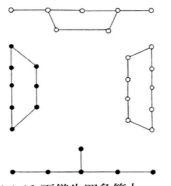

圖 4-1-13 兩儀生四象第九〔註58〕

惟四數所處之四位，劉牧又釋曰：

> 且夫七、八、九、六之數，以四位合而數之，故老陽，四九，則三
> 十六也；少陽，四七，則二十八也；老陰，四六，則二十四也；少
> 陰，四八，則三十二也。〔註59〕

倘以東、南、西、北，四位之「四」數，與七、八、九、六合并以論，則四九，
三十六，同為占得四象老陽之餘策數；四七，二十八，則為少陽之餘策數；四
六，二十四，亦為老陰之餘策數；四八，三十二，是為少陰之餘策數。由兩儀
所生四象之四數，與所處四位之四數積算，均可符契於蓍策所得少陽、少陰、
老陽、老陰四象之四數，若然劉牧亦將之繪製以證：

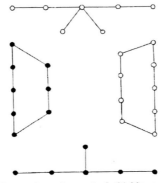

圖 4-1-14 七、八、九、六合數第二十一〔註60〕

〔註58〕〔北宋〕劉牧撰：《易數鈎隱圖》，收入《景印摛藻堂四庫全書薈要·經部第
14 冊·易類》（臺北：世界書局，1988 年），總第 15 冊，卷上，頁 245。

〔註59〕〔北宋〕劉牧撰：《易數鈎隱圖》，收入《景印摛藻堂四庫全書薈要·經部第
14 冊·易類》（臺北：世界書局，1988 年），總第 15 冊，卷上，頁 252。

〔註60〕〔北宋〕劉牧撰：《易數鈎隱圖》，收入《景印摛藻堂四庫全書薈要·經部第
14 冊·易類》（臺北：世界書局，1988 年），總第 15 冊，卷上，頁 252。

此圖與「兩儀生四象」，僅於少陽「七數」之五、二點之間連線，畫法有所差異，蓋為劉牧便於兩圖，相互區判而設，惟與「〈河圖〉四象」之圖，所繪可謂一般，毫無差別，實則三者之內容本質，堪稱全然相埒，未有不同，均為「兩儀生四象」之「四象」顯示；「〈河圖〉四象」圖如下：

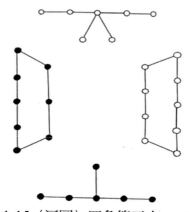

圖 4-1-15 〈河圖〉四象第五十一〔註61〕

鄭玄注《易緯乾鑿度》稱：

> 《易》有四象，文王用之焉。徃布六於北方，以象水；布八於東方，以象木；布九於西方，以象金；布七於南方，以象火。如是備為一爻而正，為四營而成，由是，故生四八、四九、四七、四六之數。〔註62〕

其謂「《易》有四象」，為文王所用。惟此「四象」，概由四營成易，三變成爻，所得四八，三十二餘策之八數，布於東方，以象木；所得四九，三十六餘策之九數，布於西方，以象金；所得四七，二十八餘策之七數，布於南方，以象火；所得四六，二十四餘策之六數，布於北方，以象水。

鄭玄假占筮所得少陰、老陽、少陽、老陰，八、九、七、六四象之數，對應於兩儀所生五行之木象、金象、火象、水象成數，作為「《易》有四象」之「四象」解釋，其說，等同於「兩儀生四象」之「四象」，以釋《易》有四象，所以示也」之「四象」義。孔穎達亦沿襲鄭說而疏曰：

> 「兩儀生四象」者，謂金、木、水、火，稟天、地而有別，故云：

〔註61〕〔北宋〕劉牧撰：《易數鉤隱圖》，收入《景印摛藻堂四庫全書薈要・經部第14冊・易類》（臺北：世界書局，1988年），總第15冊，卷下，頁270。

〔註62〕〔東漢〕鄭康成注：《易緯乾鑿度》，收入《景印摛藻堂四庫全書薈要・經部第14冊・易類》（臺北：世界書局，1988年），總第15冊，卷下，頁513。

「兩儀生四象」，土則分王四季，又地中之別，故唯云四象也。……
「《易》有四象，所以示也，繫辭焉，所以告也。」然則象之與辭相
對之物，辭既爻、卦之下辭，則象為爻、卦之象也。則上兩儀生四
象，七、八、九、六之謂也。故諸儒有為七、八、九、六，今則從
以為義。〔註63〕

孔謂「兩儀生四象」之「四象」，因稟受天、地，陰、陽之氣，故有金、木、
水、火之分類。惟土分王四季，且為地中之別，以容載木、火、金、水，是以
「兩儀生四象」，僅論「四象」，而不提土者。若此孔釋兩儀所生之「四象」，
即指金、木、水、火而言。「《易》有四象，所以示也，繫辭焉，所以告也。」
穎達以為象與辭，彼此相對之物，辭既繫於卦、爻之下，以成卦、爻之辭，同
理，象便同示爻、卦所現之象。然因兩儀所生四象，即七、八、九、六之數，
諸儒有以七、八、九、六，以釋「四象」之義，故今則予以相從。

　　孔穎達詮註之「四象」，一為木、火、金、水之物，一為七、八、九、六
之數。惟此劉牧則明抨於孔氏，暗斥於鄭玄，既譏且詆而云：「金、木、水、
火有形之物，安得為象哉？……以七、八、九、六之四象，為所以示之四象，
則駁雜之甚也。」〔註64〕是以劉牧斷然否定鄭玄、穎達注疏兩儀所生之「四
象」，即如《易》有四象，所以示也」之「四象」。

　　惟「《易》有四象，所以示也」之「四象」，早於劉牧者，諸家亦有所抒
論，如春秋‧子夏（507～400B.C）云：「故四象以卦示也。」〔註65〕莊氏（？）
則稱：「四象，謂六十四卦之中，有實象，有假象，有義象，有用象，為四象
也。」〔註66〕隋‧何氏（？）〔註67〕亦語：「『天生神物，聖人則之』，一也。

〔註63〕〔三國‧魏〕王弼注，〔唐〕陸德明音義，孔穎達正義：《周易經傳注疏》，收
　　　　入《景印摛藻堂四庫全書薈要‧經部第1冊‧易類》（臺北：世界書局，1988
　　　　年），總第2冊，卷11，頁269。

〔註64〕〔北宋〕劉牧撰：《易數鈎隱圖》，收入《景印摛藻堂四庫全書薈要‧經部第
　　　　14冊‧易類》（臺北：世界書局，1988年），總第15冊，卷上，頁245。

〔註65〕〔周〕卜子夏撰：《子夏易傳》，收入《景印文淵閣四庫全書‧經部1‧易類》
　　　　（臺北：臺灣商務印書館，1983年），第7冊，卷7，頁102。

〔註66〕〔三國‧魏〕王弼注，〔唐〕陸德明音義，孔穎達正義：《周易經傳注疏》，卷
　　　　11，頁269。

〔註67〕按清‧馬國翰（1794～1857）考證云：「李（鼎祚）明標何妥，《正義》稱何
　　　　氏。其說每與張氏、周氏、褚氏、莊氏並引，莊氏不詳何人，周為周宏正、
　　　　張為張譏、褚為褚仲都，何即何妥，皆唐近代為講疏者，《正義》亦疏也，故
　　　　僅題某氏。」依馬氏之說，孔穎達《周易正義》所引何氏之言，皆為隋代何

『天地變化，聖人效之』，二也。『天垂象，見吉凶，聖人象之』，三也。『河出圖，洛出書，聖人則之』，四也。」〔註68〕唐·侯果（？）謂：「四象，謂上、下神物也；變化也；垂象也；圖書也，四者治人之洪範，易有此象，所以示人也。」〔註69〕然以上各家之述，劉牧均未有所取舍，反另提出「《易》有四象，所以示也」之「四象」見解：

> 所謂「《易》有四象所以示」者，若〈繫辭〉云：「吉凶者，失得之象，一也；悔吝者，憂虞之象，二也；變化者，進退之象，三也；剛柔者，晝夜之象，四也。」〔註70〕

劉牧以〈繫辭〉所言「吉凶、悔吝、變化、剛柔」，對應「失得、憂虞、進退、晝夜」四象之敘，以詮釋「《易》有四象，所以示也」之旨，誠然別於二儀所生四象之義，概與歷代眾家之說，純然不類，足堪成其一家之言。

　　若此劉牧總結「四象」之訓註則言：「且夫四象者，其義有二：一者，謂兩儀所生之『四象』；二者，謂《易》有四象，所以示之『四象』。」〔註71〕觀其所陳，洵已清析明辨，「四象」存在二釋，一為「兩儀生四象」之「四象」、一為「《易》有四象，所以示也」之「四象」，二者，斷不可并為一談。劉牧一詞二讀之獨到創見，即獲北宋·胡瑗（993～1059）全然之采用：

> 義曰：按此「四象」有二說，一說，以謂天地自然相配，水、火、金、木以為之象，所以示也。又一說，吉凶者，失得之象也；悔吝者，憂虞之象也；變化者，進退之象也；剛柔者，晝夜之象也，是言大《易》之道，有此四象，所以示人之吉凶。〔註72〕

妥之述。惟上則莊氏，則生卒爵里不詳，未知何代之人。〔清〕馬國翰輯：《玉函山房輯佚書》，收入《續修四庫全書·子部·雜家類》（上海：上海古籍出版社，1995年），第1201冊，頁19～20。

〔註68〕〔三國·魏〕王弼注，〔唐〕陸德明音義，孔穎達正義：《周易經傳注疏》，卷11，頁269。

〔註69〕〔唐〕李鼎祚撰：《周易集解》，收入《景印文淵閣四庫全書·經部1·易類》（臺北：臺灣商務印書館，1983年），第7冊，卷14，頁834。

〔註70〕〔北宋〕劉牧撰：《易數鉤隱圖》，收入《景印摛藻堂四庫全書薈要·經部第14冊·易類》（臺北：世界書局，1988年），總第15冊，卷上，頁245～246。

〔註71〕〔北宋〕劉牧撰：《易數鉤隱圖》，收入《景印摛藻堂四庫全書薈要·經部第14冊·易類》，總第15冊，卷上，頁245～246，頁245。

〔註72〕〔北宋〕胡瑗撰：《周易口義》，收入《景印摛藻堂四庫全書薈要·經部第1冊·易類》（臺北：世界書局，1988年），總第2冊，頁674。

胡瑗一說所稱，水、火、金、木以為之象，蓋兩儀所生之六、七、九、八，老陰、少陽、老陽、少陰之「四象」。又一說，則為劉牧倡導之「《易》有四象，所以示也」之「四象」定論。

第二節　「重六十四卦推盪訣」、「卦終〈未濟〉䷿」 與劉牧關係之辯

　　易有太極一氣，分判而為陰、陽二儀，為行以數解說兩儀所生之「四象」，劉牧采取天一、地二、天三、地四，象徵陰、陽之生數，搭配天五中和之氣，以成六、七、八、九，老陰、少陽、少陰、老陽之四象成數，若然獨創明辨，該「四象」非彼《易》有『四象』，所以示也」之「四象」，藉由二者意義之判別，以遂後續「四象生八卦」，亦即「〈河圖〉八卦」演進次第之詮釋。若然循此之分析，從而開啟筆者，對於二事與「重六十四卦推盪訣」相互糾結淵藪之探究，並進而研審「卦終〈未濟〉䷿」與劉牧思想牽扯之比較。

一、「四象生八卦」、「〈河圖〉八卦」與「重六十四卦推盪訣」之 因緣探討

　　劉牧為明確區分「《易》有四象，所以示也」與「兩儀生四象」，彼此之「四象」有別，猶更深刻詮譯後者曰：

> 若天一、地二、天三、地四所以兼天五之變化，上、下交易，四象
> 備其成數，而後能生八卦矣。於是乎坎䷜、離䷝、震䷲、兌䷹，居
> 四象之正位，不云五象者，以五无定位，舉其四，則五可知矣。夫
> 五上駕天一，而下生地六；下駕地二，而上生天七；右駕天三，而
> 左生地八；左駕地四，而右生天九，此〈河圖〉四十有五之數耳，
> 斯則二儀所生之「四象」。〔註73〕

四象生數天一、地二、天三、地四和天五彼此上、下交易，而完備四象之成數，再由四象成數，六、七、八、九化生八卦，使北坎䷜、南離䷝、東震䷲、西兌䷹，居處四象之正位，惟不稱五象者，以天五无有定位，舉四象之稱，則

〔註73〕〔北宋〕劉牧撰：《易數鉤隱圖》，收入《景印摛藻堂四庫全書薈要·經部第14冊·易類》（臺北：世界書局，1988年），總第15冊，卷上，頁245。

天五效能即已隱含可知。天五上駕天一，而下生地六；下駕地二，而上生天七；右駕天三，而左生地八；左駕地四，而右生天九，此即二儀所生之「四象」，六、七、八、九，是以天一、地二、天三、地四、天五、地六、天七、地八、天九，總計合得〈河圖〉四十有五之數也。

　　劉牧稱天五「退藏於密，寂然无事，茲所謂陰陽不測之謂神者也。」〔註74〕所以不云五象，因其「五」並无定位。且劉牧有言：「《經》雖云四象生八卦，然湏三五之變易，備七、八、九、六之成數，而後能生八卦而定位矣。」〔註75〕惟〈繫辭〉載錄：「參伍以變」〔註76〕，《說文解字》錄記：「𠂤，相參伍也。」〔註77〕段玉裁注云：「參、三也。伍、五也。」〔註78〕若此劉牧所稱「三五之變易」，即為「參伍以變」之謂，劉牧釋曰：「參，合也；伍為偶配也。為天五合配天一，下生地六之類是也。」〔註79〕詳言之則為：

　　　　天五所以幹四象生數，而成七、九、六、八之四象，是四象之中皆
　　　　有五也，則知五能包四象，四象皆五之用，舉其四，則五在其中矣，
　　　　故《易》但言四象以示，不言五象也。〔註80〕

是以劉牧所論「以五无定位，舉其四，則五可知矣」，即為此意。若然，劉牧方始語之〈繫辭〉雖云「四象生八卦」〔註81〕，惟其步驟，猶須四象生數，先行上、下合配天五，全備七、八、九、六之成數，繼而才能生成八卦，定出

〔註74〕〔北宋〕劉牧撰：《易數鉤隱圖》，收入《景印摛藻堂四庫全書薈要・經部第14冊・易類》，總第15冊，卷上，頁243。

〔註75〕〔北宋〕劉牧撰：《易數鉤隱圖》，收入《景印摛藻堂四庫全書薈要・經部第14冊・易類》，總第15冊，卷上，頁243。

〔註76〕〔三國・魏〕王弼注，〔唐〕陸德明音義，孔穎達正義：《周易經傳注疏》，收入《景印摛藻堂四庫全書薈要・經部第1冊・易類》（臺北：世界書局，1988年），總第2冊，卷11，頁264。

〔註77〕〔東漢〕許慎撰，〔北宋〕徐鉉增釋〈第八上〉，《說文解字》，收入《景印摛藻堂四庫全書薈要・經部第79冊・小學類》（臺北：世界書局，1988年），總第80冊，卷8上，頁204。

〔註78〕〔清〕段玉裁撰：《說文解字注》，收入《續修四庫全書・經部・小學類》（上海：上海古籍出版社，1995年），第206冊，第8篇上，頁288。

〔註79〕〔北宋〕劉牧撰：《易數鉤隱圖》，收入《景印摛藻堂四庫全書薈要・經部第14冊・易類》（臺北：世界書局，1988年），總第15冊，卷上，頁244。

〔註80〕〔北宋〕劉牧撰：《易數鉤隱圖》，收入《景印摛藻堂四庫全書薈要・經部第14冊・易類》，總第15冊，卷上，頁248。

〔註81〕〔三國・魏〕王弼注，〔唐〕陸德明音義，孔穎達正義：《周易經傳注疏》，收入《景印摛藻堂四庫全書薈要・經部第1冊・易類》（臺北：世界書局，1988年），總第2冊，卷11，頁268。

方位，亦因此，劉牧即謂：

> 五行成數者，水數六、金數九、火數七、木數八也。水居坎☵，而
> 生乾☰；金居兌☱，而生坤☷；火居離☲，而生巽☴；木居震☳，
> 而生艮☶，「土」居四正，而生乾☰、坤☷、艮☶、巽☴，共成八卦
> 也。〔註82〕

「『土』居四正」之「土」，原文本為「巳」字，惟南宋・李衡（1100～1178）
於《周易義海撮要》輯錄為「『土』居四正」。〔註83〕且南宋・徐總幹（？）
不提作者，而援用全文以為導言，於此亦謂「土居四正」。〔註84〕劉牧前既
云「舉其四，則五在其中矣」，而此又言「五行成數者」，天五為土之生數，
斡於四象生數而化五行成數六、七、八、九以生八卦，劉牧有謂：「土王四
季」〔註85〕，三國吳・虞翻（164～233）稱：「四象，四時也。」〔註86〕清・
陳法（1692～1766）亦曰：「四正，四時之中，四隅，四時之間。」〔註87〕
是以四正卦即主春、夏、秋、冬四季，猶如劉牧所云：「且夫四正之卦，所
以分四時、十二月，兼乾☰、坤☷、艮☶、巽☴者」〔註88〕，若此原文「巳」
字當指生數五之「土」，筆者以為，恐屬傳抄之誤，故逕予更改。

　　兩儀所生四象成數，六、七、八、九，亦即五行水、火、木、金之成數，
各居坎☵北、離☲南、震☳東、兌☱西，四正卦之位，天五分居四正之中，而由
坎☵生乾☰、兌☱生坤☷，離☲生巽☴，震☳生艮☶。此為天五，上、下、左、

〔註82〕〔北宋〕劉牧撰：《易數鈎隱圖》，卷上，頁246。

〔註83〕〔南宋〕李衡刪增：《周易義海撮要》，收入《景印摛藻堂四庫全書薈要・經
　　　　部第3冊・易類》（臺北：世界書局，1988年），總第4冊，卷7，頁279。

〔註84〕按徐氏不提作者而引之全文如下：「蓋五行成數六、七、八、九本於五行之生
　　　　數，成於土數之五也。一水、二火、三木、四金、五土，五數居中，而一、
　　　　二、三、四皆藉土以成體，故六為水之成，七為火之成，八為木之成，九為
　　　　金之成，故水居坎☵生乾☰，火居離☲生巽☴，木居震☳生艮☶，金居兌☱生
　　　　坤☷，土居四正而生乾☰、坤☷、艮☶、巽☴，共成八卦。」〔南宋〕徐總幹：
　　　　〈後天八卦〉，《易傳燈》，收入《景印文淵閣四庫全書・經部9・易類》（臺
　　　　北：臺灣商務印書館，1983年），第15冊，卷1，頁814。

〔註85〕〔北宋〕劉牧撰：《易數鈎隱圖》，卷下，頁271。

〔註86〕〔唐〕李鼎祚撰：《周易集解》，收入《景印文淵閣四庫全書・經部1・易類》
　　　　（臺北：臺灣商務印書館，1983年），第7冊，卷14，頁832。

〔註87〕〔清〕陳法撰：《易箋》，收入《景印文淵閣四庫全書・經部43・易類》（臺
　　　　北：臺灣商務印書館，1983年），第49冊，卷8，頁228。

〔註88〕〔北宋〕劉牧撰：《易數鈎隱圖》，收入《景印摛藻堂四庫全書薈要・經部第
　　　　14冊・易類》（臺北：世界書局，1988年），總第15冊，卷中，頁260。

右，分駕天一、地二、地四、天三所成四正之卦，再由四正卦衍生乾☰、坤☷、艮☶、巽☴四隅之卦，而共成八卦。若此劉牧四象生成八卦之圖，則繪製如下：

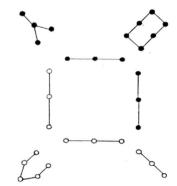

圖 4-2-1 四象生八卦第十〔註89〕

劉牧前述「兩儀生四象」圖，亦名「〈河圖〉四象」，且劉牧有云：「然則四象，亦金、木、水、火之成數也，在河圖則老陽、老陰、少陽、少陰之數也。」〔註90〕故「四象生八卦」圖，劉牧又稱為「〈河圖〉八卦」：

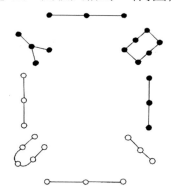

圖 4-2-2 〈河圖〉八卦第五十二〔註91〕

觀此二圖，雖彼此四正之三黑、白點，擺放位置有所不同，一在全圖之內、一在全圖之外，惟其內容、本質，實則全然一般，無有相異。然審劉牧「四象生八卦」之說，其水數六居坎☵，如何生成乾☰；金數九處兌☱，怎樣產生坤☷；火數七位離☲，何由化生巽☴；木數八列震☳，從何衍生艮☶，全未言明，乍看令人不知所由為何？惟察《遺論九事》亦有「四象生八卦」之述，讀之蓋即

〔註89〕〔北宋〕劉牧撰：《易數鈎隱圖》，收入《景印摛藻堂四庫全書薈要・經部第14 冊・易類》，總第 15 冊，卷上，頁 246。

〔註90〕〔北宋〕劉牧撰：〈論中〉，《易數鈎隱圖》，卷中，頁 265。

〔註91〕〔北宋〕劉牧撰：《易數鈎隱圖》，卷下，頁 270。

瞭然，劉牧所論變化之故：

> 原夫八卦之宗，起於四象，四象者，五行之成數也。水數六，除三畫
> 為坎☵，餘三畫布於亥上成乾☰；金數九，除三畫為兌☱，餘六畫布
> 於申上成坤☷；火數七，除三畫為離☲，餘四畫布於巳上成巽☴；木
> 數八，除三畫為震☳，餘五畫布於寅上成艮☶，此所謂四象生八卦也。
> 且五行特舉金、木、水、火而不言土者，各王四時也。〔註92〕

此稱八卦之宗，源起於四象，四象者，五行之成數，六、七、八、九。六為水
數，除去三畫居子為坎☵，餘三畫布於戌、亥之間而成乾☰；九為金數，除去
三畫居酉為兌☱，餘六畫，布於未、申之間而成坤☷；七為火數，除去三畫居
午為離☲，餘四畫布於辰、巳之間而成巽☴；八為木數，除三畫居卯為震☳，
餘五畫布於丑、寅之間而成艮☶，〔註93〕此即所謂四象生八卦之理是也。且五
行獨舉金、木、水、火四象而不言土者，即土王四季，居於四正之故。《遺論九
事》且將四象所生八卦，繪之於環繞十二地支、十二月卦及六十卦值日之圖中：

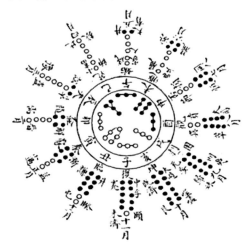

圖4-2-3 重六十四卦推盪訣第二〔註94〕

〔註92〕〔北宋〕劉牧撰：《遺論九事》，收入《景印摛藻堂四庫全書薈要·經部第14
　　　冊·易類》（臺北：世界書局，1988年），總第15冊，頁276。

〔註93〕按依《協紀辨方書》論羅盤二十四山所云：「八卦既定四正，則以八干輔之，
　　　甲、乙夾震☳，丙、丁夾離☲，庚、辛夾兌☱，壬、癸夾坎☵；四隅則以八支
　　　輔之，戌、亥夾乾☰，丑、寅夾艮☶，辰、巳夾巽☴，未、申夾坤☷，合四維、
　　　八干、十二支，共二十四。」〔清〕允祿、梅瑴成、何國宗等撰：〈本原二·
　　　二十四方位〉，《協紀辨方書》，收入《景印文淵閣四庫全書·子部117·術數
　　　類》（臺北：臺灣商務印書館，1985年），第811冊，卷2，頁171。

〔註94〕〔北宋〕劉牧撰：《遺論九事》，頁276。

其以水六、金九、火七、木八五行成數,次第右行而言各除「三畫」,此三畫者,即為三點之意,皆為四正卦之象徵。對比劉牧前述「兩儀生四象」圖,〔註95〕其水數六,本為偶數黑點陰象,今於「重六十四卦推盪訣」之圖處,除三點居於北方子位,餘三點則右移置於戌、亥之間成乾☰,三點表乾☰爻三畫,子位所餘三點則為坎☵,二者同為奇數三,惟〈說卦傳〉有云:

> 乾☰,天也,故稱乎父。坤☷,地也,故稱乎母。震☳一索而得男,故謂之長男。巽☴一索而得女,故謂之長女。坎☵再索而得男,故謂之中男。離☲再索而得女,故謂之中女。艮☶三索而得男,故謂之少男。兌☱三索而得女,故謂之少女。〔註96〕

乾☰為老父,坎☵為中男,皆為陽卦,且白點代表陽象,所以坎☵、乾☰均以三白點示之。

「兩儀生四象」圖之金數九,本奇數白點,處於西方酉位。「重六十四卦推盪訣」圖,則留存三點,餘六點右動,分布於未、申之間而成坤☷,六點為偶,為陰,故以六黑點對應坤☷爻六斷及老母陰卦之徵,酉位三點,為兌☱,雖為奇數,惟兌☱乃少女陰卦,故以三黑點表示。

「兩儀生四象」圖之火數七,奇數白點本列午南之上。「重六十四卦推盪訣」圖,扣除三點於午為離☲,餘四點右行至辰、巳之間而生巽☴,四點象徵巽☴爻四畫,四為偶、為陰,且巽☴為長女,亦為陰卦,故以四黑點顯示為巽☴,而午方三點,雖為奇數,然離☲為中女,蓋屬陰卦,故以三黑點而繪。

「兩儀生四象」圖之木數八,偶數黑點陰象,本陳於卯☳東。「重六十四卦推盪訣」圖,減除三點於卯為震☳,震☳為長男,歸於陽卦,故以三白點,呈陽以見。遷五點右行,臨丑、寅之間而成艮☶,五點相對於艮☶爻五畫,五為奇,為陽,艮☶為少男,亦隸陽卦,故以五白點而畫。

《遺論九事》「重六十四卦推盪訣」所述「四象生八卦」,於四隅卦乾☰、坤☷、巽☴、艮☶,皆以挪動之點數對應其卦畫之數,然布列四正位之坎☵、五畫,震☳、五畫,離☲、四畫,兌☱、四畫,皆與各自所留之三點數,無法

〔註95〕〔北宋〕劉牧撰:《易數鉤隱圖》,收入《景印摛藻堂四庫全書薈要‧經部第14冊‧易類》(臺北:世界書局,1988年),卷上,頁245。

〔註96〕〔三國‧魏〕王弼注,〔唐〕陸德明音義,孔穎達正義:《周易經傳注疏》,收入《景印摛藻堂四庫全書薈要‧經部第1冊‧易類》(臺北:世界書局,1988年),總第2冊,卷13,頁302。

相契，故為區別，則易之以黑、白之點，作為陰、陽卦之展現，此說雖不完美或有相違，惟尚可勉以解釋。

　　然觀《遺論九事》所置圖名，稱之「重六十四卦推盪訣」，第一層四象生八卦，第二層十二地支，第三層十二辟卦，最外層為六十卦值日，〔註97〕而文字陳述幾幾乎，皆以四象生八卦為主，殆與第二、三、四層所繪之圖咸皆無關，況第四層所示之六十卦值日，更於《易數鉤隱圖》之中，全然未見任何討論，縱使「重六十四卦推盪訣」之文章最後，依然僅以四象成數六、七、八、九作為結語而言：

　　　　然聖人无中得象，象外生意，於是乎布畫而成卦，營策以重爻，〈乾〉
　　　　▉之數二百一十有六，〈坤〉▉之數百四十有四，凡三百六十當期之
　　　　日，二篇之策，萬有一千五百二十，當萬物之數也。大矣哉！陽之
　　　　七、九，陰之六、八，皆天地自然之數，非人智所能造也，虙犧氏
　　　　雖生蘊神智，亦代天行工而已。〔註98〕

綜覽「重六十四卦推盪訣」全篇，儼然可謂「四象生八卦」根源之闡發，和劉牧「四象生八卦」之圖、文比較，後者所呈，顯然甚為精簡扼要，且所述為五行居四正而衍生四隅，並非除數與卦畫之轉換，若然此般，不禁令人懷疑，倘「重六十四卦推盪訣」果為劉牧所作，則豈非前、後疊床架屋，重複累贅？

　　更啟人疑竇之處，在於兩圖巽☴、艮☶畫製之不同。劉牧「四象生八卦」圖之巽☴、艮☶，初爻皆為朝向中心，〔註99〕且「〈河圖〉八卦」圖所繪者亦然，〔註100〕然「重六十四卦推盪訣」之巽☴、艮☶，卻反而上爻朝向圓心；以下為三圖之巽☴、艮☶示意圖比較：

〔註97〕按本圖層「六十卦值日」於「酉」月標記之五卦，為「『萃』、『巽』、大畜、賁、觀」，其「萃」、「巽」排列，與《易緯稽覽圖》所陳：「『巽』、『萃』、大畜、賁、觀」之「巽」、「萃」順序顛倒，其餘諸月五卦之次，盡皆相符，筆者以為，此處之訛錯，恐傳抄或原本已誤，故於此提出，以茲修正。〔東漢〕鄭康成注：《易緯稽覽圖》，收入《景印摛藻堂四庫全書薈要・經部第14冊・易類》（臺北：世界書局，1988年），總第15冊，卷下，頁531。

〔註98〕〔北宋〕劉牧撰：《遺論九事》，收入《景印摛藻堂四庫全書薈要・經部第14冊・易類》（臺北：世界書局，1988年），總第15冊，頁276。

〔註99〕〔北宋〕劉牧撰：《易數鉤隱圖》，收入《景印摛藻堂四庫全書薈要・經部第14冊・易類》（臺北：世界書局，1988年），總第15冊，卷上，頁246。

〔註100〕〔北宋〕劉牧撰：《易數鉤隱圖》，收入《景印摛藻堂四庫全書薈要・經部第14冊・易類》，總第15冊，卷下，頁270。

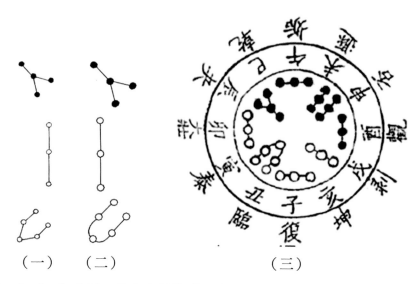

（一）　　（二）　　　　　　（三）

左（一）、（二）之圖，截取自劉牧「四象生八卦」、「〈河圖〉八卦」兩圖；第
（三）摘自「重六十四卦推盪訣」，三圖中之四黑點即為巽☴，五白點則為艮
☶，相互對照，已然清楚看出，第（三）圖和（一）、（二）圖之巽☴、艮☶，
陳列方式明顯不同。

　　同然三畫卦之繪製，若為同一作者，不應有前、後不同擺放之表示，據
此，筆者研判《遺論九事》之「重六十四卦推盪訣」當非劉牧所作，洵為不知
名之先儒論述，惟劉牧「四象生八卦」之思想源流，概與其「原夫八卦之宗，
起於四象，四象者五行之成數也」同為一脈，是以劉牧始有：「若天一、地二、
天三、地四所以兼天五之變化，上、下交易，四象備其成數，而後能生八卦
矣。」「四象，亦金、木、水、火之成數也」等諸言論。

　　然歷來諸家咸未討論於斯，皆將「重六十四卦推盪訣」視為劉牧之說而
有所引用或批判，如清・胡渭（1633～1714）即將前者之述，當為後者之論而
稱：

　　劉氏曰：原夫八卦之宗，起於四象，四象者，五行之成數也。水數
　　六，除三畫為坎☵，餘三畫布於亥上成乾☰；金數九，除三畫為兌
　　☱，餘六畫布於申上成坤☷；火數七，除三畫為離☲，餘四畫布於
　　巳上成巽☴；木數八，除三畫為震☳，餘五畫布於寅上成艮☶，此
　　所謂四象生八卦也。〔註101〕

〔註101〕〔清〕胡渭撰：〈易數鈎隱圖〉，《易圖明辨》，收入《景印文淵閣四庫全書・
　　　　經部 38・易類》（臺北：臺灣商務印書館，1983 年），第 44 冊，卷 4，頁 713。

胡渭以為「重六十四卦推盪訣」之文，即為劉牧之言，故以「劉氏曰」起頭，且不以「重六十四卦推盪訣」之圖對照，卻反引劉牧「〈河圖〉八卦」圖相應，以暢其詮：

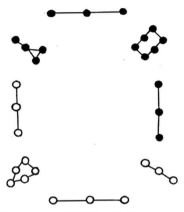

圖 4-2-4〈河圖〉八卦〔註 102〕

胡渭此舉，或嫌「重六十四卦推盪訣」之圖太過繁縟，抑或已然發覺巽☴、艮☶卦畫有所顛倒矛盾之故，惟毋論何情，恐皆已犯張冠李戴之虞矣。清・張惠言（1761～1802）則以「四象生八卦」與「重六十四卦推盪訣」兩文重疊對比，配合劉牧「四象生八卦」之圖以為應證，而援予批駁，張氏所引圖、文如下：

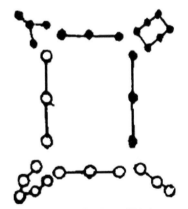

圖 4-2-5 劉牧四象生八卦圖〔註 103〕

劉氏曰：水居坎☵而生乾☰，_{水數六，除三畫為坎，除三畫，布于肯成乾}金居兌☱而生坤☷，

〔註 102〕〔清〕胡渭撰：〈易數鉤隱圖〉，《易圖明辨》，收入《景印文淵閣四庫全書・經部 38・易類》，第 44 冊，卷 4，頁 713。

〔註 103〕〔清〕張惠言撰：《易圖條辨》，收入《續修四庫全書・經部・易類》（上海：上海古籍出版社，1995 年），第 26 冊，頁 701。

金數九，除三畫為兌，
餘六畫，布于申為坤。 火居離☲而生巽☴，
木數八，除三畫為震，
餘五畫，布於寅為艮。〔註104〕

火數七，除三畫為離，
餘四畫，布於巳為巽。 木居震☳而生艮☶，

惠言如同胡渭之般，亦視兩文皆屬劉牧所著，故以「劉氏曰」作為兩文交相參照之開頭，大字為劉牧「四象生八卦」之述，小字則為「重六十四卦推盪訣」之語，並以此質疑曰：「乾☰、坤☷、艮☶、巽☴，象其畫數，可謂巧矣。坎☵、離☲、震☳、兌☱皆三畫，何耶？」〔註105〕張氏之惑，雖起於「重六十四卦推盪訣」，然則概由劉牧所承受，於此林忠軍猶同然而謂：

> 從生成八卦圖看，剩餘數分別為三，即或三個白圓點，或三個黑圓點，與經卦震☳、兌☱、坎☵、離☲畫數沒有關係。因此，劉牧衍四象生八卦時，其黑白圓點數的含義前後不一致，違背了邏輯學不矛盾律。〔註106〕

林氏如同胡渭、張惠言，均將劉牧與先儒之述相混一談，並歸咎於劉牧四正、四隅生成之黑、白點數，已違背邏輯學所稱之不矛盾律。清·許桂林（1779～1821）亦視「重六十四卦推盪訣」為劉牧之論且抨云：「牧之粗淺如此！」〔註107〕惟觀徐總幹之言：

> 故劉牧言金、木、水、火、土之成數，生乾☰、坤☷、艮☶、巽☴四維之卦，然不言六、七、八、九所生之畫。蓋水數六居坎☵生乾☰，其六除三守本宮，即以三畫轉乾，而畫三連☰為乾。火數七，居離☲生巽☴，其七除三守本宮，即以四畫轉巽，而畫☴為巽。木數八，居震☳生艮☶，其八留三守本宮，即以五數轉艮，而畫☶為艮。金數九，居兌☱生坤☷，其九留三守本宮，即以六數轉坤，而畫六斷☷為坤。茲六、七、八、九生乾☰、坤☷、艮☶、巽☴共成八卦，蓋本乎水、火、金、木之四正推其數以為四維之卦畫也。〔註108〕

〔註104〕〔清〕張惠言撰：《易圖條辨》，收入《續修四庫全書·經部·易類》，第26冊，頁702。

〔註105〕〔清〕張惠言撰：《易圖條辨》，收入《續修四庫全書·經部·易類》，第26冊，頁702。

〔註106〕林忠軍著：《象數易學發展史第二卷》（濟南：齊魯書社，1998年），頁163。

〔註107〕〔清〕許桂林撰：〈易圖〉，《易確》，收入四庫未收書輯刊編纂委員會編：《四庫未收書輯刊》（北京：北京出版社，2000年），第3輯，第2冊，卷2，頁460。

〔註108〕〔南宋〕徐總幹撰：〈後天八卦〉，《易傳燈》，收入《景印文淵閣四庫全書·經部9·易類》（臺北：臺灣商務印書館，1983年），第15冊，卷1，頁814。

徐氏云劉牧於「四象生八卦」之陳述，雖有提及五行成數，且稱五行水、火、木、金居四正坎☵、離☲、震☳、兌☱，而生四隅乾☰、巽☴、艮☶、坤☷，惟文中並無敘明四隅卦畫，乃由六、七、八、九之數所衍；徐氏後以「重六十四卦推盪訣」參照而謂，殆因五行成數即如五行，各居於四正，故由五行所化之四隅，則如成數所生之般，據此以釋劉牧之論。

仔細咀嚼徐氏語意，似乎已然發覺，「四象生八卦」與「重六十四卦推盪訣」，並非同出劉牧一人所為，惟前者概同源於後者之理而生，惜乎徐氏，於此並無確切深入之說明。

「重六十四卦推盪訣」雖非劉牧之作，然劉牧「四象生八卦」乃至「〈河圖〉八卦」之述，誠然與其同脈，當屬不爭，若此諸家之疑，必然指向劉牧而發，畢竟四正不偶於四隅生成畫數之相悖，劉牧未有任何之辨析，或已然自知，惟無法解釋，抑或毫無覺察以至疏漏，純然已無從考究，然此確然已成其遭受抨擊之所在。

惟筆者依文獻載錄推測，「重六十四卦推盪訣」四正衍生四隅之立論，恐根於《京氏易傳》所云：「……上艮☶、下艮☶，二象土，木分氣候」〔註109〕之言，若然東方震☳木，成數八，方分五而成艮☶矣。同然循此延伸以演，則北方坎☵水，成數六，分三而成乾☰；西方兌☱金，成數九，分六而成坤☷；南方離☲火，成數七，分四而成巽☴。

且各以三黑、白點以譬四正陰、陽卦之理，或依《淮南子·天文訓》所載：「太陰在四仲，則歲星行三宿。」〔註110〕兼及東漢·高誘（？）注：「仲，中也。四中，謂太陰在卯、酉、子、午四面之中」〔註111〕而生。省〈天文訓〉之意乃云「太陰歲星既居四仲，則皆行三宿。」然今四正之卦，震☳、兌☱、坎☵、離☲之處，即在歲星所居卯、酉、子、午，四中之位，故以三點黑、白對應三宿之數，非但符契《淮南》之訓，尚且合配四卦陰、陽之喻。

若此《遺論九事》以六、七、八、九，衍生四隅卦畫之因，獨留四正三

〔註109〕〔西漢〕京房撰，〔東漢〕陸績注：《京氏易傳》，收入《景印摛藻堂四庫全書薈要·子部第19冊·數術類》（臺北：世界書局，1988年），總第264冊，卷上，頁11。

〔註110〕〔西漢〕劉安撰，〔東漢〕高誘注：〈天文訓〉，《淮南鴻烈解》，收入《景印摛藻堂四庫全書薈要·子部第32冊·雜家類》（臺北：世界書局，1988年），總第277冊，卷3，頁30。

〔註111〕〔西漢〕劉安撰，〔東漢〕高誘注：〈天文訓〉，《淮南鴻烈解》，收入《景印摛藻堂四庫全書薈要·子部第32冊·雜家類》，總第277冊，卷3，頁30。

黑、三白之惑，概可經由上述之解析，而能彌補詮註之不足，或恐抑未可定。

二、《遺論九事》「卦終〈未濟〉☲☵」，與劉牧之淵流辯析

《遺論九事》之「卦終未濟」，雖繪有以四黑點，譬上卦離☲火，五白點，喻下卦坎☵水之火水〈未濟〉☲☵卦象圖：

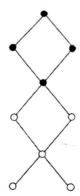

圖4-2-6 卦終〈未濟〉☲☵第七〔註112〕

惟該圖平常，无有特別之處。然文中之陳述，則亦同然於《遺論九事》「重六十四卦推盪訣」，所列《易緯稽覽圖》「六十卦值日」之情狀，絲毫未見劉牧於《易數鈎隱圖》中，有何諸般之討論，尤其言及相關老陽九、老陰六、少陽七、少陰八及乾☰、坤☷撰蓍策數之應用者，猶更顯其突兀：

九四：「震用伐鬼方，三年有賞于大國。」陸子曰：「三年者，陽開之數也。」夫《易》之道，以年統月，以歲統日，以月統旬，以日統時。故凡言日者，以一策當一時；言年者，以一策當一月，故三日、三年，皆九之一策也。七日者，一九、二六之策；旬與十年者，九、六、七、八之策也。月有朔、虛，歲有閏、盈，故言月者，合七、八之策而半之，以象一朔之旬。言歲，舉九、六之爻而全之，以象再〔註113〕閏之日。三旬為一朔，八月之旬，當極陰之策，二十

〔註112〕〔北宋〕劉牧撰：《遺論九事》，收入《景印摛藻堂四庫全書薈要·經部第14冊·易類》（臺北：世界書局，1988年），總第15冊，頁280。

〔註113〕按原文為「一」字，惟前文「言歲，舉九、六之爻而全之」，則為九之餘策三十六與六之餘策二十四之和，所得之數六十（36＋24＝60）。然虞翻注〈繫辭〉「五歲再閏」嘗謂：「五歲閏六十日盡矣。」若此六十即指再閏之數，故「一閏」，當為傳抄之誤，逕改成「再閏」，以符契文義。〔唐〕李鼎祚撰：《周易集解》，收入《景印文淵閣四庫全書·經部1·易類》（臺北：臺灣商務印書館，1983年），第7冊，卷14，頁824。

有四。三歲為一閏，一閏之日，當二篇之爻三百八十有四，故三百六十策，當期之日，虛分包矣；三百八十四爻，當閏之日，盈分萃矣。此乃聖人之微，非迂而辨之，曲而暢之也。不然，何陰陽、奇偶，自然與天地潛契哉？〔註114〕

述引陸子注：「三年，為陽奇三者，推衍之倍數。」〔註115〕以釋〈未濟☲☵·九四〉爻辭：「震用伐鬼方，三年有賞于大國」〔註116〕之「三年」詞義，並藉以詮註年、月、旬、日、閏，與老陽九、老陰六、少陽七、少陰八之策數轉換。其云舉凡《易經》論及時間數字之義理，概以「年統月」、「歲統日」、「月統旬」、「日統時」之方式演算。如《易》中言日者，以一策當一時，一日十二時，計有十二策，若然三日，則為三十六策；言年者，亦以一策當一月，一年十二月，三年，共三十六策，二者皆符揲蓍老陽九之餘策三十六數，是以「三日」、「三年」均為「九之一策」（三十六），亦即「一九策」之意。

　　文中提及《易》云「七日」者，換算時辰，則有八十四時（7×12＝84），揲蓍老陰六之餘策為二十四，八十四數為一九之餘策三十六，與二六之餘策四十八（2×24＝48）之和，若此「七日」，則為一九、二六策數之表示。《易》中「一旬」與「十年」之稱者，二者同以十為單位，以十年為例，共計一百二十月（10×12＝120），故而皆以九（三十六餘策）、六（二十四餘策）、七（二十八餘策）、八（三十二餘策）策數之和（36＋24＋28＋32＝120）代表。

〔註114〕　〔北宋〕劉牧撰：《遺論九事》，頁280。
〔註115〕　按《管子》有云：「凡將起五音，凡首，先主一而三之，四開以合九九，以是生黃鐘。」〔齊〕管仲撰，〔唐〕房玄齡注：〈地員第五十八〉，《管子》，收入《景印摛藻堂四庫全書薈要·子部第7冊·法家類》（臺北：世界書局，1988年），總第252冊，卷19，頁206。清·江永（1681～1762）則引方苞（1668～1749）之述而釋：「桐城方氏苞曰：『凡數始於一，成於三；開者，推而衍之也。一分為三，三分為九，九分為二十七，二十七分為八十一，皆一而三之，如是者四，則適合黃鍾之數』，此說得之。」〔清〕江永撰：〈稽古〉，《律呂闡微》，收入《景印文淵閣四庫全書·經部214·樂類》（臺北：臺灣商務印書館，1983年），第220冊，卷5，頁608。若此「陽開之數」，概指陽三，所推衍倍數之謂也。
〔註116〕　〔三國·魏〕王弼注，〔唐〕陸德明音義，孔穎達正義：《周易經傳注疏》，收入《景印摛藻堂四庫全書薈要·經部第1冊·易類》（臺北：世界書局，1988年），總第2冊，卷10，頁242。

一朔為三旬，等同一月，即三十日。敘文談及月有朔虛，故言月者，併七、八之餘策（二十八、三十二）而半之（【28＋32】/2＝30），以象「一朔之旬」。三歲一閏，五歲再閏，〔註117〕一閏三十日，〔註118〕再閏六十日，惟此六十，則為九、六爻之餘策三十六、二十四數之和（36＋24＝60），若然其語「歲者全之」，即譬「再閏之日」。八月，計二十四旬（8×3＝24），其數如同老陰六之餘策二十四，是以「八月之旬」，則對應「極陰之策二十有四」之喻。《易經》上、下二篇之爻，共三百八十四爻，〈繫辭〉載云「乾之策，二百一十有六；坤之策，百四十有四。凡三百有六十，當期之日。」〔註119〕三百八十四除去三百六十（384－360＝24），餘二十四，不足三歲一閏之三十日，相差有六日，若此，云「一閏之日」則稱「虛分包」。然三百八十四，多出當期之日三百六十，計二十四，此又謂之「盈分萃」。

文末強調，以上咸為聖人精深隱微之奧妙詮釋，誠非為求迂迴誇誕、理屈邪僻之合理，而作條暢強辨之說詞，本即天地、自然，陰陽、奇偶，已然存在契合之本義。

敘文內容，全然撲著策數之運用，所提陸子為誰？遍查文獻，不知其名，全文未見劉牧之訓解，況文詞詰屈，不易清楚，倘無南宋·朱震（1072～1138）載錄唐·陸希聲（？），近乎同然，且更詳盡之陳述，則恐無法盡明其意，若此比較希聲之言：

> 《易》「以年統月」，「以歲統旬」，「以日統時」。凡言月者，以一策當一月，一九之策，三十有六，是謂「三年」，故曰皆「一九之策」也，又曰「以年統月」。一日，十二時；七日，八十四時，一九之策三十六，二六之策四十八，凡八十有四，是為七日，八十四時，故曰「七日者，一九、二六之策也」，又曰「以日統時」。一朔之旬，三十日；七，二十八策；八，三十二策，凡六十策，半之為三十，

〔註117〕按孔穎達疏：「三歲一閏，天道小備，五歲再閏，天道大備。」〔東漢〕鄭康成注，〔唐〕陸德明音義，孔穎達正義：〈王制〉，《禮記注疏》，收入《景印摛藻堂四庫全書薈要·經部第50冊·禮類》（臺北：世界書局，1988年），總第51冊，卷11，頁272。

〔註118〕按虞翻云：「閏歲，餘十日」，若此一歲，閏餘十日，則三歲閏餘三十日也。〔唐〕李鼎祚撰：《周易集解》，收入《景印文淵閣四庫全書·經部1·易類》（臺北：臺灣商務印書館，1983年），第7冊，卷14，頁824。

〔註119〕〔三國·魏〕王弼注，〔唐〕陸德明音義，孔穎達正義：《周易經傳注疏》，卷11，頁262。

故曰「言旬者，合七、八之策而半之，以象一朔之旬。」一閏三十日，再閏六十日；九，三十六策；六、二十四策，凡六十策，故曰「言歲者全之」，以象再閏之日。月有朔虛，故半之；歲有中盈，故全之。一月三旬，八月，二十四旬，而老陰之策二十有四，故曰「八月之旬，當極陰之策二十有四。」三歲為一閏，一歲三百六十日，而二篇之爻，三百八十有四，除三百六十日，餘二十四日，故曰「閏之日，當二篇之爻（三百）〔註120〕八十有四，（除）〔註121〕乾、坤之策，當期之日而少六日」，故曰「虛分包」焉。二篇之爻，三百八十四爻，多二十四日，故曰「盈分萃焉」。〔註122〕

陸希聲釋《易》道，凡「以年統月」之法，則以「一策當一月」，換算「三年」，三十六月，即為一陽九之揲蓍餘策三十六，若此「三年」之數，皆為「一九之策」。凡「以日統時」，則以「一策當一時」，換算「七日，八十四時」，即為一陽九之三十六策與兩陰六之四十八策之合，故「七日」之數，皆為「一九、二六之策」。「一朔之旬，三十日」，故一朔言「旬」者，其數為少陽七之揲蓍餘策二十八，與少陰八之揲蓍餘策三十二，二者合數六十之半；亦即凡稱「一朔之旬」，其數即為合計七、八之策而半之，此亦為「月有朔虛，故半之」之義。又一旬十日，一月有三旬，八月則為二十四旬，其數符契老陰六之餘策二十四，若然「八月之旬」，對應極陰之策二十有四之數。陽九、陰六餘策三十六、二十四之合六十，猶若「謂歲者全之，以象再閏之日六十」，此則為「歲有中盈，故全之」之諦。三歲一閏，一閏三十日。一歲計三百六十；惟兩篇之爻，三百八十四，兩者之差二十有四，故曰「閏之日，其數當為兩篇之爻減除三百六十，而少六日」，此亦為「虛分包」之稱。而二篇之爻，三百八十四，多出當期之日三百六十，有二十四日，此即為「盈分萃」之謂也。

比較「卦終〈未濟〉☲☵」與陸希聲之述，前者堪稱近乎陸希聲敘文之精簡翻版，惟乍看希聲之釋，其明白程度，卻反似「卦終〈未濟〉☲☵」之譯註。觀

〔註120〕按依其上句文義，此當亡佚「三百」二字，遂予補苴。
〔註121〕按據其前段所述，此應佚失「除」字，遂予補綴。
〔註122〕〔南宋〕朱震撰：《漢上易傳》，收入《景印摛藻堂四庫全書薈要‧經部第2冊‧易類》）（臺北：世界書局，1988年），總第3冊，卷7，頁698～699。

「卦終〈未濟〉☷」之文，雖將希聲所稱之「以歲統旬」，另分為「以歲統日」及「以月統旬」兩類，惟此抑僅能作為，其恐與希聲同出一脈，然尚不足以成為後於或早出希聲之輔證。細審評閱「卦終〈未濟〉☷」之內容，實為錯雜分刌希聲「以歲統旬」之諸說，而反加各別之陳述，惟通觀全文，則又無有清楚區判，何為「以歲統日」？何為「以月統旬」？

　　尤有甚者，「卦終〈未濟〉☷」所云「當二篇之爻三百八十有四，故三百六十策，當期之日，虛分包矣；三百八十四爻，當閏之日，盈分萃矣」之猶若節刪語句，倘無陸希聲此處之詳析論解，則「卦終〈未濟〉☷」該段文章之本義，恐將成千古之迷，而未知其根本之原意。然則「卦終〈未濟〉☷」之不明著述，猶如「重六十四卦推盪訣」所列「六十卦值日」之圖般，依然「存而不論」，未見《易數鈎隱圖》中有何辨析與詮解，倘其作者，果為劉牧，豈有不作講目與訓注哉？

　　若此，筆者以為「卦終〈未濟〉☷」，亦同「重六十四卦推盪訣」之般，僅為臚列不知何由之先儒遺論，且劉牧《易數鈎隱圖》，甚至《新註周易》輯佚條文中，更是未有任何之蛛絲馬跡，與其所言之見識有何連結或徵引，彼此不相干之情狀，猶勝於「重六十四卦推盪訣」，堪稱過之而無不及。

第三節　「八卦變六十四卦」、「辨陰陽卦」與劉牧思想之比較考究

　　劉牧「四象生八卦」亦即〈河圖〉八卦」之詮釋脈絡，殆與「重六十四卦推盪訣」堪稱同歸而殊塗，惟床上施床，徒有其煩之前略後細陳述；巽☴、艮☶三畫卦之顛倒羅列；乃至「六十卦值日」之隻字未提，猶如「卦終〈未濟〉☷」之毫無評注，若此種種諸般，可證《遺論九事》之「重六十四卦推盪訣」、「卦終〈未濟〉☷」咸非劉牧之作。然因《遺論》併入《易數鈎隱圖》，且四正卦生成點數之不配卦畫，致使歷來眾家，皆誤為劉牧之謬而大加譴斥與質疑，若然鑒此，則本節續以「八卦變六十四卦」、「辨陰陽卦」二說，進行與劉牧牽扯之釐清審辨。

一、「八卦變六十四卦」與劉牧之淵源覈敘

　　歷來諸儒或因「重六十四卦推盪訣」之例，故《遺論九事》之「八卦變六

十四卦」圖之陳述，亦被視為劉牧之言，而遭批駁；「八卦變六十四卦」之原
文如下：

> 四營成易，十有八變而成卦，八卦而□小成，引而伸之，以成六十
> 四卦。三才之道，萬物之源，陰陽之數，鬼神之奧，不能逃其情狀
> 矣。八、八之變，槩舉則文繁，是故標〈乾〉▤為首，以例餘卦。
> ▤〈乾〉為天，▤天風〈姤〉，▤天山〈遯〉，▤天地〈否〉，▤風地
> 〈觀〉，▤山地〈剝〉，▤火地〈晉〉，▤火天〈大有〉，茲七卦，由
> 〈乾〉▤而出也。《易》曰「游魂為變」，凡變之第七，游魂也，第
> 八歸魂也。言歸魂者，始生卦之體也，餘皆倣此。〔註123〕

內容藉〈繫辭〉：「是故四營而成易，十有八變而成卦。八卦而小成。引而伸
之，觸類而長之，天下之能事畢矣」〔註124〕之句，以譬八、八，六十四卦之
形成。且言天、地、人，三才之道，萬物之本，陰陽之數，變化之妙，皆涵蓋
於六十四卦之情狀。文稱六十四卦之變化，倘全部陳敘，則篇幅繁鉅，故舉
〈乾〉卦▤為例，以作餘卦之映。其云〈乾〉卦▤為首，一爻變，而為天風〈姤〉
卦▤；二爻續變，而為天山〈遯〉卦▤；三爻續變，而為天地〈否〉卦▤；四
爻續變，而為風地〈觀〉卦▤；五爻續變，而為山地〈剝〉卦▤，自〈剝〉卦
▤返回四爻變，而成火地〈晉〉卦▤，再由〈晉〉卦▤之內卦變回乾▤，而成
火天〈大有〉▤。文中且謂〈姤〉▤、〈遯〉▤、〈否〉▤、〈觀〉▤、〈剝〉▤、
〈晉〉▤、〈大有〉▤等七卦，皆由〈乾〉卦所變出。並以〈繫辭〉「遊魂為變」
〔註125〕乙詞，以釋第七變，火地〈晉〉▤，即稱之游魂卦；經游魂所變之火
天〈大有〉▤，因其下卦已回復至起始，產生七卦變化之本體乾▤，故名歸魂
卦。該文作者依據〈乾〉卦▤之例，循次將其所釋八卦變成六十四卦之狀，以
圖示展現：

〔註123〕〔北宋〕劉牧撰：《遺論九事》，收入《景印摛藻堂四庫全書薈要‧經部第14
　　　　冊‧易類》（臺北：世界書局，1988年），總第15冊，頁278。

〔註124〕〔三國‧魏〕王弼注，〔唐〕陸德明音義，孔穎達正義：《周易經傳注疏》，
　　　　收入《景印摛藻堂四庫全書薈要‧經部第1冊‧易類》（臺北：世界書局，
　　　　1988年），總第2冊，卷11，頁262。

〔註125〕〔三國‧魏〕王弼注，〔唐〕陸德明音義，孔穎達正義：《周易經傳注疏》，
　　　　收入《景印摛藻堂四庫全書薈要‧經部第1冊‧易類》（臺北：世界書局，
　　　　1988年），總第2冊，卷11，頁254。

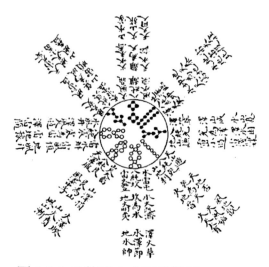

圖 4-3-1 八卦變六十四卦第四〔註 126〕

其內層八卦，皆以重卦標示，順行依序稱之八純〈乾〉䷀，八純〈坎〉䷜，八純〈艮〉䷳，八純〈震〉䷲，八純〈巽〉䷸，八純〈離〉䷝，八純〈坤〉䷁，八純〈兌〉䷹；放大該層，如下：

圖中八重卦之繪製，可明確分辨〈巽〉䷸、〈震〉䷲、〈艮〉䷳、〈兌〉䷹四卦布置方式，與前示「重六十四卦推盪訣」之圖般，咸為上爻對向圓心，而初爻朝外，若此亦與劉牧「四象生八卦」、「〈河圖〉八卦」之巽☴、艮☶初爻向內，而上爻對外之擺放，〔註 127〕彼此相反顛倒，故由巽☴、艮☶前後圖示方式之

〔註 126〕 〔北宋〕劉牧撰：《遺論九事》，收入《景印摛藻堂四庫全書薈要‧經部第 14 冊‧易類》（臺北：世界書局，1988 年），總第 15 冊，頁 277。

〔註 127〕 〔北宋〕劉牧撰：《易數鈎隱圖》，收入《景印摛藻堂四庫全書薈要‧經部第 14 冊‧易類》（臺北：世界書局，1988 年），總第 15 冊，卷上，頁 246；卷下，頁 270。

不同，理當同然可判，本圖並非劉牧所為。

　　況劉牧「純卦」之說，則如其云：「坎☵、離☲、震☳、兌☱四正之卦也。……此則四純之卦也。」〔註128〕乃指三畫卦而論，然「八卦變六十四卦」圖之「純卦」，則為六畫重卦之謂，於此亦可瞧出與劉牧之相異。

　　且整理「八卦變六十四卦」圖，其八、八，六十四卦變化所述，自八純〈乾〉☰，順時依次如下：

八純〈乾〉☰──〈乾〉為天，天風〈姤〉，天山〈遯〉，天地〈否〉，風地〈觀〉，山地〈剝〉，火地〈晉〉，火天〈大有〉。

八純〈坎〉☵──〈坎〉為水，水澤〈節〉，水雷〈屯〉，水火〈既濟〉，澤火〈革〉，雷火〈豐〉，地火〈明夷〉，地水〈師〉。

八純〈艮〉☶──〈艮〉為山，山火〈賁〉，山天〈大畜〉，山澤〈損〉，火澤〈睽〉，天澤〈履〉，風澤〈中孚〉，風山〈漸〉。

八純〈震〉☳──〈震〉為雷，雷地〈豫〉，雷水〈解〉，雷風〈恆〉，地風〈升〉，水風〈井〉，澤風〈大過〉，澤雷〈隨〉。

八純〈巽〉☴──〈巽〉為風，風天〈小畜〉，風火〈家人〉，風雷〈益〉，天雷〈无妄〉，火雷〈噬嗑〉，山雷〈頤〉，山風〈蠱〉。

八純〈離〉☲──〈離〉為火，火山〈旅〉，火風〈鼎〉，火水〈未濟〉，山水〈蒙〉，風水〈渙〉，天水〈訟〉，天火〈同人〉。

八純〈坤〉☷──〈坤〉為地，地雷〈復〉，地澤〈臨〉，地天〈泰〉，雷天〈大壯〉，澤天〈夬〉，水天〈需〉，水地〈比〉。

八純〈兌〉☱──〈兌〉為澤，澤水〈困〉，澤地〈萃〉，澤山〈咸〉，水山〈蹇〉，地山〈謙〉，雷山〈小過〉，雷澤〈歸妹〉。

　　其排列方式，皆依劉牧「四象生八卦」之三畫卦布置，自乾☰→坎☵→艮☶→震☳→巽☴→離☲→坤☷→兌☱，各自循序其所相對之八純六畫卦，順時逐一變化鋪陳。

　　八純〈乾〉☰，既為其他純卦之比照，則各純卦之第七、八變，亦皆為游魂與歸魂，若此：

八純〈坎〉☵之〈明夷〉為游魂，〈師〉卦，為歸魂。

〔註128〕〔北宋〕劉牧撰：〈論上〉，《易數鉤隱圖》，收入《景印摛藻堂四庫全書薈要·經部第 14 冊·易類》（臺北：世界書局，1988 年），總第 15 冊，卷中，頁263。

八純〈艮〉䷳之〈中孚〉䷼為游魂,〈漸〉卦䷴,為歸魂。

八純〈震〉䷲之〈大過〉䷛為游魂,〈隨〉卦䷐,為歸魂。

八純〈巽〉䷸之〈頤〉卦䷚為游魂,〈蠱〉卦䷑,為歸魂。

八純〈離〉䷝之〈訟〉卦䷅為游魂,〈同人〉䷌,為歸魂。

八純〈坤〉䷁之〈需〉卦䷄為游魂,〈比〉卦䷇,為歸魂。

八純〈兌〉䷹之〈小過〉䷽為游魂,〈歸妹〉䷵,為歸魂。

　　加上八純〈乾〉䷀之〈晉〉卦䷢游魂,〈大有〉䷍歸魂,對比今本《京氏易傳》所載,〔註129〕除「八純卦」,京氏喚之「八宮」,及京氏依四陽宮〈乾〉䷀、〈震〉䷲、〈坎〉䷜、〈艮〉䷳,四陰宮〈坤〉䷁、〈巽〉䷸、〈離〉䷝、〈兌〉䷹之次序排列,為彼此區別外,〔註130〕餘各純卦之變化步驟,及游魂、歸魂,盡皆符契吻合。

　　再由《京氏易傳》言〈震〉䷲宮游魂所列:「䷛〈大過〉,陰陽代謝至於游魂。〈繫〉云『精氣為物,游魂為變,是故知鬼神之情狀。』」〔註131〕與「八卦變六十四卦」文中《易》曰『游魂為變』,凡變之第七,游魂也」之語互相對照,則可明顯看出,「八卦變六十四卦」內容,可謂全然因襲於《京氏易傳》八宮卦變,且以闡釋占筮九變成三畫,十八變成六爻之〈繫辭〉:「是故四營而成易,十有八變而成卦。八卦而小成」諸語,引而伸之,視如《周易》八、八、六十四重卦之說,故而稱之「三才之道,萬物之源,陰陽之數,鬼神之

〔註129〕〔西漢〕京房撰,〔東漢〕陸績注:《京氏易傳》,收入《景印摛藻堂四庫全書薈要‧子部第 19 冊‧數術類》,(臺北:世界書局,1988 年),總第 264 冊,卷上～卷中,頁 2～26。

〔註130〕《京氏易傳》云:「〈乾〉䷀象分盪八卦,入〈大有〉䷍終也。〈乾〉䷀生三男,次入〈震〉䷲宮八卦。……本乎〈乾〉䷀而生乎〈震〉䷲,故曰長男,陰陽升降為八卦,至〈隨〉䷐為定,體資於始而成乎終,〈坎〉䷜降中男……〈坎〉䷜之變於〈艮〉䷳,〈艮〉䷳為少男,……少男之位分於八卦,終極陽道也。陽極則陰生,柔道進也,降入〈坤〉䷁宮八卦。……地道之義,妻道同也;臣之附君,〈比〉䷇道成也;歸魂復本,陰陽相成,萬物生也,故曰〈坤〉䷁生三女,〈巽〉䷸、〈離〉䷝、〈兌〉䷹分長、中、下……〈巽〉䷸宮,適變入〈離〉䷝,……遷入〈離〉䷝宮八卦,純火以日用事……爻象相盪,內外適變,八卦巡迴,歸魂復本,本靜則象生,故適〈離〉䷝為〈兌〉䷹,入少女,分八卦於〈兌〉䷹象。」〔西漢〕京房撰,〔東漢〕陸績注:《京氏易傳》,收入《景印摛藻堂四庫全書薈要‧子部第 19 冊‧數術類》,(臺北:世界書局,1988 年),總第 264 冊,卷上,頁 5～14;卷中,頁 17～23。

〔註131〕〔西漢〕京房撰,〔東漢〕陸績注:《京氏易傳》,收入《景印摛藻堂四庫全書薈要‧子部第 19 冊‧數術類》,總第 264 冊,卷上,頁 7。

奧，不能逃其情狀矣。」並更易《京氏易傳》四陽、四陰宮之排列，而依「四象生八卦」之序，舉「八純卦」之名，逐一布置。然其重卦之述，劉牧則於「三才」之論予以反駁而稱：

　　　所謂兼三才而兩之，蓋聖人重卦之義也，非八純卦之謂也。三才，則天、地、人之謂也。兩之則重之謂也。上二畫為天，中二畫為人，下二畫為地，以人合天、地之炁生，故分天、地之炁而居中也。〔註132〕

劉牧云〈說卦傳〉：「兼三才而兩之，故《易》六畫而成卦」〔註133〕之文，實為聖人六爻重卦之義旨，非指三畫之「八純卦」——乾☰、坎☵、艮☶、震☳、巽☴、離☲、坤☷、兌☱而言。三畫之純卦兩、兩相重，而成六爻卦，上二爻為天、為陽，下二爻為地、為陰，人處天、地之間，居中二爻，稟化天地、陰陽之炁以生，若此即圓滿成就天、地、人三才之理。劉牧且將天、地、人三才重卦示意圖，以陽白、陰黑之點繪製而示：

圖 4-3-2 三才第四十五〔註134〕

劉牧指聖人之重卦，概由三畫之八純卦，兩、兩相重，以合契「三才而兩之」之典要，詮釋重卦之過程，全然違悖「八卦變六十四卦」，循六畫八純卦之序，以論六十四重卦之說，倘「八卦變六十四卦」果為劉牧之註，則豈非前、後不

〔註132〕〔北宋〕劉牧撰：《易數鈎隱圖》，收入《景印摛藻堂四庫全書薈要·經部第14 冊·易類》（臺北：世界書局，1988 年），總第15 冊，卷中，頁262。

〔註133〕〔三國·魏〕王弼注，〔唐〕陸德明音義，孔穎達正義：《周易經傳注疏》，收入《景印摛藻堂四庫全書薈要·經部第1 冊·易類》（臺北：世界書局，1988 年），總第2 冊，卷13，頁299。

〔註134〕〔北宋〕劉牧撰：《易數鈎隱圖》，收入《景印摛藻堂四庫全書薈要·經部第14 冊·易類》（臺北：世界書局，1988 年），總第15 冊，卷中，頁261。

一，而自相矛盾？劉牧更言：

> 〈龍圖〉止負四象、八純之卦，餘重卦六十四，皆伏犧仰觀俯察，象其物宜，伸之以爻象也。況乎五行，包自然之性，八卦韞自然之象，聖人更為之變易，各以類分而觀吉凶矣。〔註135〕

劉牧所稱〈龍圖〉即〈河圖〉之謂，所云「〈龍圖〉止負四象、八純之卦」，意如前述「〈河圖〉八卦」、「四象生八卦」之圖，所示四象六、七、八、九，推衍而成乾☰、坎☵、艮☶、震☳、巽☴、離☲、坤☷、兌☱之八純卦。其餘六十四重卦，皆伏犧氏仰觀俯察，依八卦蘊涵天然之象與五行自然之性，因而物以類聚，類以群分，延伸相重以成六爻之卦，並循各卦之稟性，變化之徵兆，以觀其吉凶。

劉牧再次重申「〈河圖〉八卦」、「四象生八卦」之圖，僅止陳列八個三畫卦，而六十四重卦，則為伏犧所創，此又與「八卦變六十四卦」圖所繪、所論，皆相抵牾，若此，經由以上巽☴、艮☶卦畫布置之方式、劉牧稱「純卦」為三畫非六畫卦之主張及三才重卦為伏犧非京房所造等分析，筆者以為「八卦變六十四卦」圖、說，蓋非劉牧所為，且觀劉牧之見，雖無直接明辯，惟已然可知，並不采納其重卦之敘，故而綜覽《易數鈎隱圖》全篇上、下，咸無「八卦變六十四卦」之隻字片語引用。然南宋・吳仁傑（？）疏略無察，竟視「八卦變六十四卦」之文，為劉牧之訛而加抨擊：

> 劉牧論八、八之變曰：「四營成易，十八變而成卦，八卦而小成，引而伸之，以成六十四。其說謂〈姤〉☰、〈遯〉☰、〈否〉☰、〈觀〉☷、〈剝〉☷、〈晉〉☷、〈大有〉☰，七卦由〈乾〉☰而出，并〈乾〉☰為八。」按伏羲重八卦，以卦之全體而重，文王演六十四卦，以爻之積畫而演，劉所論蓋占筮之法。八純卦，自一世至五世而次之以游魂、歸魂者也。此七卦其以積畫變者六，以全體變者一，豈得為重卦本體？劉說誤矣。〔註136〕

吳仁傑恐未見劉牧：「乃是古者，河出〈龍圖〉，洛出〈龜書〉，犧皇□□畫八卦，因而重之為六十四卦……文王作卦辭，周公作爻辭，仲尼輔之十翼，《易》

〔註135〕〔北宋〕劉牧撰：〈〈龍圖〉〈龜書〉・論下〉，《易數鈎隱圖》，卷下，頁274。

〔註136〕〔清〕陳夢雷原編，蔣廷錫校訂：〈理學彙編經籍典・易經部彙考四・宋吳仁傑《古易・自序》〉，《古今圖書集成》（上海：中華書局，1934 年據康有為所藏雍正銅活字本影印），第 562 冊，卷 62，葉 18。

道始明」〔註137〕之文，其間雖有幾字遺佚，惟字句已然鏗鏘顯明，清楚看出劉牧本即以為，八、八重為六十四卦者為伏犧，且文王演卦辭，周公作爻辭，孔夫子輔十翼，所言皆與「八卦變六十四卦」以「京房易占」作為六十四重卦之源，彼此存在強烈差異，是以吳祇「劉說誤矣」，或將反成「吳說誤矣」，方始的當。

　　無獨有偶，吳仁傑舛謬攻詰之全文，亦一字不漏，出現於南宋‧呂祖謙（1137～1181）《古周易》之中，二者僅「按」、「案」二字之別，〔註138〕然四庫館臣於〈提要〉則謂：

> 宋‧呂大房始考驗舊文，作《周易古經》二卷；晁說之作錄《古周易八卷》；薛季宣作《古文周易》十二卷；程迥作《古周易考》一卷；李燾作《周易古經》八篇；吳仁傑作《古周易》十二卷，大致互相出入。祖謙此書與仁傑書最晚出，而較仁傑為有據……然祖謙非竊據人書者。〔註139〕

館臣言北宋‧呂大房（1027～1097）以降，至南宋‧晁說之（1059～1129）、李燾（1115～1184）、薛季宣（1134～1173）、程迥（？）、吳仁傑等諸儒所作相關《古周易》之論，彼此大致互有出入，而祖謙之著，雖和仁傑之書，最為晚出，但較之仁傑卻更為有據，且祖謙非竊據人書者，若此呂祖謙既然有憑而全般載錄吳仁傑之語，則其所病豈非同然於吳氏哉？或恐所犯訛以滋訛之弊，較之吳氏之錯失猶甚矣！

二、「辨陰陽卦」之「圖」、「說」與劉牧之因緣探索

　　殷鑒於劉牧「四象生八卦」（「〈河圖〉八卦」）之思想，雖與《遺論九事》「重六十四卦推盪訣」同源，然「重六十四卦推盪訣」洵非劉牧所作之例，是以《遺論九事》「辨陰陽卦第五」與劉牧「乾、坤生六子」相互之情狀，亦須加以審辨。

〔註137〕〔北宋〕劉牧撰：〈〈龍圖〉〈龜書〉‧論上〉，《易數鉤隱圖》，收入《景印摛藻堂四庫全書薈要‧經部第 14 冊‧易類》（臺北：世界書局，1988 年），總第 15 冊，卷下，頁 272。

〔註138〕〔南宋〕呂祖謙編：《古周易》，收入《景印文淵閣四庫全書‧經部第 9 冊‧易類》（臺北：世界書局，1983 年），第 15 冊，頁 790。

〔註139〕〔清〕紀昀等撰：〈提要〉，《古周易》，收入《景印文淵閣四庫全書‧經部第 9 冊‧易類》（臺北：世界書局，1983 年），第 15 冊，頁 779。

劉牧依〈說卦傳〉所載：

> 乾☰，天也，故稱乎父。坤☷，地也，故稱乎母。震☳一索而得男，故謂之長男。巽☴一索而得女，故謂之長女。坎☵再索而得男，故謂之中男。離☲再索而得女，故謂之中女。艮☶三索而得男，故謂之少男。兌☱三索而得女，故謂之少女。〔註140〕

且搭配〈謙〉卦☷☶象辭：「天道下濟而光明，地道卑而上行」〔註141〕，兼沿〈說卦傳〉：「天地定位，山澤通氣，雷風相薄，水火不相射」〔註142〕之義，置三白、六黑點，於「四象生八卦」（「〈河圖〉八卦」）之乾☰天、坤☷地之位不動，循艮☶山、兌☱澤；震☳雷、巽☴風；坎☵水、離☲火，兩、兩各自對應之三白、六黑點，逐一交相互索而得三陽，震☳、坎☵、艮☶；三陰，巽☴、離☲、兌☱之六子生成。劉牧將其衍化過程，次第繪圖以釋：

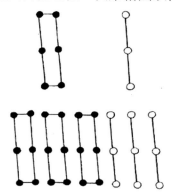

圖4-3-3（一）乾☰坤☷生六子第三十四〔註143〕

四件三白點，譬乾☰陽，為天、為父；四枚六黑點，喻坤☷陰，為地、為母。劉牧將四件象乾☰之三白點，各自布置於「四象生八卦」（「〈河圖〉八卦」）之乾☰西北、巽☴東南、離☲正南、兌☱正西之位；四枚象坤☷之六黑點，分別陳列於「四象生八卦」（「〈河圖〉八卦」）之坤☷西南、震☳正東、坎☵正北、

〔註140〕〔三國‧魏〕王弼注，〔唐〕陸德明音義，孔穎達正義：《周易經傳注疏》，收入《景印摛藻堂四庫全書薈要‧經部第1冊‧易類》（臺北：世界書局，1988年），總第2冊，卷13，頁302。

〔註141〕〔三國‧魏〕王弼注，〔唐〕陸德明音義，孔穎達正義：《周易經傳注疏》，收入《景印摛藻堂四庫全書薈要‧經部第1冊‧易類》，總第2冊，卷4，頁93。

〔註142〕〔三國‧魏〕王弼注，〔唐〕陸德明音義，孔穎達正義：《周易經傳注疏》，收入《景印摛藻堂四庫全書薈要‧經部第1冊‧易類》，總第2冊，卷13，頁300。

〔註143〕〔北宋〕劉牧撰：《易數鈎隱圖》，收入《景印摛藻堂四庫全書薈要‧經部第14冊‧易類》（臺北：世界書局，1988年），總第15冊，卷中，頁257。

艮☲東北之處，其位次分配如下：

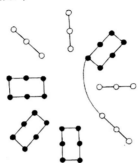

圖 4-3-4（二）乾☰下交坤☷第三十五〔註144〕

劉牧注曰：「乾☰，天也，故稱乎父；下濟而光明焉。」〔註145〕三白點象三畫
乾☰陽，居西北之位；六黑點象六畫坤☷陰，處西南之方，陽，為上、為尊；
陰，為下，為卑，兩者以線相連，代表乾☰陽之爻，自上而下，由尊而卑，下
交於坤☷。

　　天、地，陰、陽既然合和相錯，則坤☷陰之爻，亦從下而上，泊卑而尊，
上交於乾☰，故劉牧繪製同然之圖，以示坤☷爻上交於乾☰：

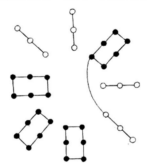

圖 4-3-5（三）坤☷上交乾☰第三十六〔註146〕

劉牧釋云：「坤☷，地也，故稱乎母，卑而上行焉。」〔註147〕其為區分乾☰、
坤☷，陰、陽，上、下更迭之狀，而以同一圖示標注兩樣之情，其用心可知，

〔註144〕〔北宋〕劉牧撰：《易數鉤隱圖》，收入《景印摛藻堂四庫全書薈要・經部第
　　　　14冊・易類》（臺北：世界書局，1988年），總第15冊，卷中，頁257。
〔註145〕〔北宋〕劉牧撰：《易數鉤隱圖》，收入《景印摛藻堂四庫全書薈要・經部第
　　　　14冊・易類》，總第15冊，卷中，頁258。
〔註146〕〔北宋〕劉牧撰：《易數鉤隱圖》，收入《景印摛藻堂四庫全書薈要・經部第
　　　　14冊・易類》，總第15冊，卷中，頁258。
〔註147〕〔北宋〕劉牧撰：《易數鉤隱圖》，收入《景印摛藻堂四庫全書薈要・經部第
　　　　14冊・易類》，總第15冊，卷中，頁258。

惟恐令人有屋下架屋，無謂重複之誤。

　　劉牧於「四象生八卦」正東方，置六黑點之坤☷母，東南方，布三白點之乾☰父，乾☰、坤☷上、下互索，乾☰下交坤☷，坤☷得乾☰陽之爻，原六黑點之陰，變為五白點之陽，象徵長男震☳卦，五畫之蘊，其生成之圖象為：

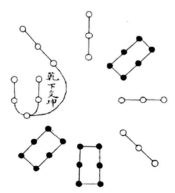

圖 4-3-6（四）震☳為長男第三十七〔註 148〕

劉牧解曰：「震☳一索而得男，故謂之長男。」〔註 149〕「一」者，即初爻之意。震☳為雷，巽☴為風，雷、風已然相薄，則乾☰、坤☷上、下往來，正東方之六黑坤☷，亦當上交東南方之三白乾☰，乾☰獲坤☷陰之爻，原三白之陽，化為四黑之陰，比喻長女巽☴卦，四畫之意，其推衍如圖：

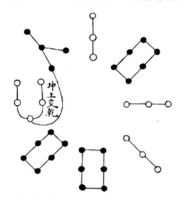

圖 4-3-7（五）巽☴為長女第三十八〔註 150〕

〔註148〕〔北宋〕劉牧撰：《易數鉤隱圖》，收入《景印摛藻堂四庫全書薈要・經部第14 冊・易類》（臺北：世界書局，1988 年），總第 15 冊，卷中，頁 258。

〔註149〕〔北宋〕劉牧撰：《易數鉤隱圖》，收入《景印摛藻堂四庫全書薈要・經部第14 冊・易類》，總第 15 冊，卷中，頁 258。

〔註150〕〔北宋〕劉牧撰：《易數鉤隱圖》，收入《景印摛藻堂四庫全書薈要・經部第14 冊・易類》，總第 15 冊，卷中，頁 258。

劉牧訓註：「巽一索而得女，故謂之長女。」〔註151〕劉牧又以上圖之正南，所列三白乾☰父，正北所陳六黑坤☷母，彼此上、下交易，自南方三白乾☰爻，下交北方六黑之坤☷，坤☷得一索，而由六黑之陰，變為陽坎☵五畫，五白之點，過程如圖：

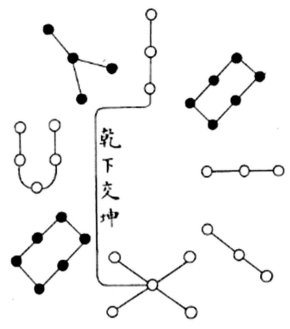

圖4-3-8（六）坎☵為中男第三十九〔註152〕

劉牧詮言：「坎☵再索而得男，故謂之中男。」〔註153〕「再」者，即二爻之稱。坎☵為水，離☲為火，水、火既不相射，則必相逮〔註154〕，乾☰父已然下來，坤☷母之爻，亦同時上往，三白之乾☰，受納坤☷爻，即由三白之陽轉成四黑之陰，以應離☲，四畫之卦，其變化則為：

〔註151〕〔北宋〕劉牧撰：《易數鉤隱圖》，收入《景印摛藻堂四庫全書薈要·經部第14冊·易類》，總第15冊，卷中，頁258。

〔註152〕〔北宋〕劉牧撰：《易數鉤隱圖》，收入《景印摛藻堂四庫全書薈要·經部第14冊·易類》（臺北：世界書局，1988年），總第15冊，卷中，頁258。

〔註153〕〔北宋〕劉牧撰：《易數鉤隱圖》，收入《景印摛藻堂四庫全書薈要·經部第14冊·易類》，總第15冊，卷中，頁259。

〔註154〕按子夏（？）云：「故水火相逮，雷風不相悖，山澤通氣，然後能變化，既成萬物也。」〔東周〕卜子夏撰：《子夏易傳》，收入《景印文淵閣四庫全書·經部1·易類》（臺北：臺灣商務印書館，1983年），第7冊，卷九，頁117。

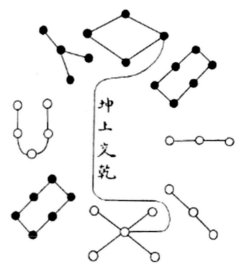

圖 4-3-9（七）離☲為中女第四十 〔註 155〕

劉牧陳述：「離☲再索而得女，故謂之中女。」〔註 156〕續上圖之正西，三白乾
☰父，東南六黑坤☷母，上、下，交互往來，乾☰父一陽，下交坤☷母，坤☷
受一索，則自六黑，轉為五白，以對艮☶卦，五陽之畫，演繹之圖則如：

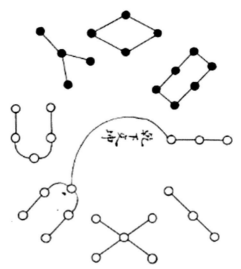

圖 4-3-10（八）艮☶為少男第四十一 〔註 157〕

〔註 155〕〔北宋〕劉牧撰：《易數鈎隱圖》，卷中，頁 259。zz

〔註 156〕〔北宋〕劉牧撰：《易數鈎隱圖》，卷中，頁 259。

〔註 157〕〔北宋〕劉牧撰：《易數鈎隱圖》，收入《景印摛藻堂四庫全書薈要‧經部第
　　　　14 冊‧易類》（臺北：世界書局，1988 年），總第 15 冊，卷中，頁 259。

劉牧訓釋：「艮☶三索而得男，故謂之少男。」〔註158〕「三」者，即三爻之名。
艮☶為山，兌☱為澤，山澤兩相通氣，西方三白之乾☰既然下交，則東南六黑
坤☷陰，必然上往，西方三白容受一陰，由三白化為四黑，以仿兌☱陰，四畫
之形。圖解即為：

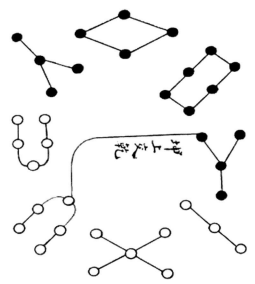

圖 4-3-11（九）兌☱為少女第四十二〔註159〕

劉牧詮解：「兌三索而得女，故謂之少女。」〔註160〕且言：「己上更布自然之
象者，蓋欲明上、下自然交易之理，成八卦變化之義也。」〔註161〕劉牧假「四
象生八卦」（「〈河圖〉八卦」），所生八卦之位，兼融己述：「惟天三、地二、地
四之數，合而成九，陽之數也。天三，則乾☰之三畫，地二、地四，則坤之六
畫也」〔註162〕之論，遵制〈說卦〉「天地定位，山澤通氣，雷風相薄，水火不
相射」之梟，進而布陳三白，如乾☰陽，三畫之點，居乾☰、三陰之位；臚列
六黑，映坤☷陰，六畫之點，處坤☷、三陽之方，藉以闡釋〈說卦〉乾☰、坤

〔註158〕 〔北宋〕劉牧撰：《易數鈎隱圖》，收入《景印摛藻堂四庫全書薈要·經部第
　　　　 14 冊·易類》，總第 15 冊，卷中，頁 259。
〔註159〕 〔北宋〕劉牧撰：《易數鈎隱圖》，收入《景印摛藻堂四庫全書薈要·經部第
　　　　 14 冊·易類》，總第 15 冊，卷中，頁 259。
〔註160〕 〔北宋〕劉牧撰：《易數鈎隱圖》，收入《景印摛藻堂四庫全書薈要·經部第
　　　　 14 冊·易類》，總第 15 冊，卷中，頁 259。
〔註161〕 〔北宋〕劉牧撰：《易數鈎隱圖》，收入《景印摛藻堂四庫全書薈要·經部第
　　　　 14 冊·易類》，總第 15 冊，卷中，頁 259。
〔註162〕 〔北宋〕劉牧撰：〈論下〉《易數鈎隱圖》，卷上，頁 250。

☲相索以生六子之奧，圖簡意賅，義理明確，條達順暢，淺顯易懂，打破傳統諸家純以文字敘述之常，可謂獨樹一格，自成一派。然林忠軍且謂：

> 從圖可以看出，劉牧八卦圖的排列，就是今日見到最早的後天八卦圖。他關於乾坤生六子的推衍，實際上就是後天八卦圖的推衍。由此，我們可以斷定，所謂後天八卦圖，並非文王所作，而是由劉氏或其宗師所為。〔註163〕

惟筆者以為林氏所言差矣。今考《易緯乾鑿度》嘗云：

> 夫八卦之變，象感在人，文王因性情之宜，為之節文。孔子曰《易》始於太極，太極分而為二，故生天地，天地有春、秋、冬、夏之節，故生四時，四時各有陰陽剛柔之分，故生八卦。八卦成列，天地之道，立雷、風、水、火、山、澤之象定矣，真布散用事也。震☳生物於東方，位在二月；巽☴散之於東南，位在四月；離☲長之於南方，位在五月；坤☷養之於西南方，位在六月；兌☱收之於西方，位在八月；乾☰制之於西北方，位在十月；坎☵藏之於北方，位在十一月；艮☶終始之於東北方，位在十二月，八卦之氣終，則四正四維之分明……。〔註164〕

姑且不論此八卦之列，是否文王所作，惟《易緯乾鑿度》已全然明白陳敘各卦方位所在，況其所承，殆皆洵然沿襲於《說卦傳》：

> 萬物出乎震☳，震☳，東方也。齊乎巽☴，巽☴，東南也。……。離☲也者，……，南方之卦也。……坤☷也者，地也，……。兌☱，正秋也，……。乾☰，西北之卦也，……。坎☵者，……正北方之卦也，……。艮☶，東北之卦也，……。〔註165〕

若此，林忠軍所謂後天八卦，豈能為劉牧或其宗師所為？今省審劉牧四件三白、六黑之所以如此設置，概可由以下比較《遺論九事》「辨陰陽卦第五」之「圖」、「說」而尋得端倪：

〔註163〕林忠軍著：《象數易學發展史第二卷》（濟南：齊魯書社，1998年），頁169。

〔註164〕〔東漢〕鄭康成注：《易緯乾鑿度》，收入《景印摛藻堂四庫全書薈要·經部第14冊·易類》（臺北：世界書局，1988年），總第15冊，卷上，頁500。

〔註165〕〔三國·魏〕王弼注，〔唐〕陸德明音義，孔穎達正義：《周易經傳注疏》，收入《景印摛藻堂四庫全書薈要·經部第1冊·易類》（臺北：世界書局，1988年），總第2冊，卷13，頁301。

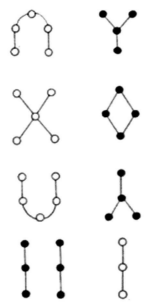

圖 4-3-12 辨陰陽卦第五〔註166〕

乾☰，天也，故稱乎父，巽☴、離☲、兌☱三女，由乾☰而索也。坤
☷，地也，故稱乎母，震☳、坎☵、艮☶三男，自坤☷而生也。陽卦
多陰，陽一君而二民，震☳、坎☵、艮☶，陽卦也。陰卦多陽，陰
二君而一民，巽☴、離☲、兌☱，陰卦也。陽一畫為君，二畫為民，
其理順，故曰君子之道也。陰二畫為君，一畫為民，其理逆，故曰
小人之道也。〔註167〕

「辨陰陽卦第五」之詮釋，全然因循於〈繫辭下傳〉所載：「陽卦多陰，陰卦
多陽，其故何也？陽卦奇，陰卦耦。其德行何也？陽一君而二民，君子之道
也。陰二君而一民，小人之道也」〔註168〕之論述。君者，一畫陽爻「▬」
之謂也；民者，二畫陰爻「▬ ▬」之稱也。乾☰三陽，為天，為父，巽☴、離
☲、兌☱，長、中、少三女，皆二陽一陰，均由乾☰得一陰而化生，故其圖示
之右，自下而上，依序即為「三白乾、四黑巽、四黑離、四黑兌」。坤

〔註166〕〔北宋〕劉牧撰：《遺論九事》，收入《景印摛藻堂四庫全書薈要·經部第14
　　　　冊·易類》（臺北：世界書局，1988年），總第15冊，頁278。

〔註167〕〔北宋〕劉牧撰：《遺論九事》，收入《景印摛藻堂四庫全書薈要·經部第14
　　　　冊·易類》，總第15冊，頁278。

〔註168〕〔三國·魏〕王弼注，〔唐〕陸德明音義，孔穎達正義：《周易經傳注疏》，
　　　　收入《景印摛藻堂四庫全書薈要·經部第1冊·易類》（臺北：世界書局，
　　　　1988年），總第2冊，卷12，頁282。

☷六畫，為地，為母，震☳、坎☵、艮☶，長、中、少三男，咸為二陰一陽，統洎坤☷獲一陽而化成，故其圖示之左，由下而上，依次為「六黑坤⋮、五白震〵、五白坎〢、五白艮〢」。

　　觀「辨陰陽卦第五」之言，其僅強調於乾☰、坤☷所生六子，陰、陽卦形之特徵；陽卦多陰少陽，二民一君，順乎道理，故為君子之道，以奇數白點，對應其卦畫數而示。陰卦多陽少陰，二君一民，逆乎道理，故屬小人之道，以偶數黑點，相映卦畫而釋。對照於劉牧沿〈說卦〉、〈彖傳〉，配合「四象生八卦」（「〈河圖〉八卦」）之位，以證乾☰、坤☷交索而成六子之論，相形欠缺生成過程之描述，而較顯粗略。

　　省校劉牧四件三白乾☰陽，設於「四象生八卦」（「〈河圖〉八卦」）之乾☰、巽☴、離☲、兌☱之方；四枚六黑坤☷陰，置於坤☷、震☳、坎☵、艮☶之位，而使其乾☰、坤☷，上、下之交，所生六子，盡能恪守〈繫辭〉：「陽卦多陰，陰卦多陽」之規而不違，若此既能吻合〈說卦〉諸說，亦能相契〈繫辭〉之訓，且符八卦之居，惟其何以如此擺列，則未見劉牧有所陳述，若然審覽「辨陰陽卦第五」之內容，即豁然可知，劉牧四個三白、六黑之發明，概與「辨陰陽卦第五」之淵流，如出一轍而得啟發，且所繪黑、白點數映襯卦畫之法，亦當彼此同源而無惑。

　　然〈說卦〉、〈繫辭〉、〈彖傳〉諸項之旨要，業已全然隱顯於《易數鈎隱圖》「乾☰坤☷生六子」之圖、釋，縱須補充，亦當詮敘於「乾☰坤☷生六子」之處，斷無移於《遺論九事》「辨陰陽卦第五」，而另加箋疏，故由以上之察覈及分析，其狀亦如《遺論九事》「重六十四卦推盪訣」之般，「辨陰陽卦第五」誠非劉牧所為，惟稱「乾坤生六子」之理，蓋與此同脈，則不為過。

　　朱震曾駁劉牧而謂：

> 劉氏曰：八純卦兼兩儀、四象而盡五十五數，謂先布五十五位，後除天、地、四方數，餘以奇、偶數排之，便見八卦之位，此說不通。
>
> 所謂乾☰者，天也；坤☷，地也。所謂坎☵者，北方也；離☲南方也；兌☱，西方也；震☳，東方也。今除天九、地六，四方四數而分布八卦，即八卦所用止三十六，而十九數為贅矣。……。〔註169〕
>
> 劉牧畫圖，為乾☰者四，為坤☷者四，乾☰天左旋、坤☷地右轉，

〔註169〕〔南宋〕朱震撰：〈叢說〉，《漢上易傳》，收入《景印摛藻堂四庫全書薈要·經部第 2 冊·易類》（臺北：世界書局，1988 年），總第 3 冊，頁 837。

乾☰、坤☷，上、下，自然相交而成六子，則非數策之義也。〔註170〕
朱震斥劉牧「乾坤生六子」，以天地之數五十五（本章下節討論），減除天九、
地六及四方四數（9＋6＋4＝19）後，利用所餘之三十六數（55－19＝36），分
配於四件三白乾☰（4×3＝12）、四枚六黑坤☷（4×6＝24），以生成八卦之說
法不通，且非數策之義。

朱震顯然已誤解劉牧「乾☰、坤☷生六子」陳敘之方法及目的。劉牧藉
「四象生八卦」（「〈河圖〉八卦」）產生之八卦方位，遵循〈說卦〉、〈繫辭〉、
〈象傳〉諸條例，以詮釋「乾☰、坤☷交索生六子」、「陽卦多陰、陰卦多陽」
之義理，其四件三白乾☰之「三」，四枚六黑坤☷之「六」，咸指三畫純卦乾☰、
坤☷之「卦畫數」而言，惟朱震卻錯以為「三」、「六」為數字，以致有天地之
數五十五，除去十九贅數，而有四、三，十二；四、六，二十四，合計三十六
餘數之訛妄出現。非但如此，清・張惠言（1761～1802）猶然不察，亦以劉牧
之圖，承襲朱震之謬而攻劉牧之文：

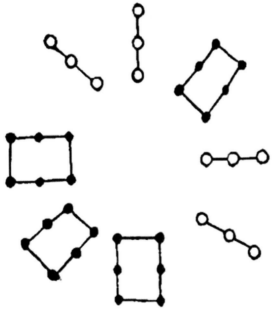

圖 4-3-13 劉牧乾☰坤☷生六子圖〔註171〕

〔註170〕〔南宋〕朱震撰：〈叢說〉，《漢上易傳》，收入《景印摛藻堂四庫全書薈要・
經部第 2 冊・易類》，總第 3 冊，頁 862。

〔註171〕〔清〕張惠言撰：《易圖條辨》，收入《續修四庫全書・經部・易類》（上海：
上海古籍出版社，1995 年），第 26 冊，頁 702。

劉氏論〈河圖〉之數四十五；五行之數，則四十；四象生八卦之
數，則三十，又去其十九而三十六，朱氏駁之當矣。且不特此！
既有八卦而後有方位，不識六子未生，何以乾☰布四位而夾坤☷，
坤☷布四位而錯乾☰也？又不識乾☰、坤☷，何以一卦而羨其三
也？〔註172〕

張氏謂劉牧論「〈河圖〉之數」四十五（本章下節分析）、「五行之數」四十（本
章下節分析）、「四象生八卦之數」為三十，今「乾☰坤☷生六子」又自五十五，
去除十九而為三十六數，若此朱震批駁其矛盾，實屬合理、恰當。且既然八
卦產生，則必有方位，然八卦尚未定位，六子尚未生成，為何乾☰布四位而夾
坤☷，坤☷列四位而錯乾☰？況不知乾☰、坤☷之際，又如何能以一卦衍生其
三子？

　　張惠言深受朱震錯誤之引導，而又全然顛倒劉牧「乾☰坤☷生六子」之闡
述，不知劉牧以果證因之詮解，反以倒果為因作抨擊，其所犯之愚暗，恐不
下於朱震之貽愆矣。

第四節　劉牧「〈河圖〉四十五數」、「〈洛書〉五十五數」之理數分析

　　蓋由「純卦」三畫、六畫之辨；伏犧、京房重卦說之相悖，已然可證《遺
論九事》「八卦變六十四卦」之作者，洵非劉牧。且知《易數鈎隱圖》「乾☰
坤☷生六子」雖與《遺論九事》「辨陰陽卦第五」之思想同源，然相類《遺論
九事》「重六十四卦推蕩訣」之情狀，「辨陰陽卦第五」亦非劉牧所為。惟朱
震、張惠言蒙昧錯解劉牧「乾☰坤☷生六子」之道，其間所提〈河圖〉之
數」四十五、「五行之數」四十，乃至「天地之數」五十五者，則於本節辯
明陳述。

一、「〈河圖〉為先天、〈洛書〉為後天」之濫觴

　　劉牧之八卦生成，沿襲於《遺論九事》之先儒所述，蓋由二儀所生之「四
象」而化，此四象六、七、八、九，則泊劉牧前謂天五上駕天一，而下生地

〔註172〕〔清〕張惠言撰：《易圖條辨》，收入《續修四庫全書·經部·易類》，第 26
　　　　冊，頁 702。

六；下駕地二，而上生天七；右駕天三，而左生地八；左駕地四，而右生天九，計天一、地二、天三、地四、天五、地六、天七、地八、天九，總合四十五之數，而此數，劉牧即稱為「〈河圖〉之數」，且云：「以五為主，六、八為膝，二、四為肩，左三、右七，戴九、履一。」〔註173〕並以對應奇、偶，象徵陰、陽之黑、白點圖標示：

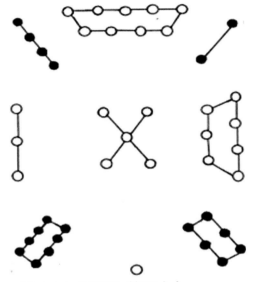

圖 4-4-1〈河圖〉第四十九〔註174〕

圖中重新組合排列四象之生數：天一居北、地二，西南、天三處東、地四，東南、天五居中；四象成數：地六，西北、天七位西、地八，東北、天九置南。劉牧又言：

> ……四象，未著乎形體，故曰「形而上者，謂之道」也。……地六，水之數也；……天七，火之數也；……地八，木之數也；……天九，金之數也；……地十應五而居中，土之數也，此則已著乎形數，故曰「形而下者，謂之器。」所謂象之與形者，《易》云：「見乃謂之象」，〈河圖〉所以示其象也；「形乃謂之器」，〈洛書〉所以陳其形也。「本乎天者，親上；本乎地者，親下」，故曰：「河以通〈乾〉☰出天，洛以流〈坤〉☷吐地。」《易》者韞「道」與

〔註173〕〔北宋〕劉牧撰：《易數鈎隱圖》，收入《景印摛藻堂四庫全書薈要・經部第14冊・易類》（臺北：世界書局，1988年），總第15冊，卷下，頁269。

〔註174〕〔北宋〕劉牧撰：《易數鈎隱圖》，收入《景印摛藻堂四庫全書薈要・經部第14冊・易類》，總第15冊，卷下，頁269。

「器」，所以聖人兼之而作《易》。《經》云：「河出圖，洛出書，聖人則之。」斯之謂矣。且夫〈河圖〉之數惟四十有五，蓋不顯土數也。不顯土數者，以〈河圖〉陳八卦之象，若其土數，則入乎形數矣。是兼其用而不顯其成數也。〈洛書〉則五十五數，所以成變化而著形器者也。故〈河圖〉陳四象而不言五行；〈洛書〉演五行而不述四象。〔註175〕

劉牧稱老陰、老陽、少陽、少陰四象，並未著乎形體，故如〈繫辭〉所云「形而上者，謂之道」之理，亦即「象」屬「道」者之義；而五行水、火、木、金、土之成數六、七、八、九、十，皆已著乎形數，猶為〈繫辭〉「形而下者，謂之器」之蘊，若此「五行」則歸「器」之比。而所謂「象」與「形」之區別，劉牧又引〈繫辭〉：「見乃謂之象，形乃謂之器」〔註176〕之言，以譬〈河圖〉所以示其象，〈洛書〉所以陳其形，並藉〈文言〉：「本乎天者親上，本乎地者親下」〔註177〕以應《春秋緯》：「河以通〈乾〉☰出天苞，洛以流〈坤〉☷吐地符」〔註178〕之「天苞」為〈河圖〉，「地符」即〈洛書〉之喻。〔註179〕劉牧謂《易》學，蘊涵「道」、「器」二者之理，聖人因而兼之以作《易經》，惟〈繫辭〉所載：「河出圖，洛出書，聖人則之。」〔註180〕即為「道」、「器」象徵之展現。而〈河圖〉之所以不顯五行土之成數，僅只

〔註175〕 〔北宋〕劉牧撰：〈論中〉，《易數鈎隱圖》，收入《景印摛藻堂四庫全書薈要·經部第 14 冊·易類》（臺北：世界書局，1988 年），總第 15 冊，卷中，頁 264～265。

〔註176〕 〔三國·魏〕王弼注，〔唐〕陸德明音義，孔穎達正義：《周易經傳注疏》，收入《景印摛藻堂四庫全書薈要·經部第 1 冊·易類》（臺北：世界書局，1988 年），總第 2 冊，卷 11，頁 267。

〔註177〕 〔三國·魏〕王弼注，〔唐〕陸德明音義，孔穎達正義：《周易經傳注疏》，收入《景印摛藻堂四庫全書薈要·經部第 1 冊·易類》，總第 2 冊，卷 1，頁 37。

〔註178〕 〔唐〕李鼎祚撰：《周易集解》，收入《景印文淵閣四庫全書·經部 1·易類》（臺北：臺灣商務印書館，1983 年），第 7 冊，卷 14，頁 834。

〔註179〕 按孔穎達注〈繫辭〉「河出圖，洛出書，聖人則之」曰：「『河出圖，洛出書，聖人則之』者，如鄭康成之義，則《春秋緯》云：『河以通〈乾〉☰出天苞，洛以流〈坤〉☷吐地符，河〈龍圖〉發，洛〈龜書〉感。』」故「天苞」為〈龍圖〉，即指〈河圖〉；「地符」為〈龜書〉，乃〈洛書〉之謂。〔三國·魏〕王弼注，〔唐〕陸德明音義，孔穎達正義：《周易經傳注疏》，卷 11，頁 269。

〔註180〕 〔三國·魏〕王弼注，〔唐〕陸德明音義，孔穎達正義：《周易經傳注疏》，卷 11，頁 268。

布列四十五數之原由，蓋因〈河圖〉陳現八卦之象，倘加入土之成數十，則反變為有形之數，故〈河圖〉兼有土五之生用，惟不顯其土十之形數。〈洛書〉加入土之成數，合計而為五十五數，則木、火、土、金、水五行齊備，已變化顯著有形之物，故〈河圖〉陳四象而不言五行，〈洛書〉演化五行而不論述四象。

劉牧謂〈河圖〉所以僅陳天五居中之四十五數，乃因只顯四象所生之八卦，而不談五行，故不列土之成數，若此則無著乎形體，其狀猶如形而上之謂「道」者一般；〈洛書〉，加入土之成數十，計五十五數，以闡明顯揚水、火、木、金、土之成數，惟不訓乎四象，然五行已著乎形物，其情蓋隸形而下之謂「器」者之樣。

綜劉牧所言，其視〈河圖〉為形而上者，屬「道」之義，惟南朝宋·謝鎮之（？）有云：「夫道者，一也；形者二也。」〔註181〕此「一」者，為奇，為陽，陽者清輕；即如列子所謂「氣、形、質具而未相離，故曰渾淪」之「渾淪」。亦如老子所稱「有物混成，先天地生」之「有物混成」之狀。河上公（？）注曰：「道乃先天地生也。」〔註182〕故「道」者，既已先天地而生，則〈河圖〉亦同然先於天地，北宋·李昉（925～996）即釋：「〈河圖〉曰元氣，闓陽為天，又元氣無形。」〔註183〕若此劉牧雖無直指，然所釋〈河圖〉之為道者，已然含有「先天」之蘊奧。

「形者二也」之「二」，為偶，屬陰，陰者濁重也；《易緯乾鑿度》載曰：「清輕者，上為天；濁重者，下為地。」〔註184〕劉牧既謂〈洛書〉，僅列五行，不述四象，為形而下者，且云「五行既備而生動植焉，所謂在天成象，在

〔註181〕〔南朝·梁〕釋僧祐編：〈重與顧道士書〉，《弘明集》，收入《景印文淵閣四庫全書·子部354·釋家類》（臺北：臺灣商務印書館，1985年），第1048冊，卷6，頁96。

〔註182〕〔西漢〕河上公撰：〈無源第四〉，《老子道德經》，收入《景印文淵閣四庫全書·子部361·道家類》（臺北：臺灣商務印書館，1985年），第1055冊，卷上，頁52。

〔註183〕〔北宋〕李昉等撰：〈天部一·元氣〉，《太平御覽》，收入《景印文淵閣四庫全書·子部199·類書類》（臺北：臺灣商務印書館，1985年），第893冊，卷1，頁168。

〔註184〕〔東漢〕鄭康成注：《易緯乾鑿度》，收入《景印摛藻堂四庫全書薈要·經部第14冊·易類》（臺北：世界書局，1988年），總第15冊，卷上，頁502。

地成形也。」〔註185〕則劉牧訓解之〈洛書〉,其為推演在地之形物,即為相對於道者一、陽者清輕之先天〈河圖〉,故劉牧雖無明言,惟已隱喻〈洛書〉,誠為「後天」之義旨也。

是以劉牧堪稱歷來,最早詮解〈河圖〉、〈洛書〉即為「先天」、「後天」之論者,而此主張,直至明代才被明確提出,如明·胡孝緒(?)曰:「〈河圖〉所著明者,成變化而行鬼神之事,故曰先天,……天道也。〈洛書〉,禹則之敘疇……後天之學也,人道也。」〔註186〕明·廖道南(1494~1548)云:「在〈河圖〉,先天者,質之成常也,體也;其在〈洛書〉,後天者,氣之行變也,用也。」〔註187〕明·王圻(1530~1615)謂:「〈河圖〉為先天,以氣為形之於聲,〈洛書〉為後天,以質而成之於物。」〔註188〕明·喬中和(?)稱:「〈河圖〉先天、後天〈洛書〉」〔註189〕。且「〈河圖〉先天、〈洛書〉後天」之說,洎明歷清迄今,則依然方興未艾,尤其坊間堪輿、羅盤術數之門,猶然遵為圭臬而弗違。〔註190〕

〔註185〕〔北宋〕劉牧撰:《易數鉤隱圖》,收入《景印摛藻堂四庫全書薈要·經部第 14 冊·易類》(臺北:世界書局,1988 年),總第 15 冊,卷上,頁 242。

〔註186〕〔清〕朱之俊撰:《周易纂》,收入四庫全書存目叢書編纂委員會編:《四庫全書存目叢書·經部·易類》(濟南:齊魯書社,1997 年據中國科學院圖書館藏清順治硯廬刻本影印),第 23 冊,卷 1,頁 19。

〔註187〕〔明〕廖道南撰:〈原太極圖說〉,《楚紀》,收入四庫全書存目叢書編纂委員會編:《四庫全書存目叢書·史部·雜史類》(濟南:齊魯書社,1996 年據北京圖書館藏明嘉靖 25 年何城李桂刻本影印),第 47 冊,卷之 20,頁 573。

〔註188〕〔明〕王圻,王思義輯:〈人事〉,《三才圖會》,收入《續修四庫全書·子部·類書類》(上海:上海古籍出版社,1995 年),第 1235 冊,卷 9,頁 150。

〔註189〕〔明〕喬中和撰:《說易》,收入《四庫全書存目叢書·經部·易類》(濟南:齊魯書社,1997 年據中國科學院圖書館藏明崇禎刻躋新堂集本影印),第 25 冊,卷之 1,頁 314。

〔註190〕按明·章潢(1527~1608)有言:「〈河圖〉為體、〈洛書〉為用,先天為體,後天為用」與《易緯乾鑿度》載云:「八卦數二十四以生陰陽,衍之皆合之於度量」與東漢·張衡(78~139)提及:「聖人明審律曆以定吉凶,重之以卜筮,雜之以九宮」之「九宮」一詞,對應劉牧「河九洛十」與南宋·朱熹(1130~1200)以降「河十洛九」之孰是孰非,諸般問題,盡皆干係地理堪輿「東、西四命」之「男寄坤☷,女寄艮☶」命、「羅盤二十四山分陰、分陽」之緣由,惟局限於本章討論主題與篇幅之因素,筆者將另撰專文加以分析,於此不贅。〔明〕章潢撰:〈太極河圖洛書易卦象總敘〉,《圖書編》,收入《景印文淵閣四庫全書·子部 274·類書類》(臺北:臺灣商務印書館,1985 年),

二、「〈河圖〉四十五」、「〈洛書〉五十五」之因緣疏通

後天〈洛書〉五十有五之數，概由先天〈河圖〉四十五兼土之成數十而成，劉牧稱該數為「天地之極數」，其釋曰：

> 天地之生數足，所以生變化也。天地之數十有五，自天一至天五，
> 凡十五數也。天一、天三、天五成九，此陽之數也，故〈乾〉▉元
> 用九；地二、地四成六，此陰之數也，故〈坤〉▉元用六，兼五行
> 之成數四十，合而為五十有五，備天地之極數也，所以能成變化而
> 行鬼神。〔註191〕

〈洛書〉之數即為〈繫傳〉所云「天地之數五十有五」〔註192〕，又名天地之極數，其由天地具足生數，天一、地二、天三、地四、天五之後，所衍生變化而成。劉牧謂天一、天三、天五，三陽為九，即如〈文言〉所謂「乾元用九」〔註193〕之義；地二、地四，二陰為六，亦如相對〈乾〉▉元之〈坤〉▉元用六一般，〔註194〕而此天、地，九、六所得十五之數，加上五行，水、火、木、金、土之六、七、八、九、十，四十成數，則合為五十有五，而成陰陽聚散、屈伸變化之數。若此，劉牧遂拆解天地之極數五十五中之生、成天數，一、三、五、七、九，以白點象天代陽以示：

〔註〕第 968 冊，卷 1，頁 7。〔東漢〕鄭康成注：《易緯乾鑿度》，收入《景印摛藻堂四庫全書薈要・經部第 14 冊・易類》（臺北：世界書局，1988 年），總第 15 冊，卷下，頁 509。〔南朝・宋〕范蔚宗撰，〔唐〕李賢注，〔後梁〕劉昭補志並注：〈張衡列傳第四十九・張衡傳〉，《後漢書》，收入《景印摛藻堂四庫全書薈要・史部第 9 冊・正史類》（臺北：世界書局，1988 年），總第 95 冊，卷 89，頁 37。

〔註191〕〔北宋〕劉牧撰：《易數鈎隱圖》，收入《景印摛藻堂四庫全書薈要・經部第 14 冊・易類》（臺北：世界書局，1988 年），總第 15 冊，卷上，頁 243。

〔註192〕〔三國・魏〕王弼注，〔唐〕陸德明音義，孔穎達正義：《周易經傳注疏》，收入《景印摛藻堂四庫全書薈要・經部第 1 冊・易類》（臺北：世界書局，1988 年），總第 2 冊，卷 11，頁 262。

〔註193〕〔三國・魏〕王弼注，〔唐〕陸德明音義，孔穎達正義：《周易經傳注疏》，收入《景印摛藻堂四庫全書薈要・經部第 1 冊・易類》，總第 2 冊，卷 1，頁 38。

〔註194〕按〔唐〕孔穎達疏：「〈乾〉▉是卦名，元是〈乾〉▉德之首。」又曰：「但元，是〈坤〉▉德之首，故連言之，猶〈乾〉▉之元德與〈乾〉▉相通共文也。」〔三國・魏〕王弼注，〔唐〕陸德明音義，孔穎達正義：《周易經傳注疏》，收入《景印摛藻堂四庫全書薈要・經部第 1 冊・易類》，總第 2 冊，卷 1，頁 31；卷 2，頁 46。

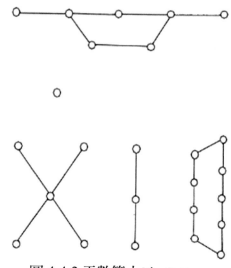

圖 4-4-2 天數第十二〔註195〕

亦將天地極數之生、成地數，二、四、六、八、十，以黑點譬陰喻地而繪：

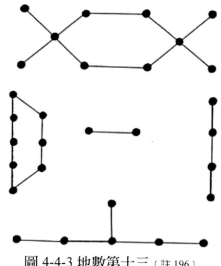

圖 4-4-3 地數第十三〔註196〕

劉牧再將代表天、地，陰、陽，生、成數之黑、白點，自一至十，依天一至天五之天地生數居內，四方水六、火七、木八、金九及土十之成數置外，兩相匯合畫製而成「天地之數」圖：

〔註195〕〔北宋〕劉牧撰：《易數鉤隱圖》，收入《景印摛藻堂四庫全書薈要·經部第14 冊·易類》（臺北：世界書局，1988 年），總第 15 冊，卷上，頁 247。

〔註196〕〔北宋〕劉牧撰：《易數鉤隱圖》，收入《景印摛藻堂四庫全書薈要·經部第14 冊·易類》，總第 15 冊，卷上，頁 247。

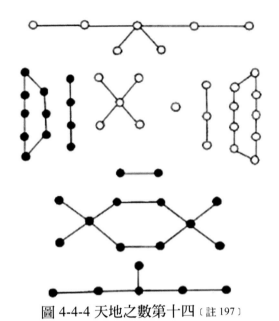

圖 4-4-4 天地之數第十四〔註197〕

劉牧詮註曰：「內十五，天地之用九、六之數也，兼五行之數四十，合而為五十有五，備天地之數也。」〔註198〕內十五，既由天一、地二、天三、地四、天五之數組合，若然比較前述劉牧「天地數十有五」及「〈河圖〉天地數」之圖，其天一皆置於天五正上，且「天地之數」圖，外由「兩儀生四象」兼土行十數而成，故此天一白點，理應居於天七、天五白點之間，方為恰當，然劉牧於該圖或僅祇求五十五數之示意，故有所疏略，抑恐說未定。

　　內十五數及外之五行成數四十，概由天、地生數一、二、三、四、五及天、地成數六、七、八、九、十匯聚而成，惟劉牧則謂：

　　　　天數五，地數五，五位相得而各有合焉者，此備陳五行相生之數耳。
　　　　且五行雖有成數，未各相合，則亦未有所從而生矣。故天一與地六
　　　　合而生水，地二與天七合而生火，天三與地八合而生木，地四與天
　　　　九合而生金，天五與地十合而生土。〔註199〕

天、地生成數相混，可分出象陽之天數，一、三、五、七、九及象陰之地數，

〔註197〕〔北宋〕劉牧撰：《易數鈎隱圖》，收入《景印摛藻堂四庫全書薈要・經部第14冊・易類》，總第15冊，卷上，頁247。

〔註198〕〔北宋〕劉牧撰：《易數鈎隱圖》，收入《景印摛藻堂四庫全書薈要・經部第14冊・易類》，總第15冊，卷上，頁248。

〔註199〕〔北宋〕劉牧撰：《易數鈎隱圖》，收入《景印摛藻堂四庫全書薈要・經部第14冊・易類》（臺北：世界書局，1988年），總第15冊，卷中，頁265。

二、四、六、八、十兩組數字，〔註200〕而劉牧依此詮釋〈繫辭〉「天數五，地數五，五位相得而各有合」〔註201〕之義，即在詳盡陳述五行相互生成之數。且劉牧強調，雖已具成數，惟倘無生數與之匹配，則亦未能所從而化生五行。是以天數五、地數五，相耦孕育五行之組合，即為天一、地六合而生水位，地二、天七合而生火位，天三、地八合而生木位，地四、天九合而生金位，天五、地十合而生土位。劉牧並將天、地之數，五位相得而各有合，以圖繪展示：

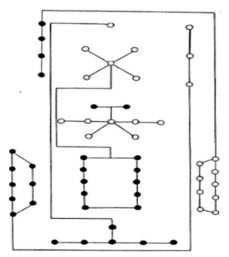

圖 4-4-5 二儀得十成變化第十一〔註202〕

奇數、白點為陽，偶數、黑點為陰，象徵兩儀之兆，由兩儀之四象生數一、二、三、四，得天五以變，而生四象成數六、七、八、九，兼土之成數十，則

〔註200〕隋・蕭吉（？）云：「《易・上繫》曰：『天數五。』王曰：謂一、三、五、七、九也。韓曰：五奇也。『地數五。』王曰：謂二、四、六、八、十也。韓曰：五偶也。」〔隋〕蕭吉撰：《五行大義》，收入《續修四庫全書・子部・術數類》（上海：上海古籍出版社，1995 年），第 1060 冊，卷 1，頁 203。按：蕭吉所引「王曰」之「王」，無法確定是三國魏・王肅（195～256）抑或王弼（226～249）之語，惟「韓曰」之「韓」，對照韓康伯注「天數五」：「五奇也。」「地數五」：「五耦也。」概可認定，當指東晉・韓康伯（？）無誤。〔三國・魏〕王弼注，〔唐〕陸德明音義，孔穎達正義：《周易經傳注疏》，收入《景印摛藻堂四庫全書薈要・經部第 1 冊・易類》（臺北：世界書局，1988 年），總第 2 冊，卷 11，頁 262。

〔註201〕〔三國・魏〕王弼注，〔唐〕陸德明音義，孔穎達正義：《周易經傳注疏》，收入《景印摛藻堂四庫全書薈要・經部第 1 冊・易類》，總第 2 冊，卷 11，頁 262。

〔註202〕〔北宋〕劉牧撰：《易數鈎隱圖》，卷上，頁 246。

為五行之成數而著乎形體，劉牧稱：「此乃五行生、成數，本屬〈洛書〉。此畫之者，欲備天地五十五數也。」〔註203〕是以概由黑、白喻陰陽兩儀及天一、地二、天三、地四、天五、地六、天七、地八、天九、地十之五行生、成數五十有五，所構成之「二儀得十成變化」圖，即為〈洛書〉之陳現。劉牧將此〈洛書〉，五行各自相合之天、地，生、成數，依生數、成數，分別拆解，且藉圖以明其位：

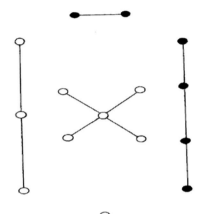

圖 4-4-6〈洛書〉五行生數第五十三〔註204〕

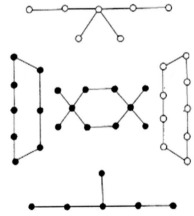

圖 4-4-7〈洛書〉五行成數第五十四〔註205〕

〔註203〕〔北宋〕劉牧撰：《易數鉤隱圖》，收入《景印摛藻堂四庫全書薈要‧經部第14冊‧易類》（臺北：世界書局，1988年），總第15冊，卷上，頁247。

〔註204〕〔北宋〕劉牧撰：《易數鉤隱圖》，收入《景印摛藻堂四庫全書薈要‧經部第14冊‧易類》，總第15冊，卷下，頁270。

〔註205〕〔北宋〕劉牧撰：《易數鉤隱圖》，收入《景印摛藻堂四庫全書薈要‧經部第14冊‧易類》，總第15冊，卷下，頁270。

惟許瑞宜曾謂:「雖劉牧提出『圖九書十』之說,但在二書之中皆無〈洛書〉圖式的存在,現存劉牧之〈洛書〉圖式,乃呈現於朱震《漢上易傳·卦圖》當中」〔註206〕之說,或恐不察而有疏,劉牧所列圖名,雖稱為「二儀得十成變化」,然實則業已采用黑、白之點及線條連繫,顯示〈洛書〉之組合矣。

三、李覯對劉牧〈河圖〉、〈洛書〉正、反批判之論辯

北宋·李覯(1009~1059)即循劉牧「二儀得十成變化」之圖,沿點、線之錯綜,另畫以示:

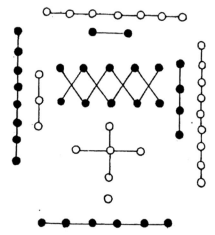

圖 4-4-8(李覯所繪)〈洛書〉〔註207〕

李覯根據劉牧所述「天一與地六合,地二與天七合,天三與地八合,地四與天九合,天五與地十合」,自北順行,逐次為天一與地六集聚於北、天三與地八聚會於東、地二與天七匯聚於南、地四與天九合會於西,天五與地十相守於中,若此即構成〈洛書〉,水、木、火、金、土,五行、五位之展現。惟劉牧嘗曰:

〈繫辭〉云「河出圖,洛出書,聖人則之。」此蓋仲尼以作《易》而云也。則知〈河圖〉、〈洛書〉出於犧皇之世矣。……文王作卦辭,周公作爻辭,仲尼輔之十翼,《易》道始明。……夫〈龍圖〉呈卦,非聖人不能畫之,卦含萬象,非聖人不能明之,以此而觀,則洛出

〔註206〕許瑞宜:《劉牧易學研究》(臺南:臺南大學語文教育學系碩士論文,2006 年),頁 106。

〔註207〕〔北宋〕李覯撰:〈刪定易圖序論〉,《盱江集》,收入《景印文淵閣四庫全書·集部 34·別集類》(臺北:臺灣商務印書館,1985 年),第 1095 冊,卷 4,頁 54。

書，非出大禹之時也。〔註208〕

其依仲尼輔《易》道所作「十翼」之〈繫辭〉：「河出圖，洛出書，聖人則之」之文，而稱〈河圖〉、〈洛書〉出於伏犧之世，非於大禹之時。李覯即贊其言而云：

> 或問劉氏之說：「〈河圖〉、〈洛書〉，同出於伏羲之世」，何如？曰：
> 「信也！」〈繫辭〉稱：「河出圖、洛出書，聖人則之」，其指在作《易》
> 也。則不待禹而得之明矣。其所圖者，信乎？曰：「〈洛書〉五十有
> 五，協於〈繫辭〉『天地之數』，〈河圖〉四十有五，雖於《易》無文，
> 然其數與其位，灼有條理，不可移易，非妄也。〔註209〕

李覯非但信從劉牧〈河圖〉、〈洛書〉出世之見，亦同意劉牧「〈洛書〉五十有五」，協於〈繫辭〉「天地五十有五」之述，且支持劉牧所提「〈河圖〉四十有五」之數與位，皆灼有條理，不可移易，非虛妄之語。若此李覯即稱：

> 或曰敢問〈河圖〉之數與位，其條理何如？曰：一、三、五、七、
> 九，奇數，陽也，非中央則四正矣，坎☵、離☲、震☳、兌☱之位
> 也。二、四、六、八，耦數，陰也，不得其正而得四隅矣，乾☰、
> 坤☷、艮☶、巽☴之位也。乾☰、坎☵、艮☶、震☳，陽卦位也，則
> 左旋；兌☱、坤☷、離☲、巽☴，陰卦位也，則右轉。奇則先左而
> 後右，耦則先右而後左。坎☵，一，震☳，三也；兌☱，七、離☲，
> 九也；坤☷，二，巽☴，四也；乾☰六、艮☶八也。抑又縱、橫數
> 之，皆得十五，此非灼有條理，不可移易者乎！〔註210〕

李覯依劉牧前述〈河圖〉「以五為主，六、八為膝，二、四為肩，左三、右七，戴九履一」之四十五數與位，搭配「四象」所生之八卦（「〈河圖〉八卦」），而得坎☵一，居北；震☳三，處東；兌☱七，位西；離☲九，應南；坤☷二，西南；巽☴四，東南；乾☰六，西北；艮☶八，東北，天五居中。且謂縱、橫之數相加，均得十五，其數、位所呈，盡皆條達理順而不可移易。是以李覯亦將劉牧所繪之〈河圖〉、與「八卦」載錄，以佐其論：

〔註208〕〔北宋〕劉牧撰：〈〈龍圖〉〈龜書〉論上〉，《易數鈎隱圖》，收入《景印摛藻
　　　　堂四庫全書薈要・經部第 14 冊・易類》（臺北：世界書局，1988 年），總第
　　　　15 冊，卷下，頁 272～273。

〔註209〕〔北宋〕李覯撰：〈刪定易圖序論・論一〉，《旴江集》，卷 4，頁 55。

〔註210〕〔北宋〕李覯撰：〈刪定易圖序論・論一〉，《旴江集》，收入《景印文淵閣四
　　　　庫全書・集部 34・別集類》（臺北：臺灣商務印書館，1985 年），第 1095 冊，
　　　　卷 4，頁 55。

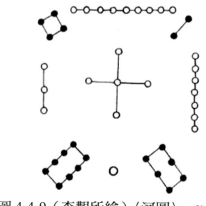

圖 4-4-9（李覯所繪）〈河圖〉〔註211〕

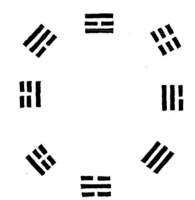

圖 4-4-10（李覯所繪）八卦〔註212〕

惟李覯雖承劉牧所提〈河圖〉、〈洛書〉、「八卦」，數、位之述，然卻否定「〈河圖〉生八卦」、「〈洛書〉衍五行」、「形上、形下」、「先天、後天」，一脈相沿之詮敘；李覯謂：

> 或曰：劉氏之辯其過焉。在曰：「劉氏以〈河圖〉、〈洛書〉合而為一，但以〈河圖〉無十，而謂水、火、木、金不得土數，未能成形，乃謂之象。至於〈洛書〉有十，水、火、木、金附於土而成形矣，則謂之形，以此為異耳。其言：『四象生八卦』，則取〈河圖〉之七、八、九、六，以其有『象』字，不可用〈洛書〉之形故也。其下文，又引『水六、金九、火七、木八』而生八卦，於此則通取〈洛書〉

〔註211〕〔北宋〕李覯撰：〈刪定易圖序論・論一〉，《盱江集》，收入《景印文淵閣四庫全書・集部 34・別集類》，第 1095 冊，卷 4，頁 55。

〔註212〕〔北宋〕李覯撰：〈刪定易圖序論・論一〉，《盱江集》，收入《景印文淵閣四庫全書・集部 34・別集類》，第 1095 冊，卷 4，頁 55。

之形矣。」噫！何其自相違也！翏曰：「天五居中而主乎變化。上駕天一而生地六，下駕地二而生天七，右駕天三而生地八，左駕地四而生天九」〔註213〕者，不亦惑乎！夫所謂生者，言乎其始也。苟〈河圖〉之象生八卦，則〈洛書〉之形又生八卦者，何也？若以聖人既取〈河圖〉之數以畫卦，而〈洛書〉之數止為揲蓍，則其論云「在〈河圖〉，則老陽、老陰、少陽、少陰之數」，此又已言「揲蓍」矣，反覆不通，故曰自相違也。〔註214〕

李覯以自我問對方式，指出劉牧於〈河圖〉、〈洛書〉之論說，犯有錯誤。議其過失在於「既然已將〈河圖〉、〈洛書〉合而為一，但又以〈河圖〉無土行成數十，水、火、木、金，因不得土數，未能成形，故稱之為『象』。惟〈洛書〉因有十數，水、火、木、金得以附之而成形，如此則喚之為『形』。若然即以有無『十』數之差異，作為〈河圖〉、〈洛書〉二者之分別。然劉牧嘗云：『四象生八卦』之由，蓋取〈河圖〉之四象七、八、九、六以生八卦，而其具有四象之『象』字，故不用〈洛書〉一、六；二、七；三、八；四、九之六、七、八、九之形以釋。惟下文另引『水六、金九、火七、木八』之數以生八卦，竟又與〈洛書〉共通，反取其之形以述矣。」若此前、後不一之情狀，李覯即駁其何等之自我相悖！況且劉牧有言：「天五居中，而主乎變化。上駕天一而下生地六，下駕地二而上生天七，右駕天三而左生地八，左駕地四而右生天九」，惟此「六、七、八、九」四數之說，不禁令人懷疑而困惑！是以李覯反詰，所謂『生』者，即談「起始」之意。如果以〈河圖〉之「四象」生八卦為其根本，則〈洛書〉之「形」亦生乎八卦，這又是何類之道理？倘以劉牧視「聖人摘掇〈河圖〉之數畫卦，而〈洛書〉之數僅作揲蓍占筮」之論而觀，其既已稱「在〈河圖〉，則老陽九、老陰六、少陽七、少陰八，四象之數，以畫八卦」，然談揲蓍之時，竟又

〔註213〕按原文：「天五居中而主乎變化。上駕天一而生地六，下駕地二而生天七，『左』駕天三而生地八，『右』駕地四而生天九。」惟劉牧之述則為：「夫五上駕天一而下生地六，下駕地二而上生天七，『右』駕天三而左生地八，『左』駕地四而右生天九，此〈河圖〉四十有五之數耳。」是以兩者比對，可知原文『左』駕、『右』駕之「左」、「右」誤植，於此逕改。〔北宋〕劉牧撰：《易數鉤隱圖》，收入《景印摛藻堂四庫全書薈要‧經部第14冊‧易類》（臺北：世界書局，1988年），總第15冊，卷上，頁245。

〔註214〕〔北宋〕李覯撰：〈刪定易圖序論‧論一〉，《旴江集》，收入《景印文淵閣四庫全書‧集部34‧別集類》（臺北：臺灣商務印書館，1985年），第1095冊，卷4，頁55～56。

觸及「六、七、八、九」四數之用，此般反覆之不通，夫可斥之自相牴牾矣。

　　比較李覯非議劉牧「反覆不通，自我相違」之陳敘，筆者省閱劉牧闡釋〈河圖〉、〈洛書〉乃至八卦生成之推演，全然符契〈繫辭〉所載：「易有太極，是生兩儀，兩儀生四象，四象生八卦」〔註215〕之典要。且其已言：「四象，亦金、木、水、火之成數也。在〈河圖〉，則老陽、老陰、少陽、少陰之數是也；在〈洛書〉，則金、木、水、火之數也。」〔註216〕故四象生八卦之四象「老陽九、老陰六、少陽七、少陰八」，亦即五行成數「金九、水六、火七、木八」之數。該數由天五上、下駕併生數天一、地二、天三、地四而得，咸與揲蓍之九、六、七、八相埒。〈河圖〉四象所居，同然〈洛書〉五行成數之處，故〈河圖〉四象六、七、八、九之數，所生之八卦，猶可易言而稱：〈洛書〉水北、坎☵六，生西北乾☰；火南、離☲七，生東南巽☴；震☳東、木八，生東北艮☶；兌☱西、金九，生西南坤☷。若依左旋，自坎☵起算之序則為：坎☵、艮☶、震☳、巽☴、離☲、坤☷、兌☱、乾☰，而共成八卦。藉李覯上列八卦之圖，補註卦名以示：

若此沿數而觀，則劉牧之述，當無相違之理。

　　且劉牧所論〈河圖〉為先天、〈洛書〉為後天，先天形而上者，謂之象、道，故劉牧云「〈河圖〉所以示其象也。」〔註217〕後天形而下者，謂之形器，故劉牧稱「〈洛書〉所以陳其形也。」〔註218〕〈河圖〉四象六、七、八、九與

〔註215〕〔三國・魏〕王弼注，〔唐〕陸德明音義，孔穎達正義：《周易經傳注疏》，收入《景印摛藻堂四庫全書薈要・經部第1冊・易類》（臺北：世界書局，1988年），總第2冊，卷11，頁268。

〔註216〕〔北宋〕劉牧撰：〈論中〉，《易數鈎隱圖》，收入《景印摛藻堂四庫全書薈要・經部第14冊・易類》（臺北：世界書局，1988年），總第15冊，卷中，頁265。

〔註217〕〔北宋〕劉牧撰：〈論中〉，《易數鈎隱圖》，收入《景印摛藻堂四庫全書薈要・經部第14冊・易類》，總第15冊，卷中，頁264。

〔註218〕〔北宋〕劉牧撰：〈論中〉，《易數鈎隱圖》，收入《景印摛藻堂四庫全書薈要・經部第14冊・易類》，總第15冊，卷中，頁264。

〈洛書〉五行成數，六、七、八、九、十，均由天一、地二、天三、地四、天五變化所生。〈河圖〉四象逐生八卦以顯其卦象、方位；惟〈洛書〉成數，尚須天一與地六合、地二與天七合，天三與地八合，地四與天九合，天五與地十合，方可著列水、火、木、金、土，後天五行之形位，故後天〈洛書〉天一、地二、天三、地四、天五之排布，即與先天〈河圖〉天一、地二、天三、地四、天五之位，有所轉換而區別：

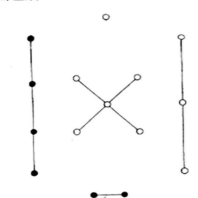

圖 4-4-11 〈河圖〉天地數第五十〔註 219〕

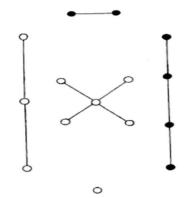

圖 4-4-12 〈洛書〉五行生數第五十三〔註 220〕

先天〈河圖〉天地數，其天一於南，地二處北，天三置西，地四位東，天五居中。而後天〈洛書〉五行生數，除天五不動，餘則以旋轉一百八十度，改易為天一處北，地二於南，天三措東，地四移西。是以劉牧即釋：

〔註 219〕〔北宋〕劉牧撰：《易數鉤隱圖》，收入《景印摛藻堂四庫全書薈要・經部第14 冊・易類》（臺北：世界書局，1988 年），總第 15 冊，卷下，頁 269。

〔註 220〕〔北宋〕劉牧撰：《易數鉤隱圖》，收入《景印摛藻堂四庫全書薈要・經部第14 冊・易類》，總第 15 冊，卷下，頁 270。

或問曰:「〈洛書〉云:一曰水、二曰火、三曰木、四曰金、五曰土,則與〈龍圖〉五行之數之位不偶者,何也?」答曰:「此謂陳其生數也。且雖則陳其生數,乃是已交之數也。」〔註221〕

後天〈洛書〉,概由天地生數,一、二、三、四、五與天地成數六、七、八、九、十相合,始得水、火、木、金、土,五十有五之數,分置北、南、東、西、中,以布列後天五行之形物。故所陳之生數,已處交合化生五行之方,泂然相異於先天〈河圖〉,天地生數之位,且較僅示卦象不顯五行之先天〈河圖〉四十五數,多出土行之成數十,若此情狀,誠可視為先天〈河圖〉轉化生成後天〈洛書〉之釋,然此未得劉牧明言之創見底蘊,恐亦李覯無能覺察而有所醒悟者。

故劉牧論先天〈河圖〉陳四象、八卦,不言五行;後天〈洛書〉演五行,而不述四象、八卦,兩者之更替,惟在於天地之數十有五,即「天一、地二、天三、地四、天五」所處之變化耳!

四、朱震詆劉牧〈洛書〉不通之辨析

相類於李覯,朱震亦承劉牧所提〈洛書〉五十有五之數,且沿劉牧縱橫標注之點、線,繪示其圖:

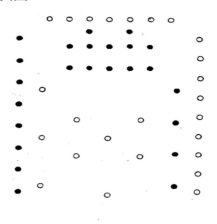

圖4-4-13（朱震所繪）〈洛書〉〔註222〕

〔註221〕〔北宋〕劉牧撰:《易數鉤隱圖》,收入《景印摛藻堂四庫全書薈要·經部第14冊·易類》,總第15冊,卷下,頁271。

〔註222〕〔南宋〕朱震撰:《卦圖》,收入《景印摛藻堂四庫全書薈要·經部第2冊·易類》(臺北:世界書局,1988年),總第3冊,上,頁774。

朱震雖釋：「右〈洛書〉，劉牧傳之。一與五合而為六。二與五合而為七，三與五合而為八，四與五合而為九，五與五合而為十，一、六為水，二、七為火，三、八為木，四、九為金，五、十為土，十即五、五也。」〔註223〕惟卻引虞翻之說，反駁劉牧而云：

> 劉氏曰：「內十五，天地之用九、六之數也。兼五行之數四十，合而為五十有五，備天地之極數也。」曰：「九與六合為十五，水一、六，火二、七，木三、八，金四、九，土五、十，凡四十數」，配合論之，則不通。虞翻曰：「甲〈乾〉☰、乙〈坤〉☷，相得合木；丙〈艮〉☶、丁〈兌〉☱，相得合火；戊〈坎〉☵、己〈離〉☲，相得合土；庚〈震〉☳、辛〈巽〉☴，相得合金；天壬、地癸，相得合水。」翻謂：「天、地者，言〈乾〉☰、〈坤〉☷也。」〔註224〕十日之數，甲一、乙二、丙三、丁四、戊五、己六、庚七、辛八、壬九、癸十，故〈乾〉☰納甲、壬，配一、九；〈坤〉☷納乙、癸，配二、十；〈震〉☳納庚配七、〈巽〉☴納辛配八，〈坎〉☵納戊配五、〈離〉☲納己配六，〈艮〉☶納丙配三、〈兌〉☱納丁配四，此天地分五十五數也。〔註225〕

〔註223〕〔南宋〕朱震撰：《卦圖》，收入《景印摛藻堂四庫全書薈要‧經部第2冊‧易類》，總第3冊，上，頁774。

〔註224〕虞翻注「四象生八卦」云：「乾☰二五之坤☷，則生震☳、坎☵、艮☶；坤☷二五之乾☰，則生巽☴、離☲、兌☱，故四象生八卦：乾☰、坤☷生春；艮☶、兌☱生夏；震☳、巽☴生秋；坎☵、離☲生冬者也。」按虞翻於此，以三畫卦納甲法解釋春、夏、秋、冬四象與八卦之關係。其謂乾☰納甲、坤☷納乙，甲、乙為木，故乾☰、坤☷生東方木，主春；艮☶納丙、兌☱納丁，丙、丁為火，故艮☶、兌☱生南方火，主夏；震☳納庚、巽☴納辛，庚、辛屬金，故震☳、巽☴生西方金，主秋；坎☵納癸，離☲納壬，壬、癸為水，故坎☵、離☲生北方水，主冬。〔唐〕李鼎祚撰：《周易集解》，收入《景印文淵閣四庫全書‧經部1‧易類》（臺北：臺灣商務印書館，1983年），第7冊，卷14，頁832。按後天八卦坎☵所處，為先天八卦坤☷之位，故坤☷為坎☵之後天位，坎☵為坤☷之先天位；後天八卦離☲所居，為先天八卦乾☰之位，故乾☰為離☲之後天位，離☲為乾☰之先天位，乾☰者為天，坤☷者為地，若此清‧張惠言（1761～1802）方云：「此則未然！天、地，坎☵、離☲之合也，故曰坎☵、離☲生冬，然以為乾☰、坤☷亦可。」清‧張惠言撰：《易圖條辨》，收入《續修四庫全書‧經部‧易類》（上海：上海古籍出版社，1995年），第26冊，頁703。

〔註225〕〔南宋〕朱震撰：《叢說》，收入《景印摛藻堂四庫全書薈要‧經部第2冊‧易類》（臺北：世界書局，1988年），總第3冊，頁838。

虞翻援西漢・京房（77～37B.C.）「六畫卦納甲」之法，〔註226〕而謂〈乾〉䷀納甲、壬，〔註227〕〈坤〉䷁納乙、癸，故〈乾〉䷀甲、〈坤〉䷁乙，相得合木；〈乾〉䷀壬、〈坤〉䷁癸，相得合水。〈艮〉䷳納丙、〈兌〉䷹納丁，〈艮〉䷳丙、〈兌〉䷹丁，相得合火；〈坎〉䷜納戊、〈離〉䷝納己，〈坎〉䷜戊、〈離〉䷝己，相得合土；〈震〉䷲納庚、〈巽〉䷸納辛，〈震〉䷲庚、〈巽〉䷸辛，相得合金。

朱震循虞翻之言，且藉十干之序：「甲一、乙二、丙三、丁四、戊五、己六、庚七、辛八、壬九、癸十」，以論〈乾〉䷀納甲、壬，配一、九；〈坤〉䷁納乙、癸，配二、十，若此一、二之合，甲、乙得木；九、十相合，壬、癸為水；〈震〉䷲納庚，配七、〈巽〉䷸納辛，配八，七、八之交為金；〈坎〉䷜納戊，配五、〈離〉䷝納己，配六，五、六之聚得土；〈艮〉䷳納丙，配三、〈兌〉䷹納丁，配四，三、四相逢為火。朱震稱此一、二合木，三、四合火、五、六合土、七、八合金、九、十合水，方為「天地分五十五數」之說，並據此而斥劉牧「天元用九：一、三、五，地元用六：二、四之內十五數，與五行成數，六、七、八、九、十之四十數，匯聚而成之天地極數五十有五」及「內十五數之天一、地二、天三、地四、天五，與成數六、七、八、九、十，相耦而得一、六合而生水，二、七合而生火、三、八合而生木，四、九合而金，五、十合而生土」之敘述不通。

然朱震徵引虞翻六畫卦納甲之識，本即虞氏注解「五位相得而各有合」之語，其全文如下：

五位，謂五行之位。甲〈乾〉䷀、乙〈坤〉䷁相得合木，謂天地定位也。丙〈艮〉䷳、丁〈兌〉䷹相得合火，山澤通氣也。戊〈坎〉䷜、己〈離〉䷝，相得合土，水火相逮也。庚〈震〉䷲、辛〈巽〉

〔註226〕按《京氏易傳》論六畫卦納甲原文：「分天、地，〈乾〉䷀、〈坤〉䷁之象，益之以甲、乙，壬、癸；〈震〉䷲、〈巽〉䷸之象，配庚、辛；〈坎〉䷜、〈離〉䷝之象，配戊、己；〈艮〉䷳、〈兌〉䷹之象配丙、丁。」故〈乾〉䷀納甲、壬，〈坤〉䷁納乙、癸，〈艮〉䷳納丙、〈兌〉䷹納丁，〈震〉䷲納庚、〈巽〉䷸納辛，〈坎〉䷜納戊、〈離〉䷝納己。〔西漢〕京房撰，〔東漢〕陸績注：《京氏易傳》，收入《景印摛藻堂四庫全書薈要・子部第19冊・數術類》（臺北：世界書局，1988年），總第264冊，卷下，頁27。

〔註227〕按東漢・陸績（188～219）注：「〈乾〉䷀為天、地之首，分甲、壬入〈乾〉䷀位。」〔西漢〕京房撰，〔東漢〕陸績注：《京氏易傳》，收入《景印摛藻堂四庫全書薈要・子部第19冊・數術類》，總第264冊，卷上，頁2。

☰相得合金，雷風相薄也。天壬、地癸相得合水，言陰陽相薄而戰
於〈乾〉☰，故五位相得而各有合。或以一、六合水；二、七合「火」；
三、八合「木」；四、九合金；五、十合土也。〔註228〕

虞翻前以〈說卦傳〉「天地定位，山澤通氣，雷風相薄，水火不相射（相逮）⋯⋯
陰陽相薄」，〔註229〕相對於〈乾〉☰、〈坤〉☷、〈艮〉☶、〈兌〉☱、〈震〉☳、
〈巽〉☴、〈坎〉☵、〈離〉☲諸卦之京房納甲，以解八卦納天干，兩、兩相合
以得五行之位；後別舉「一、六合水，二、七合火，三、八合木，四、九合金，
五、十合土」之詮為例以釋。顯然虞翻認為，上提兩類「五位相得而各有合」
之箋疏皆有道理，均可評議。況且非僅如此，虞翻另將後者之數，與十天干
之次，相予合併而謂：

天一，水、甲；地二，火、乙；天三，木、丙；地四，金、丁；天
五，土、戊；地六，水、己；天七，火、庚；地八，木、辛；天九，
金、壬；地十，土、癸。此則大衍之數五十有五，蓍、龜所從生，
聖人以通神明之德，以類萬物之情。〔註230〕

惟虞翻嘗云：「天二十五，地三十，故五十有五，天地數見於此。故大衍
之數，畧其奇五而言五十也。」〔註231〕若然，上言「『大衍』之數五十有五」，
恐為「『天、地』之數五十有五」之誤。虞翻依天、地之數天一至地十，與十
天干逐一相配，而得天一、地六，甲、己合；地二、天七，乙、庚合；天三、
地八，丙、辛合；地四、天九，丁、壬合；天五、地十，戊、癸合。是以天地
之數，五十有五，五位相得而各有合，亦能對應天干五合之性，虞翻且稱蓍、
龜，筮、卜之數，殆由此而生，其變化猶如〈繫辭〉所載「包犧氏⋯⋯以通神
明之德，以類萬物之情。」〔註232〕若此，一、六，二、七，三、八，四、九，

〔註228〕按原注之文為「二、七合『木』；三、八合『火』」，「木」、「火」二字，明顯
　　　　顛倒誤植，於此逕改。〔唐〕李鼎祚撰：《周易集解》，收入《景印文淵閣四
　　　　庫全書‧經部1‧易類》（臺北：臺灣商務印書館，1983年），第7冊，卷14，
　　　　頁825。

〔註229〕按〈說卦傳〉原文：「天地定位，山澤通氣，雷風相薄，水火不相射，八卦
　　　　相錯。」〔三國‧魏〕王弼注，〔唐〕陸德明音義，孔穎達正義：《周易經傳
　　　　注疏》，收入《景印摛藻堂四庫全書薈要‧經部第1冊‧易類》（臺北：世界
　　　　書局，1988年），總第2冊，卷13，頁300。

〔註230〕〔唐〕李鼎祚撰：《周易集解》，卷14，頁829～830。

〔註231〕〔唐〕李鼎祚撰：《周易集解》，卷14，頁825。

〔註232〕〔三國‧魏〕王弼注，〔唐〕陸德明音義，孔穎達正義：《周易經傳注疏》，
　　　　卷12，頁279。

五、十之合，不但能與納甲相通，尚可與天干相配，亦能單獨以陳，故朱震詆訶劉牧之釋不通，則洵然不知所指為何？

第五節　「天五」、「太皞氏授龍馬負圖」、〈河圖〉四十五、〈洛書〉五十五之淵藪泝源

　　劉牧詮述之先天〈河圖〉，計四十五，只顯四象、八卦，不示五行；後天〈洛書〉，加入土十，共五十五，僅列五行，不言四象。兩者最大之差異，在於天地生數：「天一、地二、天三、地四」之南、北替換，東、西易位，惟整體之關鍵，則為「天五」之居中不動。概由天五與天一、地二、天三、地四相互之合配變化，成就〈河圖〉：「天一、地二、天三、地四、天五、地六、天七、地八、天九」之九數；〈洛書〉：「一、六，二、七，三、八，四、九，五、十」之十數。若此劉牧「天五」之立論根由，乃至與〈河圖〉四十五、〈洛書〉五十五、甚且《遺論九事》「太皞氏授龍馬負圖」之紛雜糾葛，即於本節洄泝考辨。

一、劉牧「天五」理論之源頭省究

　　虞翻五位相得以配天干而各有合之訓，當可溯源於西漢‧揚雄（53B.C.～18A.D.）所稱：「一與六共宗，二與七共朋，三與八成交，四與九同道，五與五相守」〔註233〕及

> 三、八為木，為東方，為春，日甲、乙……四、九為金，為西方，為秋，日庚、辛……二、七為火，為南方，為夏，日丙、丁……一、六為水，為北方，為冬，日壬、癸……五、五為土，為中央，為四維，日戊、己。〔註234〕

五與五，相守為土，西晉‧范望（？）注云「重言五者，十可知也。」〔註235〕故五、五相守，即如五、十相合為土，居處中央，分王四季。〔註236〕若此一、

〔註233〕〔西漢〕揚雄撰，〔西晉〕范望注：〈玄圖第十四〉《太玄經》，收入《景印文淵閣四庫全書‧子部109‧術數類》（臺北：臺灣商務印書館，1985年），第803冊，卷10，頁97。

〔註234〕〔西漢〕揚雄撰，〔西晉〕范望注：〈玄數第十一〉《太玄經》，卷8，頁83～85。

〔註235〕〔西漢〕揚雄撰，〔西晉〕范望注：〈玄數第十一〉《太玄經》，卷8，頁85。

〔註236〕按唐‧李鼎祚（？）云：「土居中宮，分王四季。」〔唐〕李鼎祚撰：《周易

六為水，二、七為火，三、八為木，四、九為金，五、十為土。且甲一、己六共宗，甲、己合；乙二、庚七共朋，乙、庚合；丙三、辛八成交，丙、辛合；丁四、壬九同道，丁、壬合；戊五、癸十相守，戊、癸合。〔註237〕隋・蕭吉（？）曾言：

> 干自有陰、陽。甲陽、乙陰，丙陽、丁陰，戊陽、己陰，庚陽、辛陰，壬陽、癸陰。……干合者，己為甲妻，故甲與己合；辛為丙妻，故丙與辛合；癸為戊妻，故癸與戊合；乙為庚妻，故乙與庚合；丁為壬妻，故壬與丁合。季氏《陰陽說》曰：「木八畏庚九，故以妹乙妻庚，庚氣在秋，和以木氣，是以薺麥當秋而生，謂妻來之義。火七畏壬六，故以妹丁妻壬，壬得火熱氣，故款冬當冬而華。金九畏丙七，故以妹辛妻丙，丙得金氣，故首夏靡草、薺麥死，故夏至之後，三庚為伏以畏火也。〔註238〕土五畏甲八，故以妹己妻甲，土帶陰陽合，以雌嫁木，故能生物也。水六畏土五，故以妹癸妻戊，五行相和是其合也。〔註239〕

蕭吉謂十天干各分甲、丙、戊、庚、壬，五陽；乙、丁、己、辛、癸，五陰，陰妻陽夫，陰陽相耦，故成甲、己；乙、庚；丙、辛；丁、壬；戊、癸之合。且引季氏《陰陽說》藉五行成數、五行相剋之喻，以詮天干五合之因，其間土之成數，獨以五數為之，顯見季氏其理，蓋當緣於揚雄「五、五為土」之論。

集解》，收入《景印文淵閣四庫全書・經部1・易類》（臺北：臺灣商務印書館，1983年），第7冊，卷1，頁613。

〔註237〕《黃帝內經素問》載曰：「土主甲己，金主乙庚，水主丙辛，木主丁壬，火主戊癸。」〔唐〕王冰注：〈五運行大論篇第六十七〉，《黃帝內經素問》，收入《景印摛藻堂四庫全書薈要・子部第9冊・醫家類》（臺北：世界書局，1988年），總第254冊，卷19，頁226～227。按天干五合，化生五行，與天地之數五位相得而各有合之五行不同，不可一概而論。

〔註238〕唐・徐堅（659～729）引《陰陽書》曰：「從夏至後，第三庚為初伏，第四庚為中伏，立秋後，初庚為後伏，謂之三伏。曹植謂之三旬。」〔唐〕徐堅等撰：〈伏日八〉，《初學記》，收入《景印文淵閣四庫全書・子部196・類書類》（臺北：臺灣商務印書館，1985年），第890冊，卷4，頁63。筆者按初伏日，通常指夏至後第三庚日起～第四庚日前，計十日，皆屬之。第四庚日起～立秋後第一庚日前一日，概屬中伏。立秋後第一庚日起，計十日，則為末伏。

〔註239〕〔隋〕蕭吉撰：〈第八論合〉，《五行大義》，收入《續修四庫全書・子部・術數類》（上海：上海古籍出版社，1995年），第1060冊，卷2，頁223～224。

孔穎達亦援相類於蕭吉、季氏之語而曰：

> 陰陽之書，有五行妃合之說。甲、乙，木也；丙、丁，火也；戊、己，土也；庚、辛，金也；壬、癸，水也。木克土，土克水，水克火，火克金，金克木。木畏金，以乙為庚妃也；金畏火，以辛為丙妃也；火畏水，以丁為壬妃也；水畏土，以癸為戊妃也；土畏木，以己為甲妃也。〔註240〕

穎達指陰陽之書，有以五行之陰、陽相剋，談妃合之道者。若甲陽木剋己陰土，土畏木，故己為甲妃而甲、己合；戊陽土剋癸陰水，水畏土，則癸為戊妃而戊、癸合；壬陽水剋丁陰火，火畏水，即丁為壬妃而丁、壬合；丙陽火剋辛陰金，金畏火，便辛為丙妃而丙、辛合；庚陽金剋乙陰木，木畏金，乃乙為庚妃而乙、庚合。

　　唐・王冰（710～804）釋解《內經》猶云：「《陰陽法》曰『甲己合、乙庚合、丙辛合、丁壬合、戊癸合』，蓋取聖人仰觀天象之義。」〔註241〕季、蕭、孔、王，所撰、所提《陰陽說》、「陰陽之書」、《陰陽法》之規則脈絡，盡皆沿於揚雄之處，恐不為過。

　　省觀揚雄之說，雖知天地之數，五位各相有合而得五行之位，然不見其生、成數別。惟《尚書・洪範》有錄：「五行，一曰水、二曰火、三曰木，四曰金、五曰土。」〔註242〕西漢・孔安國（？）傳注：「皆其生數。」〔註243〕始知天一、地二、天三、地四、天五咸為五行之生數。迄鄭玄則以明述：

> 數者，五行，佐天地生物、成物之次也。《易》曰：「天一、地二、天三、地四、天五、地六、天七、地八、天九、地十。」而五行自水始，火次之，木次之，金次之，土為後。木生數三，成數八，但

〔註240〕〔西晉〕杜預注，〔唐〕陸德明音義，孔穎達正義：《春秋左氏傳注疏》，收入《景印摛藻堂四庫全書薈要・經部第30冊・春秋類》（臺北：世界書局，1988年），總第31冊，卷45，頁302。

〔註241〕〔唐〕王冰注：〈五運行大論篇第六十七〉，《黃帝內經素問》，收入《景印摛藻堂四庫全書薈要・子部第9冊・醫家類》（臺北：世界書局，1988年），總第254冊，卷19，頁227。

〔註242〕〔西漢〕孔安國傳，〔唐〕陸德明音義，孔穎達正義：〈周書・洪範〉，《尚書注疏》，收入《景印摛藻堂四庫全書薈要・經部第15冊・書類》（臺北：世界書局，1988年），總第16冊，卷11，頁252。

〔註243〕〔西漢〕孔安國傳，〔唐〕陸德明音義，孔穎達正義：〈周書・洪範〉，《尚書注疏》，收入《景印摛藻堂四庫全書薈要・經部第15冊・書類》，總第16冊，卷11，頁252。

言八者，舉其成數。〔註244〕

火生數二，成數七，但言七者，亦舉其成數。〔註245〕

土生數五，成數十，但言五者，土以生為本。〔註246〕

金生數四，成數九，但言九者，亦舉其成數。〔註247〕

水生數一，成數六，但言六者，亦舉其成數。〔註248〕

鄭玄指〈繫辭〉所載：「天一、地二、天三、地四、天五、地六、天七、地八、天九、地十」之數，概用以陳示五行，輔佐說明天地萬物生成之序。且依〈洪範〉錄記五行之陳，而謂五行之次自水始、其二為火、其三為木，其四為金，土居於後。〔註249〕水生數一、成數六，僅呼六者，乃舉其成數以賅，若然火生數二，成數七，特採七者；木生數三，成數八，單提八者；金生數四，成數九，祇名九者，其意皆同水例。惟土生數五，成數十，偏取生數五而示，殆因土以生養為本之故。是以鄭玄即持其所識，詮解〈繫辭〉「天數五，地數五，五位相得而各有合」：

> 天一生水於北，地二生火於南，天三生木於東，地四生金於西，天五生土於中。陽無耦，陰無配，未得相成。地六成水於北，與天一并；天七成火於南，與地二并；地八成木於東，與天三并；天九成

〔註244〕〔東漢〕鄭康成注，〔唐〕陸德明音義，孔穎達正義：〈月令〉，《禮記注疏》，收入《景印摛藻堂四庫全書薈要‧經部第50冊‧禮類》（臺北：世界書局，1988年），總第51冊，卷14，頁332。

〔註245〕〔東漢〕鄭康成注，〔唐〕陸德明音義，孔穎達正義：〈月令〉，《禮記注疏》，收入《景印摛藻堂四庫全書薈要‧經部第50冊‧禮類》，總第51冊，卷15，頁358。

〔註246〕〔東漢〕鄭康成注，〔唐〕陸德明音義，孔穎達正義：〈月令〉，《禮記注疏》，收入《景印摛藻堂四庫全書薈要‧經部第50冊‧禮類》，總第51冊，卷16，頁377。

〔註247〕〔東漢〕鄭康成注，〔唐〕陸德明音義，孔穎達正義：〈月令〉，《禮記注疏》，收入《景印摛藻堂四庫全書薈要‧經部第50冊‧禮類》，總第51冊，頁379。

〔註248〕〔東漢〕鄭康成注，〔唐〕陸德明音義，孔穎達正義：〈月令〉，《禮記注疏》，收入《景印摛藻堂四庫全書薈要‧經部第50冊‧禮類》，總第51冊，卷17，頁392。

〔註249〕孔穎達疏曰：「按《尚書‧洪範》云『一曰水，二曰火，三曰木，四曰金，五曰土』，故其次如是也。」〔東漢〕鄭康成注，〔唐〕陸德明音義，孔穎達正義：〈月令〉，《禮記注疏》，收入《景印摛藻堂四庫全書薈要‧經部第50冊‧禮類》，總第51冊，卷14，頁333～334。

金於西，與地四并；地十成土於中，與天五并也。〔註250〕

鄭玄稱天一、地二、天三、地四、天五生數，各生水於北、生火於南、生木於東、生金於西、生土於中。地六、天七、地八、天九、地十，則各成水於北、南、東、西、中，惟「陽無耦，陰無配，未得相成」，故地六與天一配於北；天七與地二偶於南；地八與天三交於東；天九與地四聯於西；地十與天五聚於中。同然於前敘之意，蕭吉（？）另輯有較為詳細之陳論：

> 鄭玄〔註251〕云：「數若止五，則陽無匹偶，陰無配義，故合之而成數也。奇者，陽唱於始，為制、為度；偶者，陰之本，得陽乃成。故天以一始生水於北方，地以其六而成之，使其流潤也。地以二生火於南方，天以七而成之，使其光曜也。天以三生木於東方，地以其八而成之，使其舒長盛大也。地以四生金於西方，天以九而成之，使其剛利，有文章也。天以五合氣於中央生土，地以十而成之，以備天地之間所有之物也。合之，則地之六為天一匹也；天七為地二偶也；地八為天三匹也；天九為地四偶也；地十為天五匹。陰、陽各有合，然後氣性相得施化行也，故四時之運成於五行，土總四行，居時之季以成之也。」〔註252〕

鄭玄言，奇者，陽數，主動，為制度之始；偶者，靜也，陰之本，得陽乃成。若僅天一、地二、天三、地四、天五，五數，則將陽無匹偶，陰無配義，而無法成就五行，若此須使陰陽相合，併為五行生成之數。天一始生水於北，地六以成，使其流潤，故天一與地六合，則地六為天一匹也。地二生火於南，天七以成，使其光耀，故地二與天七合，則天七為地二偶也。天三生木於東，地八以成，使其舒長盛大，故天三與地八合，則地八為天三配也。地四生金於西，天九以成，使其剛利有文章，故地四與天九合，天九為地四伴也。天五生土於中央，地十成之，以備天地間所有之物，故天五與地十合，地十為天五侶也。陰、陽之數各有結聚，如此稟氣相交而可化育生成五行，是以四時之運轉，實現於五行之更迭，惟土行總領四行，故居於四時之季，以樞紐五行

〔註250〕〔東漢〕鄭康成注，〔唐〕陸德明音義，孔穎達正義：〈月令〉，《禮記注疏》，收入《景印摛藻堂四庫全書薈要·經部第50冊·禮類》，總第51冊，頁334。
〔註251〕按原文恐避康熙「玄」燁名諱，故標寫為鄭「元」，惟筆者於此還予更改。
〔註252〕〔隋〕蕭吉撰：〈第三明數·第二論五行及生成數〉，《五行大義》，收入《續修四庫全書·子部·術數類》（上海：上海古籍出版社，1995年），第1060冊，卷1，頁203～204。

之往復循環。

　　孔穎達亦嘗節引「數若止五，則陽無匹偶，陰無配義，故合之而成數也」之旨，以疏《左傳》「妃以五成」〔註253〕之「五」義：

　　　　鄭玄云：「天地之氣各有五，五行之次，一曰水，天數也；二曰火，
　　　　地數也；三曰木，天數也；四曰金，地數也；五曰土，天數也，此
　　　　五者，陰無匹，陽無耦，故又合之地六為天一匹也、天七為地二耦
　　　　也、地八為天三匹也、天九為地四耦也、地十為天五匹也。二五陰
　　　　陽各有合，然後氣相得，施化行也。」是言五行各相妃合生數，以
　　　　上皆得五而成。〔註254〕

鄭玄謂：「天、地之氣，皆有五行，各分為一、三、五、七、九；二、四、六、
八、十，兩組之數。五行之次，天一曰水；地二曰火；天三曰木；地四曰金；
天五曰土。惟此五者，陰無匹，陽無耦，故須合之地六為天一匹，天七為地二
耦，地八為天三匹，天九為地四耦，地十為天五匹，因而天、地各五之數，得
以陰陽合和，然後氣性相配而能生化五行。」穎達稱鄭玄此述五行之生成，
皆因各相配合生數天一、地二、天三、地四、天五之五數而成。

　　若此綜覽孔氏箋注「妃以五成」之「五」，猶如鄭玄所言「數若止五」之
「五」，即指天數一、三、五、七、九；地數二、四、六、八、十，彼此五數
相互之匹耦使生成五行，且五行之成數，六、七、八、九、十，咸各配有五行
之生數，一、二、三、四、五，故稱五行之生成，全賴有「五」之因，然該
「五」者，則指複數之「五」，而非單數「五」之意。

　　孔穎達定義鄭玄天、地，生、成五數之配，以得水、火、木、金、土五行
方位之說，尚可由蕭吉輯錄三家之注，得獲佐證：

　　　　王曰：「謂水在天為一，在地為六，六一合於北。火在天為七，在地
　　　　為二，二、七合於南。金在天為九，在地為四，四、九合於西。木
　　　　在天為三，在地為八，三、八合於東。土在天為五，在地為十，五、
　　　　十合於中，故曰五位相得而各有合。」謝曰：「陰、陽相應，奇、偶

〔註253〕〔西晉〕杜預注，〔唐〕陸德明音義，孔穎達正義：《春秋左氏傳注疏》，收
　　　　入《景印摛藻堂四庫全書薈要‧經部第30冊‧春秋類》（臺北：世界書局，
　　　　1988年），總第31冊，卷45，頁303。
〔註254〕〔西晉〕杜預注，〔唐〕陸德明音義，孔穎達正義：《春秋左氏傳注疏》，收
　　　　入《景印摛藻堂四庫全書薈要‧經部第30冊‧春秋類》，總第31冊，卷45，
　　　　頁303。

相配，各有合也。」韓曰：「天地之數各有五，五數相配，以合成金、
木、水、火、土也。」〔註255〕

蕭吉所載「韓曰」內容，對照東晉‧韓康伯（？）：「天地之數各五，五數相
配，以合成金、木、水、火、土」之語，〔註256〕兩者僅「各『有』五」與「各
五」之「有」字之差，餘皆相同，一字不誤，故可推斷，此「韓曰」之「韓」
當指韓康伯無疑。惟排於其前之「王」氏，則無法確定是為三國魏‧王肅（195
～256）抑王弼（226～249）或他人，謝氏猶更不曉何許之人，然依古人論述
章法，概多由遠而近之例以視，概可研判，王、謝二者，理應早於康伯，至遲
亦不晚於其時。三人「五位相得而各有合」之意，可謂同出一源，咸與孔氏詮
解鄭玄之蘊，如出一轍。

鄭玄以「陽無匹，陰無耦」作為「天地之數：天一、地六共宗，生成水於
北；地二、天七同道，生成火於南；天三、地八為朋，生成木於東；地四、天
九為友，生成金於西，天五、地十相守，生成土於中」之訓註，歷晉、迄唐堪
稱影響深遠，如唐‧賈公彥（？）即遵鄭玄之述而曰：

> 按《易》天一生水北方，地二生火南方，天三生木東方，地四生金
> 西方，天五生土中央，是謂陽無匹，陰無耦。又地六成水北方，天
> 七成火南方，地八成木東方，天九成金西方，地十成土中央，是謂
> 陽有匹，陰有耦。龜取生數一、二、三、四、五，蓍取成數六、七、
> 八、九、十。若然，東方、南方、生長之方，故七為少陽，八為少
> 陰。西方、北方，成熟之方，故九為老陽，六為老陰。不取十者，
> 中央配四方故也。〔註257〕

其云天一、地二、天三、地四、天五為五行生數，惟陽無匹，陰無耦，得地
六、天七、地八、天九、地十五行之成數，方始陽有妻，陰有夫。生、成之數
彼此相合而為一、六生成水於北方，二、七生成火於南方，三、八生成木於東

〔註255〕〔隋〕蕭吉撰：〈第三明數‧第二論五行及生成數〉，《五行大義》，收入《續
　　　　修四庫全書‧子部‧術數類》（上海：上海古籍出版社，1995年），第1060
　　　　冊，卷1，頁203。

〔註256〕〔三國‧魏〕王弼注，〔唐〕陸德明音義，孔穎達正義：《周易經傳注疏》，
　　　　收入《景印摛藻堂四庫全書薈要‧經部第1冊‧易類》（臺北：世界書局，
　　　　1988年），總第2冊，卷11，頁262。

〔註257〕〔東漢〕鄭康成注，〔唐〕陸德明音義，賈公彥正義：《周禮注疏》，收入《景
　　　　印摛藻堂四庫全書薈要‧經部第45冊‧禮類》（臺北：世界書局，1988年），
　　　　總第46冊，卷33，頁624。

方，四、九生成金於西方，五、十生成土於中央。龜取生數一、二、三、四、五，蓍取成數六、七、八、九、十，龜蓍生成卜筮之用。若然東、南為生長之方，故七為少陽、八為少陰。西、北，熟成之位，是以九為老陽、六為老陰，惟土分佈於四方，故蓍數不取十數。鄭玄曾謂：「精氣謂七、八，游魂謂九、六。遊魂謂之鬼，物終所歸；精氣謂之神，物生所信也。言木、火之神，生物東、南；金、水之鬼，終物西、北。二者之情，其狀與春、夏生物，秋、冬終物相似。」〔註258〕若此賈公彥詮疏之基礎，本不出鄭玄之範疇。孔穎達亦沿守鄭玄之義而謂：

> 《易·繫辭》：「天一、地二、天三、地四、天五、地六、天七、地八、天九、地十。」此即是五行生成之數。天一生水，地二生火，天三生木，地四生金，天五生土，此其生數也。如此則陽無四，陰無耦，故地六成水，天七成火，地八成木，天九成金，地十成土，於是陰陽各有匹偶，而物得成焉，故謂之成數也。〔註259〕

孔氏之疏，全然迻采鄭玄《禮記》之訓，故言：「是鄭注之意，水數一、成數六；火數二、成數七；木數三、成數八；金數四、成數九；土數五、成數十，……金、木、水、火以成數為功。」〔註260〕然劉牧不循鄭玄之旨，反加辨駁詰斥：

> 今詳眾賢之論，以天一至天五為五行之生數，則不釋所以能生之之義也；以地六至地十為五行之成數，則不釋所以能成之之義也。故學者莫洞其旨，蓋由象與形，不析有、无之義也；道與器，未分上、下之理也。〔註261〕

劉牧指如鄭玄以降，乃至王氏、謝氏、韓康伯、賈公彥、孔穎達等諸儒，咸論天地數之天一、地二、天三、地四至天五為五行之生數；地六、天七、地八、

〔註258〕〔東漢〕鄭康成注，〔唐〕陸德明音義，孔穎達正義：〈樂記〉，《禮記注疏》，收入《景印摛藻堂四庫全書薈要·經部第51冊·禮類》（臺北：世界書局，1988年），總第52冊，卷37，頁153。

〔註259〕〔西漢〕孔安國傳，〔唐〕陸德明音義，孔穎達正義：〈周書·洪範〉，《尚書注疏》，收入《景印摛藻堂四庫全書薈要·經部第15冊·書類》（臺北：世界書局，1988年），總第16冊，卷11，頁252。

〔註260〕〔東漢〕鄭康成注，〔唐〕陸德明音義，孔穎達正義：〈月令〉，《禮記注疏》，收入《景印摛藻堂四庫全書薈要·經部第50冊·禮類》（臺北：世界書局，1988年），總第51冊，卷14，頁334。

〔註261〕〔北宋〕劉牧撰：〈論中〉，《易數鈎隱圖》，收入《景印摛藻堂四書全書薈要·經部第14冊·易類》（臺北：世界書局，1988年），總第15冊，卷中，頁264。

天九至地十為五行之成數，惟均未談及生數如何行其衍生之情、成數又何能變化五行之意蘊，故歷來學者，概皆因此而不能通曉生、成之數，其於攸關形而上、下，有、無之道象、形器，彼此區分之大要。

　　析前各節所演，可知劉牧指摘之意，在於揭櫫鄭、王、謝、韓、賈、孔之流，未能釋解天一、地二、天三、地四、天五之生數，怎樣經天五之錯綜而得四象之數，以及不曾敘述四象之數，如何變化而成形上之卦象；更且訾咎諸儒，未能闡明四象之數本即五行成數，而此成數尚須借與生數之結合，方能產生形下五行之器物。然形上、形下之界別，乃至形上轉至形下之關鍵，則在於天五駕御生數之運用，惟此亦為劉牧與鄭玄、王、謝、康伯、公彥、穎達，彼此詮註「五位相得而各有合」之旨要，最大不同之所在。若此差異，孔穎達嘗云：

> 皇氏用先儒之義，以為金、木、水、火得土而成，以水數一，得土數五，故六也；火數二，得土數五，為成數七；木數三，得土數五，為成數八；又金數四，得土數五，為成數九。此非鄭義，今所不取。〔註262〕

孔氏指南朝梁・皇侃（488～545）〔註263〕援用先儒之義，認為五行成數六、七、八、九，通由五行之生數，得土數五而成，惟此非鄭玄之義，故不予擇取。且穎達又稱：「大劉與顧氏，皆以為水、火、木、金，得土數而成，故水成數六，火成數七，木成數八，金成數九，土成數十。」〔註264〕所謂大劉即隋・劉焯（544～610）、顧氏為隋・顧彪（？），〔註265〕其五行成數之生成，

〔註262〕〔東漢〕鄭康成注，〔唐〕陸德明音義，孔穎達正義：〈月令〉，《禮記注疏》，收入《景印摛藻堂四庫全書薈要・經部第50冊・禮類》（臺北：世界書局，1988年），總第51冊，卷14，頁334。

〔註263〕按《四庫全書總目提要》云：「自明永樂中，敕修《禮記大全》，始廢鄭注，改用陳澔《集說》，禮學遂荒，然研思古義之士，好之者，終不絕也。為之疏義者，唐初尚存皇侃、熊安生二家，貞觀中，敕孔穎達等修正義，乃以皇氏為本，以熊氏補所未備。」故此「皇氏」即指皇侃無疑。〔清〕永瑢等撰：〈經部二十一・禮類三〉，《四庫全書總目提要》，收入王雲五主編：《萬有文庫第一集一千種》（上海：商務印書館，1931年），第5冊，卷21，頁2。

〔註264〕〔西漢〕孔安國傳，〔唐〕陸德明音義，孔穎達正義：〈周書・洪範〉，《尚書注疏》，收入《景印摛藻堂四庫全書薈要・經部第15冊・書類》（臺北：世界書局，1988年），總第16冊，卷11，頁252。

〔註265〕按清・王鳴盛（1722～1797）云：「疏所引顧氏彪也。大劉焯也，小劉炫也。」故此大劉即指隋・劉焯，顧氏則為隋・顧彪。〔清〕王鳴盛撰：《尚書後案》，

亦承皇侃之說而不沿鄭玄之要。然西晉・杜預（222～285）注《左傳》「妃以
五成」，則已有言：「五行各相妃合，得五而成。」〔註266〕話雖簡約，殆已賅
備「五行生、成相耦，成數統由生數得五而成」之意。惟杜預、皇侃所遵先儒
之識，概由東漢・穎容（？）《春秋釋例》之詮，可窺其梗概：

> 五行生數，未能變化，各成其事。水凝而未能流行，火有形而未生
> 炎光，木精破而體剛，金強而斫，土鹵而斥。於是天以五臨民，君
> 化之，《傳》曰：「配以五成」，所以用五者，天之中數也。於是水得
> 於五，其數六，用能潤下；火得於五，其數七，用能炎上；木得於
> 五，其數八，用能曲直；金得於五，其數九，用能從革；土得於五，
> 其數十，用能稼穡。〔註267〕

穎容與鄭玄大略同時，其言五行生數，未可獨自變化而成其事功。故天一生
水凝結，未能流行；地二火形，無顯光輝；天三生木，精純不足，體性剛直；
地四生金倔強，僅為斧刃；天五生土鹽鹹，不堪生息育養。若此則以天五臨
駕天一、地二、天三、地四以行其變化，其義猶如《左傳》所載「配以五成」
〔註268〕，惟所以用五者，乃因「五」居天數一、三、五、七、九之中數故也。
是以天一得五，而成地六之水，其用能使就下滋潤萬物；地二得五，成天七
火數，其用能使火炎趨上；天三得五，成地八之木，其用能使矯揉曲直；地四
得五，成金數天九，其用能使隨人易狀；天五得五，成土數地十，其用能使耕
種收獲。

　　穎容藉《左傳》「妃以五成」以釋五行生數，配五而成五行成數之述，倘
與東漢・班固（32～92）之敘比較：

> 天以一生水，地以二生火，天以三生木，地以四生金，天以五生土，

收入《續修四庫全書・經部・書類》（上海：上海古籍出版社，1995年），第
45冊，卷12，頁141。

〔註266〕〔西晉〕杜預注，〔唐〕陸德明音義，孔穎達正義：《春秋左氏傳注疏》，收
入《景印摛藻堂四庫全書薈要・經部第30冊・春秋類》（臺北：世界書局，
1988年），總第31冊，卷45，頁303。

〔註267〕〔隋〕蕭吉撰：〈第三明數・第二論五行及生成數〉，《五行大義》，收入《續
修四庫全書・子部・術數類》（上海：上海古籍出版社，1995年），第1060
冊，卷1，頁204。

〔註268〕按今本《左傳》載錄「妃以五成」，陸德明音義：「妃音配，注妃並同。」故
「妃以五成」即讀「配以五成」。〔西晉〕杜預注，〔唐〕陸德明音義，孔穎
達正義：《春秋左氏傳注疏》，卷45，頁303。

五位皆以「五」而合，而陰陽易位。故曰「妃以五成。」〔註269〕

班固曰：「天一南陽生水，得五而成地六北陰；地二北陰生火，得五而成天七南陽；天三西陽生木，得五而成地八東陰；地四東陰生金，得五而成天九西陽，此即五位皆以『五』而合，且陰、陽易位，故稱『妃以五成』之理。」若此穎容所論，與班固之內容，堪稱同質而相類。是以杜預、皇侃因襲先儒「五行成數」生成之蘊奧，概當源泊於此，同然劉牧所謂「天五上駕天一，下生地六；下駕地二，上生天七；右駕天三，左生地八；左駕地四，右生天九」之「生之之義」，亦該緣出一脈。

若然「生之之義」立，則成數因之而生，四象由茲而啟，八卦從今而現。此即劉牧所稱：「未著乎形體，故曰『形而上者謂之道』也」〔註270〕之「无」境及「形而上」之情景。其數蓋由天一、地二、天三、地四、天五、地六、天七、地八、天九，合四十有五所構成，劉牧喚作「〈河圖〉之數」，且云：「〈河圖〉陳四象、八卦，而不言五行」。〔註271〕

四象之數猶如五行成數，惟五行成數六、七、八、九、十，僅顯其用，尚不足發揮五行之功，猶須「陽有婚配、陰得匹耦」，故得天一與地六併而生水於北；地二與天七合而生火於南；天三與地八聚而生木於東；地四與天九配而生金於西；天五與地十親，相守生土於中，此即「成之之義」，亦為劉牧所釋：「已著乎形數，故曰『形而下者謂之器』」〔註272〕之「有」及「形而下者」之狀。其數由天一、地二、天三、地四、天五、地六、天七、地八、天九、地十組成，合得五十有五，歷來均依〈繫辭〉所載而謂「天地之數」，亦叫「五行生成數」，劉牧則另名為「〈洛書〉之數」，並言：「〈洛書〉演五行而不述四象」。〔註273〕

〔註269〕〔東漢〕班固撰，〔唐〕顏師古注：〈五行志第七上〉，《前漢書》，收入《景印摛藻堂四庫全書薈要・史部第5冊・正史類》（臺北：世界書局，1988年），總第91冊，卷27上，頁7。

〔註270〕〔北宋〕劉牧撰：〈論中〉，《易數鈎隱圖》，收入《景印摛藻堂四書全書薈要・經部第14冊・易類》（臺北：世界書局，1988年），總第15冊，卷中，頁264。

〔註271〕〔北宋〕劉牧撰：〈論中〉，《易數鈎隱圖》，收入《景印摛藻堂四書全書薈要・經部第14冊・易類》，總第15冊，卷中，頁264。

〔註272〕〔北宋〕劉牧撰：〈論中〉，《易數鈎隱圖》，收入《景印摛藻堂四書全書薈要・經部第14冊・易類》（臺北：世界書局，1988年），總第15冊，卷中，頁264。

〔註273〕〔北宋〕劉牧撰：〈論中〉，《易數鈎隱圖》，收入《景印摛藻堂四書全書薈要・經部第14冊・易類》，總第15冊，卷中，頁264～265。

生之之義而〈河圖〉，成之之義而〈洛書〉，此二者，同出而異名，前者形而上，喻以先天，僅示其象；後者形而下，譬如後天，唯演五行，其間之差別，即在於土數十之有無，而此「十」數存在與否之樞機，則在於「天五」之變動，若此劉牧即語：「所以異者，由四象附土數而成質，故四象異於五行矣；然而皆從天五而變化也。」〔註274〕故而沿此以斷，劉牧「天五變化」之持論淵源，概可研判，理當肇端於班固、穎容之脈絡，絕然不同於鄭玄之思想流派。

二、「太皞氏授龍馬負圖」、〈河圖〉四十五、〈洛書〉五十五與劉牧糾葛之研辯

比較《遺論九事》「太皞氏授龍馬負圖」：

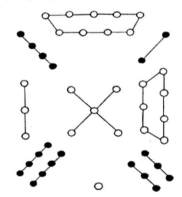

圖 4-5-1 太皞氏授龍馬負圖第一〔註275〕

本圖雖與前述劉牧之〈河圖〉全然一般，〔註276〕惟所陳：

> 昔虑犧氏之有天下，感龍馬之瑞，負天地之數出於河，是謂〈龍圖〉者也。戴九、履一，左三、右七，二與四為肩，六與八為足，五為腹心，縱橫數之，皆十五，蓋《易‧繫》所謂「參伍以變，錯綜其數」者也。……且天一起坎☵，地二生離☲，天三處震☳，地四居兌☱，天五由中，此五行之生數也。且孤陰不生，獨陽不發，故子配地六，午配天七，卯配地八，酉配天九，中配地十，既極五行之

〔註274〕〔北宋〕劉牧撰：〈論中〉，《易數鈎隱圖》，收入《景印摛藻堂四書全書薈要‧經部第 14 冊‧易類》，總第 15 冊，卷中，頁 265。

〔註275〕〔北宋〕劉牧撰：《遺論九事》，收入《景印摛藻堂四書全書薈要‧經部第 14 冊‧易類》（臺北：世界書局，1988 年），總第 15 冊，頁 275。

〔註276〕〔北宋〕劉牧撰：《易數鈎隱圖》，卷下，頁 269。

成數……。〔註277〕

其論〈河圖〉之數字組合，與劉牧前稱：「以五為主，六、八為膝，二、四為肩，左三、右七，戴九、履一」〔註278〕之說法、順序略有區別，然兩者最大差異，則在於「參伍以變」之詮釋。「太皞氏」以〈繫辭〉「參伍以變」，註解縱、橫三數相乘皆為十五之數，然劉牧則云：「義曰：『參，合也；伍為偶配也。』為天五合配天一，下生地六之類是也。以通其變化，交錯而成四象、八卦之數也。」〔註279〕前者為三個五數之和，而得十五之意，後者則為天五上、下、左、右，交相駕配天一、地二、天三、地四，以通其變化而生成四象六、七、八、九，進以演化八卦之旨要。

且「太皞氏」訓坎☵即子、屬北；離☲為午、歸南；震☳則卯、隸東；兌☱居西、處西，孤陰不生，獨陽不發，故而一、六；二、七；三、八；四、九偶合。所談內容，可謂相類於鄭玄、穎達一派，然卻違悖於劉牧生、成之義，若然藉此兩處識見意趣之迥別可判，《遺論九事》「太皞氏授龍馬負圖」之圖、論，絕非出於劉牧之手，更且劉牧「〈河圖〉四十五數」、「〈洛書〉五十五數」之圖、解闡示，亦非源自於此。

天一、地二、天三、地四、天五、地六、天七、地八、天九、地十，合得五十有五之數，《遺論九事》未有稱呼，〈繫辭〉載記為「天地之數」，唐代以前喚之「五行生成數」，迄宋劉牧又名「洛書之數」，且言：

> 《易·繫辭》云：「河出圖、洛出書，聖人則之。」此蓋仲尼以作
> 《易》而云也。則知〈河圖〉、〈洛書〉出於犧皇之世矣。乃是古者
> 河出〈龍圖〉、洛出〈龜書〉，犧皇 則之〔註280〕畫八卦，因而重之為
> 六十四卦。〔註281〕

〔註277〕〔北宋〕劉牧撰：《遺論九事》，收入《景印摛藻堂四庫全書薈要·經部第14冊·易類》（臺北：世界書局，1988年），總第15冊，頁275。

〔註278〕〔北宋〕劉牧撰：《易數鈎隱圖》，收入《景印摛藻堂四庫全書薈要·經部第14冊·易類》（臺北：世界書局，1988年），總第15冊，卷下，頁269。

〔註279〕〔北宋〕劉牧撰：《易數鈎隱圖》，收入《景印摛藻堂四庫全書薈要·經部第14冊·易類》，總第15冊，卷上，頁244。

〔註280〕按《易數鈎隱圖》原文「則之」二字缺漏，惟據清·李榮陛（1727～1800）著述補佚。〔清〕李榮陛撰：〈義圖總考二〉，《易續考》，收入《續修四庫全書·經部·易類》（上海：上海古籍出版社，1995年），第24冊，卷2，頁613。

〔註281〕〔北宋〕劉牧撰：〈〈龍圖〉〈龜書〉論上〉，《易數鈎隱圖》，卷下，頁272。

若然劉牧其時，〈河圖〉又叫〈龍圖〉，〈洛書〉又呼「〈龜書〉」。校覈劉牧以下所語諸句：

「觀今〈龍圖〉」，其位有九，四象八卦皆所包韞，且其圖縱橫皆合天地自然之數，則「非後人能假偽而設之也。」……「今〈河圖〉相傳於前代」，其數自一至九，包四象八卦之義而兼五行之數，〈洛書〉則惟五行生成之數也。……「今代之所傳〈龜書〉」，惟總五行生成之數，未知孰是，略試論之。……若「今世之所傳者」，〈龜書〉不為妄也。……問曰：「『今書世之傳者，〈龍圖〉、〈龜書〉』，《經》所不載，緯候之書，蔑聞其義，誠誕說也。」曰：「〈龍圖〉、〈龜書〉，雖不載之於《經》，『亦前賢迭相傳授也。』然而數與象合位，將卦偶，不盈不縮，符於自然，『非人智所能設之也。況乎古今陰陽之書，靡不宗之！』……」〔註282〕

吾人由「觀今〈龍圖〉」、「非後人能假偽而設之也」、「今〈河圖〉相傳於前代」、「今代之所傳〈龜書〉」、「今世之所傳者」、「今書世之傳者，〈龍圖〉、〈龜書〉」、「亦前賢迭相傳授也」及「非人智所能設之也。況乎古今陰陽之書，靡不宗之！」等詞句，已然確切清楚，劉牧自始至終，所提「〈河圖〉四十五」、「〈洛書〉五十五」之圖、數，於其所處年代，即已流傳在世，且古今陰陽之書，業已宗之，洵非由他創始而立，更且未有述明，其論沿自何儒之詮。

惟泊李覯嘗書：「因購牧所為《易》圖五十五首，觀之則甚複重，假令其說之善，猶不出乎〈河圖〉、〈洛書〉、八卦三者之內，彼五十二皆疣贅也」〔註283〕之文始，則令學者以為〈河圖〉九數、〈洛書〉十數，均乃劉牧所作，以至南宋・朱熹（1130～1200），詆曰：「惟劉牧臆見，以九為〈河圖〉，十為〈洛書〉，託言出於希夷。」〔註284〕并駁：「又以〈洛書〉為〈河圖〉，亦仍劉牧之

〔註282〕〔北宋〕劉牧撰：〈〈龍圖〉〈龜書〉論下〉，《易數鈎隱圖》，收入《景印摛藻堂四庫全書薈要・經部第14冊・易類》（臺北：世界書局，1988年），總第15冊，頁272～274。

〔註283〕〔北宋〕李覯撰：〈刪定易圖序論〉，《旴江集》，收入《景印文淵閣四庫全書・集部34・別集類》（臺北：臺灣商務印書館，1985年），第1095冊，卷4，頁53。

〔註284〕〔南宋〕朱熹撰：《易學啟蒙》，輯入〔清〕李光地等編校：《御纂性理精義》，收入《景印摛藻堂四庫全書薈要・子部第3冊・儒家類》（臺北：世界書局，1988年），總第248冊，卷4，頁372。

謬」〔註285〕等諸訾議出現。故從朱熹以降，歷來循朱子之說者，多視圖九、洛十為劉牧之創而大加攻詰，是以筆者於此提出考辨，予之廓清，以明訛舛。

隋、唐之前文獻，僅〈繫辭〉「天地之數」，亦稱「天地生成數」之事，惟未有〈河圖〉、〈洛書〉兩圖之載，迄劉牧《易數鉤隱圖》，方見「〈河圖〉四十五數」及云「天地生成數」五十有五，本即〈洛書〉而成圖者。然劉牧雖解〈河圖〉、〈洛書〉同出而異名，惟祗行〈洛書〉圖式之推衍，卻未睹〈河圖〉架構之形成。由此可判，劉牧其時，或未了然〈河圖〉四十五數排列之道理，否則綜覽《易數鉤隱圖》，何以未見〈河圖〉猶如〈洛書〉成圖般之積算？僅僅敘以天一、地二、天三、地四、天五、地六、天七、地八、天九之數含糊以對，而徑直繪出〈河圖〉？若然據此以斷，劉牧之際，〈河圖〉已然存世，惟因未得師承或無有解說流傳，故祗能自悟而無法同然於〈洛書〉，有所依循且加以詮釋各數布列之步驟，是以「〈河圖〉四十五數」圖，不但絕非劉牧所造，尚且其時傳世之〈洛書〉成圖演算，亦必有其可茲沿襲之源由存在。

然晁說之嘗言：「有廬江范諤昌者，亦嘗受《易》於种徵君。諤昌授彭城劉牧。」〔註286〕且朱震亦云：「濮上陳摶以先天圖傳种放，放傳穆修、修傳李之才，之才傳邵雍。放以〈河圖〉、〈洛書〉傳李溉。溉傳許堅，堅傳范諤昌，諤昌傳劉牧。」〔註287〕若此，按晁、朱二人之語，北宋·范諤昌（？）即為劉牧嫡傳之師，然元·雷思齊（？）則謂：

> 圖南之後，种放、許堅、李溉未及見其它有著述，若其所親授之師如范諤昌所著《大易源流》，其稱龍馬負圖出河，羲皇窮天人之際，重定五行生成之數，定地上八卦之體⋯⋯原天一正北、地二正南、天三正東、地四正西、天五正中央、地六配子、天七配午、地八配卯、天九配酉、地十配中，寄於末，乃天地之數五十有五矣。⋯⋯詳所置之數，正今圖所傳有四方而无四維之數者。〔註288〕

〔註285〕〔南宋〕朱熹撰：〈雜著〉，《晦庵集》，收入《景印文淵閣四庫全書·集部84·別集類》（臺北：臺灣商務印書館，1985年），第1145冊，卷71，頁410。

〔註286〕〔南宋〕晁說之撰：〈傳易堂記〉，《景迂生集》，收入《景印摛藻堂四庫全書薈要·集部第40冊·別集類》（臺北：世界書局，1988年），總第387冊，卷16，頁313。

〔註287〕〔南宋〕朱震撰：〈表〉，《漢上易傳》，收入《景印文淵閣四庫全書·經部5·易類》（臺北：臺灣商務印書館，1983年），第11冊，頁5。

〔註288〕〔元〕雷思齊撰：〈河圖遺論〉，《易圖通變》，收入《景印摛藻堂四庫全書薈要·經部第14冊·易類》（臺北：世界書局，1988年），總第15冊，卷5，頁476。

思齊之時，受授北宋・陳摶（871～989）〈河圖〉、〈洛書〉之种放、許堅、李溉未有著作存留，僅見范諤昌撰述之《大易源流》。惟觀思齊指該書所稱「龍馬負圖出河」之圖、數，實為「五行生成之數」，亦即劉牧所陳之〈洛書〉，倘若劉牧果為諤昌之徒，豈敢悖師而改易〈龍圖〉換成〈洛書〉之名哉？況思齊又言：

> 由漢而唐，《易經》行世，凡「經傳」疏釋之外，未有及於圖、書之文，刊列《經》首者。迨故宋之初，陳摶圖南，始創意推明象數，……新有書述，特稱《龍圖》。……及終其書，再出兩圖，其一形九宮者，元无改異，標為〈河圖〉；其一不過盡置列大傳五十有五之數於四方及中，而自標異謂為〈洛書〉，並无傳例言說，特移二、七於南，四、九於西，莫可知其何所祖法而作，而標以此名？〔註289〕

且思齊嘗說：「訖於唐五季也，及宋之初，陳摶圖南始創古，推明象數，……，起而著為《龍圖》以行于世，愚幸及其全書。」〔註290〕合併兩者以校，雷氏或真親閱圖南《龍圖》之全書，而書中已有註列〈河圖〉及〈洛書〉之圖。是以思齊即為〈洛書〉圖式發出質疑而曰：「自標異謂為〈洛書〉，並无傳例言說，特移二、七於南，四、九於西，莫可知其何所祖法而作，而標以此名？」更且另加駁斥：「今圖南既別無義例辭說，誤以圖之五十五數，別標一圖以為〈洛書〉，真其傳疑之始也。」〔註291〕若然省審思齊上述諸論，縱然陳摶之時，雖已布列〈洛書〉之圖，惟未載記任何攸關〈洛書〉形成之義理詮註，故由此以推，劉牧〈洛書〉演繹計算之解析源流，理當亦非沿於陳摶之脈，果若如此，則晁說之、朱震「河、洛」傳衍之真偽，尤更令人倍感疑惑。

　　若此，劉牧所提「〈河圖〉四十五」、「〈洛書〉五十五」之師承為何，恐將成謎！然洎劉牧《鈎隱》問世以降，〈河圖〉、〈洛書〉之學，已然蔚起成風，彙為學派，歷來因襲、反對者，紛紜雜沓，各有擅長。迄南宋・蔡元定（1135～1198），率爾起首，詆訾劉牧易置「〈河圖〉五十五」、「〈洛書〉四十五」，而成「〈河圖〉四十五」、「〈洛書〉五十五」之數；惟清・朱彝尊（1629～1709）

〔註289〕〔元〕雷思齊撰：〈河圖遺論〉，《易圖通變》，收入《景印摛藻堂四庫全書薈要・經部第14冊・易類》，總第15冊，卷5，頁474。

〔註290〕〔元〕雷思齊撰：〈河圖辨徵〉，《易圖通變》，卷4，頁469。

〔註291〕〔元〕雷思齊撰：〈河圖辨徵〉，《易圖通變》，收入《景印摛藻堂四庫全書薈要・經部第14冊・易類》（臺北：世界書局，1988年），總第15冊，卷4，頁470。

則反攻:「按劉長民〈河圖〉數九、〈洛書〉數十,此受於師者,然爾西山蔡氏乃更之,非長民易置也。」〔註292〕故而其間彼此之擾擾牽扯、〈河圖〉四十五羅布之法門,乃至清初黃宗羲(1610～1695)、黃宗炎(1616～1686)、毛其齡(1623～1716)、胡渭(1633～1714),對於〈河圖〉、〈洛書〉之考辨諸議題,猶須進行分析與探討,惟因不屬本研究詮釋主題之範疇,尚受限篇幅之酌量,筆者將另撰專文進行申論,於此暫且止筆不贅。

　　然四庫館臣有云:「漢儒言《易》,多主象數,至宋而象數之中,復岐出圖書一派,牧在邵子之前,其首倡者也。」〔註293〕既言劉牧早於北宋·邵雍(1012～1077)之前,為宋代圖書一派之首倡者,若然館臣談及「兩派六宗」所稱:「漢儒言象數去古未遠也,一變而為京、焦,入於機祥,再變而為陳、邵,務窮造化,《易》遂不切於民用」〔註294〕之「圖書宗」代表「陳摶、邵雍」,循理亦當修正而為「陳摶、劉牧」方屬允洽!

第六節　小結

　　綜覽劉牧訓解「易有太極」之「易」,為未見氣之「太易」,惟「太初」亦即「道生一」之「一」者,猶如「太極」之「一氣」,若此太極同然於太初,更且相埒於道,咸皆初始於「一」。是以劉牧所繪太極之圖,摭拾五白、五黑之點,代表「天地極數」之五陽:「天一、天三、天五、天七、天九」及五陰:「地二、地四、地六、地八、地十」,以應陰、陽二儀之氣;且使黑、白交錯相間,以符〈繫傳〉:「一陰、一陽之謂道」者之蘊;兼采一綫連繫,環繞成圓,以譬陰、陽相合於一,宛如無數、無象之狀,猶若宇宙混元之態,以喻二儀所由之宗,如此之圖,堪稱歷來眾家文獻,最早顯現太極意境之圖。

　　劉牧謂太極所生陰、陽之兩儀,乃意味天、地之象,惟天、地則反映兩儀之體,兩儀、天地,洵然相為表裡。且稱天一、地二、天三、地四,為兩儀所生四象之「四象生數」,須得天五居中主乎變化,上、下交易,方得老陰六、

〔註292〕〔清〕朱彝尊撰:《經義考》,收入《景印摛藻堂四庫全書薈要·史部第151冊·目錄類》(臺北:世界書局,1988年),總第237冊,卷16,頁585。

〔註293〕〔清〕永瑢等撰:〈經部二·易類二〉,《四庫全書總目提要》,收入王雲五主編:《萬有文庫第一集一千種》(上海:商務印書館,1931年),第1冊,卷1,頁11。

〔註294〕〔清〕永瑢等撰:〈經部一·易類一〉,《四庫全書總目提要》,第1冊,卷1,頁2。

少陽七、少陰八、老陽九之四象成數，況此四者，則為「兩儀生四象，四象生八卦」之「四象之位」，而非〈繫辭〉所載：「《易》有四象，所以示也」之「四象」。

劉牧不採歷代諸家論「《易》有四象，所以示也」之「四象」說，更且否定鄭玄、孔穎達訓稱兩儀所生之「四象」，即如「《易》有四象，所以示也」之「四象」。另以〈繫辭〉「吉凶、悔吝、變化、剛柔」對應「失得、憂虞、進退、晝夜」四象之敘，以詮「《易》有四象，所以示也」之旨，誠然有別於兩儀所生「四象」之諦，蓋與歷代眾家之釋全然不類，足堪成其一家之言。

若此劉牧總結《易經》之「四象」存有二義，一為「兩儀生四象」之「四象」、一為「《易》有四象，所以示也」之「四象」，兩者，斷不可并為一談。劉牧此般一詞二解之獨到創見，亦獲北宋・胡瑗（993～1059）之全然因襲。

比較《易數鈎隱圖》「四象生八卦」、〈河圖〉八卦」與《遺論九事》「重六十四卦推盪訣」，三圖中之四黑點巽☴，五白點艮☶，相互對照，已然清楚看出，陳列方式明顯不同。同然三畫卦之繪製，倘為同一作者，不該猶如互文之修辭，出現前、後相異之擺放，若然據此研判，《遺論九事》之「重六十四卦推盪訣」，當非劉牧所作，洵為不知何代、何名之先儒撰述；且劉牧「四象生八卦」之思想淵流，殆與「重六十四卦推盪訣」堪稱一脈。然歷來諸家咸將「重六十四卦推盪訣」視為劉牧之語而引用或批扞，如胡渭、張惠言、許桂林、林忠軍，皆將前者之敘，當為後者之文，均犯張冠李戴之病。

「重六十四卦推盪訣」雖非劉牧所為，惟劉牧「四象生八卦」乃至「〈河圖〉八卦」之要，誠然與其同源，因而形成諸家之疑，淪為眾矢之的。畢竟四正生成點、畫之不稱，不類四隅生成點、畫之相值，如此之矛盾，不知劉牧何以未有辨析？抑或已然知曉，惟無從釋解？又或毫無覺察以至疏漏？種種推測，純然已無可查考，然則若此之迷惑，必然群口鑠金，致遭誤解與抨擊。

《遺論九事》「卦終〈未濟〉䷿」之內容，亦如「重六十四卦推盪訣」所置「六十卦值日」之圖，未見《易數鈎隱圖》中有何分辯與訓注，是以「卦終〈未濟〉䷿」，如同「重六十四卦推盪訣」，均屬不知何由之先儒遺論。甚且與《易數鈎隱圖》之間，未有任何之關聯或徵引，彼此絲毫無涉之情狀，猶勝「重六十四卦推盪訣」，可謂過之而無不及。

審覽《遺論九事》「八卦變六十四卦」之圖、文，確然發現與劉牧之陳敘，存有三點差異：

第一、可明白分辨〈巽〉☴、〈震〉☳、〈艮〉☶、〈兌〉☱四卦羅布方式,與「重六十四卦推盪訣」之圖相若,皆為上爻朝向圓心,然初爻對外,若此即與劉牧「四象生八卦」、「〈河圖〉八卦」之巽☴、艮☶初爻對內,惟上爻朝外之擺放,相反顛倒。

第二、劉牧之「純卦」,乃指三畫卦,然「八卦變六十四卦」之「純卦」,則為六畫之重卦,於此亦能瞧科二者之不同。

第三、劉牧言伏犧重卦,采三畫之八純卦,兩、兩相重,以契「三才而兩之」之道。惟重卦法程,全然與「八卦變六十四卦」,循京房六畫八純卦之次,以論六十四重卦之說相悖。

　　若此三項之不類,加之劉牧本即不取「八卦變六十四卦」重卦之言,故而《易數鉤隱圖》之通篇上、下,咸無隻字片語出現。是以可證「八卦變六十四卦」之圖、說,斷非劉牧所作。惟吳仁傑疏略無察,誤視其文為劉牧之訛而加攻駁,且呂祖謙猶然全般因襲記錄吳氏之語,若然二人之病堪稱一般,惟呂氏兼犯以訛傳訛之弊端,更且尤勝吳氏之失謬!

　　劉牧布序四件以象乾☰陽三畫之三白點,分居乾☰及巽☴、離☲、兌☱三陰之位;臚列四枚喻名坤☷陰六畫之六黑點,各處坤☷與震☳、坎☵、艮☶三陽之方,藉以闡示〈說卦〉乾☰、坤☷相索以生六子之奧。既能恪守〈繫辭〉:「陽卦多陰,陰卦多陽」之規而不違,亦能吻合〈說卦〉諸維而無紊,且能相符〈繫辭〉之旨,更洽八卦之居,超越傳統各家統以文字陳述之常,堪可視為獨樹一格而自成一派。

　　省觀《遺論九事》「辨陰陽卦第五」之文,僅祗強調乾☰、坤☷所生六子之陰、陽卦形特徵,惟欠缺六子形成次第之描寫,相較於劉牧「乾☰坤☷生六子」之詞,則頗顯粗略。然對照六子各圖暨擺列方式,則頓然曉悟,劉牧四個三白、六黑之編排,及其點數映襯卦畫之表現,殆與「辨陰陽卦第五」同屬一脈。

　　惟〈說卦〉、〈繫辭〉、〈象傳〉諸項之意趣,業已全然隱顯於《易數鉤隱圖》「乾☰坤☷生六子」之圖敘,縱須補充,亦當著於「乾坤生六子」之節,斷無移於《遺論九事》「辨陰陽卦第五」之處,是以其狀,猶如《遺論九事》「重六十四卦推盪訣」之情,若此綜合以析,「辨陰陽卦第五」誠非劉牧之作,然其思緒,則與「乾坤生六子」,理當同源。

　　且劉牧四個三白乾☰之「三」,四枚六黑坤☷之「六」,咸指三畫純卦乾

☰、坤☷之「卦畫數」，惟朱震錯以為「三」、「六」為數字，致生四、三，十二；四、六，二十四，合計三十六之訛妄出現。然張惠言承襲朱震之謬引導，不知劉牧以果證因之詮解，反以倒果為因作攻詰，所犯之愚闇，恐不下於朱震之貽愆。

劉牧云〈河圖〉僅列天五居中之四十五數，祇顯四象所生之八卦，且不論五行，故不列土之成數，是以無著乎形體，猶如「形而上者之謂道」之「道」蘊，已然含有「先天」之奧義。〈洛書〉，加入土之成數十，計五十五，以闡明水、火、木、金、土之成數，五行形物已現，惟不陳四象，蓋隸「形而下者之謂器」之「器」境，泂然具備〈洛書〉本即「後天」之喻。若然劉牧可稱，歷來首位訓解「〈河圖〉為先天」、「〈洛書〉為後天」之引導者，然此主張，直至明代才被確切提出。尚且洎明歷清迄今，猶然方興未艾而弗違。

後天〈洛書〉五十有五之數，概由先天〈河圖〉四十五兼土之成數十而成，劉牧稱該數為「天地之極數」。所繪之圖，雖名「二儀得十成變化」，然實已藉黑、白之點及線條連繫，展見〈洛書〉之組合。劉牧〈河圖〉、〈洛書〉之述，乃至八卦生成之推演，全然契切〈繫辭〉所載：「易有太極，是生兩儀，兩儀生四象，四象生八卦」之典要。

惟李覯雖沿劉牧所提〈河圖〉、〈洛書〉、「八卦」等數、位之敘，然因不識劉牧先天〈河圖〉轉化生成後天〈洛書〉之樞紐，誠在於天地之數十有五，亦即「天一、地二、天三、地四、天五」，所行之變化，故而否定劉牧所言「〈河圖〉生八卦」、「〈洛書〉衍五行」、「形上，形下」、「先天，後天」，一脈相承之詮釋，若此確為李覯未能深究審察，因而違犯之錯失。

然朱震襲引虞翻采六畫卦納甲注解「五位相得而各有合」之論，以駁劉牧「天地之數，五奇、五耦彼此相耦」之說，惟其忽略虞翻另依「天地之數」五十有五之天一至地十，與十天干逐次搭配，亦能印證天干五合即「五位相得而各有合」之理。若然，一、六，二、七，三、八，四、九，五、十之匹，非但能與納甲相通，尚可與天干呼應，且能單獨以議，故朱震詆訶劉牧之詮釋不通，則泂然不知所憑為何？

鄭玄以降，乃至王氏、謝氏、韓康伯、賈公彥、孔穎達等諸儒，均未談及「天地之數」五十有五之生數如何衍生、成數何以變化之趣，故劉牧全然不取眾人之議。惟劉牧所謂形上、形下之變化，甚且形上轉至形下之關鍵，則在於天五駕御生數之運用，惟此即為劉牧與各家評註「五位相得而各有合」

之最大分殊所在。

　　生之之義而〈河圖〉，成之之義而〈洛書〉，此二者，同出而異名，前者形而上，喻以先天，僅示其象；後者形而下，譬如後天，唯布五行，其間之差別，即在於「土十」之有無，而此「十」數之存在與否，則在於「天五」之變動，若此劉牧始云：「所以異者，由四象附『土數』而成質，故四象異於五行矣；然而皆從『天五』而演化也。」

　　審閱穎容之文，與班固之詞，語意同質而相類，是以杜預、皇侃因循先儒「五行成數」之思想脈絡，理當肇端於斯。若然省察裁斷，劉牧「天五」之持論，亦必同然之宗，絕然相異鄭玄之派。

　　劉牧言〈河圖〉：「以五為主，六、八為膝，二、四為肩，左三、右七，戴九、履一」，與《遺論九事》「太皞氏授龍馬負圖」：「戴九、履一，左三、右七，二與四為肩，六與八為足，五為腹心」之句，雖有不類，然兩者釋義最大之區分，反另有二點；首先即在「參伍以變」之訓解。

　　「太皞氏」指〈繫辭〉「參伍以變」，為縱、橫三數相乘皆成十五之數，然劉牧則謂：「『參，合也；伍為偶配也。』為天五合配天一，下生地六之類是也。以通其變化，交錯而成四象、八卦之數也。」前者以三個五數之和，而得十五為要旨；惟後者乃訓天五上、下、左、右，交相匹侶天一、地二、天三、地四，以遂改換而成四象六、七、八、九，進而推演化生八卦之典則。

　　再者，「太皞氏」稱坎☵即子、屬北；離☲為午、歸南；震☳位卯、隸東；兌☱居酉、處西，孤陰不生，獨陽不發，是以一、六；二、七；三、八；四、九相耦。敘述內容，純然遵循鄭玄、穎達之流，惟卻相違劉牧生、成之詮，若然依此兩項主張意趣之迴別研判，《遺論九事》「太皞氏授龍馬負圖」之圖、文，斷非出於劉牧之手，且劉牧「〈河圖〉四十五數」、「〈洛書〉五十五數」之圖、解闡示，亦非源自於此。

　　省審劉牧以下諸詞語：「『觀今〈龍圖〉』、『非後人能假偽而設之也』、『今〈河圖〉相傳於前代』、『今代之所傳〈龜書〉』、『今世之所傳者』、『今書世之傳者，〈龍圖〉、〈龜書〉』、『亦前賢迭相傳授也』、『非人智所能設之也。況乎古今陰陽之書，靡不宗之！』」已然清晰詳實可知，劉牧從始至終，所稱「〈河圖〉四十五」、「〈洛書〉五十五」之圖、數，於其所處年代，即已流傳在世，況且古今陰陽之書，業已宗之，洵非由他創始而出，更且未有陳明其釋河洛之章句，沿自何儒之學。然從李覯之詆訾開始，乃至朱熹之批駁，歷來奉朱

子之說者，多視圖九、洛十盡皆劉牧之作而大加攻詰，故而筆者澄鑒考辨，予以廓清，糾正訛舛。

　　劉牧之際，〈河圖〉已然存世，惟因未得師授或無有訓解傳布，是以僅能自悟，而無法仿效〈洛書〉有所依循而推衍成圖，若然「〈河圖〉四十五」，不但絕非劉牧所為，尚且其時傳世之〈洛書〉運算，必然有其可茲因襲之淵流存在。

　　迄元，受授陳摶〈河圖〉、〈洛書〉之种放、許堅、李溉之著作散佚，祇剩范諤昌之《大易源流》可見，惟諤昌所言「龍馬負圖出河」之圖、數，竟如劉牧所示〈洛書〉「五行生成之數」，殆由此，猶然可證劉牧之業師定非范氏而無疑。然陳摶之世，雖已布陳〈洛書〉之圖，惟因未存絲毫攸關〈洛書〉成圖之義理詮註，若此劉牧〈洛書〉演繹計算之解析源由，亦非源於陳摶之脈，是以晁說之「諤昌授彭城劉牧」及朱震〈河圖〉、〈洛書〉傳衍之表，確然令人無可信服而成立。

　　劉牧之師承為何，終將成謎！然洎《易數鉤隱圖》問世以降，〈河圖〉、〈洛書〉之術，已然勃興匯流，形成《易》界「兩派六宗」之「圖書宗」。惟四庫館臣薦舉「陳摶、邵雍」執該宗牛耳之事，理應訂正改立「陳摶、劉牧」方為得當！

　　檢討本章截至目前之研究發現，《易數鉤隱圖》之「天地數十有五第四」與「〈河圖〉天地數第五十」，名稱明顯不同，惟兩者圖形全然一般。

　　且「七、八、九、六合數第二十一」、「〈河圖〉四象第五十一」，兩圖所繪，純然相垺，惟與「兩儀生四象第九」，祇於少陽「七數」之五、二白點間，連線畫法有別，然此，恐為劉牧便於相互區判而設，實則三圖可謂同然一式。

　　又「四象生八卦第十」與「〈河圖〉八卦第五十二」，兩者僅於譬喻四正卦之三黑、三白點，擺放位置有所相異。前者，四正卦畫於內層四方，四隅卦排布外圍四角；後者，則四正、四隅卦同列一層，然則各卦方位皆同前者。雖有四正陳設之差歧，惟彼此內容、本質，猶然相等，無有不類，洵不為過。

　　另「乾☰下交坤☷第三十五」與「坤☷上交乾☰第三十六」，取用同一圖形以標注兩樣情狀，用心甚明，惟已產生疊床架屋之嫌。

　　若此採二除一、三減二之法，則初步彙整，已可確定，計有五圖，蓋因講目訓釋之所需，令人產生重複而累贅之疑惑。然《易數鉤隱圖》，總凡五十

五圖，尚有數圖未作比較，惟受限於篇幅，其餘未審者，將另啟篇章，持續校
覈與探索。

第五章 《易數鈎隱圖》與《遺論九事》之思想考論（下）

　　本章承接上章，持續劉牧《易數鈎隱圖》與《遺論九事》，相互思想之糾纏與歷來牽扯不清之關係進行審究。前章已然解析《易數鈎隱圖》：

　　「太極第一」、「太極生兩儀第二」、「天地數十有五第四」、「天一下生地六第五」、「地二上生天七第六」、「天三左生地八第七」、「地四右生天九第八」、「兩儀生四象第九」、「四象生八卦第十」、「二儀得十成變化第十一」、「天數第十二」、「地數第十三」、「天地之數第十四」、「少陽第十七」、「少陽第十八」、「老陽第十九」、「老陰第二十」、「七、八、九、六合數第二十一」、「乾☰坤☷生六子第三十四」、「乾☰下交坤☷第三十五」、「坤☷上交乾☰第三十六」、「震☳為長男第三十七」、「巽☴為長女第三十八」、「坎☵為中男第三十九」、「離☲為中女第四十」、「艮☶為少男第四十一」、「兌☱為少女第四十二」、「三才第四十五」、「〈河圖〉第四十九」、「〈河圖〉天地數第五十」、「〈河圖〉四象第五十一」、「〈河圖〉八卦第五十二」、「〈洛書〉五行生數第五十三」、「〈洛書〉五行成數第五十四」，共三十四圖。

　　惟三十四圖中，由於劉牧為求輔佐講論之效，是以另設圖名不同，然實則圖式相垺或重複者，計有五圖之數。

　　更且驗證《遺論九事》：「太皞氏授龍馬負圖第一」、「重六十四卦推盪訣第二」、「八卦變六十四卦第四」、「辨陰陽卦第五」、「卦終〈未濟〉☲第七」，合有五事之圖、文，則已確定咸非劉牧所作。惟《易數鈎隱圖》「四象生八卦」

之持論，蓋當與《遺論九事》「重六十四卦推盪訣」同出一脈；且劉牧「乾坤生六子」之四個三白、六黑點以對應乾☰、坤☷卦畫，乃至擺列位置之發明，亦該與《遺論九事》「辨陰陽卦」之圖、說同源。

其餘《易數鈎隱圖》所展現之劉牧思想特性，如：太極之敘、「〈河圖〉先天」、「〈洛書〉後天」、「天五上、下駕生」之由、獨樹一格、自成一家之言，以及歷來沿襲劉牧之識者；另有與其相關之紛擾糾結，如：「〈河圖〉四十五」、「〈洛書〉五十五」皆非劉牧所創，乃至各家對於劉牧之誤解或無可成立之批駁，等等諸般之詮譯與評斷，均已詳載前章各節，若此不再贅述。

惟本章，則專切於《易數鈎隱圖》、《遺論九事》未盡之圖、示，猶然延續采摘探究之方法，進行相互比對與分析，希冀完成整體之研索，若然得以綜合先、後省審之辨正而獲圓滿、全備且詳實之答案。

第一節 劉牧「大衍之數五十」之思想詰辯

一、劉牧「大衍之數五十」之章節編次及其條理剖析

東漢・班固（32～92）於《漢書・律曆志》，援引其時所見〈繫辭〉云：

> 故《易》曰：天一，地二，天三，地四，天五，地六，天七，地八，天九，地十。天數五，地數五，五位相得而各有合。天數二十有五，地數三十，凡天地之數五十有五，此所以成變化而行鬼神也。〔註1〕

班固摘鈔之〈繫傳〉辭句編排，依序陳說天地奇偶之數，概由天一、地二、天三、……至地十所構。其間配有天數一、三、五、七、九；地數二、四、六、八、十，彼此兩、兩相合而成五行之位。天數小計二十有五、地數三十，天地之數，統為五十有五，若此而運行陰、陽之變化。內容可謂脈絡連貫，條理通達，前後呼應，上下有秩。惟孔穎達擇取韓康伯注〈繫辭〉之冊以作《正義》，〔註2〕其登載之章法頭緒為：

〔註1〕〔東漢〕班固撰，〔唐〕顏師古注：〈律曆志第一上〉，《前漢書》，收入《景印摛藻堂四庫全書薈要・史部第 4 冊・正史類》（臺北：世界書局，1988 年），總第 90 冊，卷 21 上，頁 471。

〔註2〕按清・紀昀（1724～1805）等，於書前〈提要〉云：「謹案《周易註》十卷，魏・王弼撰。弼字輔嗣，山陽高平人，官尚書郎，年二十四而卒，事蹟具《三

　　大衍之數五十，其用四十有九，分而為二以象兩，掛一以象三，揲
之以四以象四時，歸奇於扐以象閏，五歲再閏，故再扐而後掛。「天
數五，地數五，五位相得而各有合。天數二十有五，地數三十，凡
天地之數五十有五，此所以成變化而行鬼神也。」〈乾〉䷀之策，二
百一十有六；〈坤〉䷁之策，百四十有四，凡三百有六十，當期之日。
二篇之策，萬有一千五百二十，當萬物之數也。是故四營而成易，
十有八變而成卦。八卦而小成。引而伸之，觸類而長之，天下之能
事畢矣。……天一，地二，天三，地四，天五，地六，天七，地八，
天九，地十。〔註3〕

所記康伯執持之〈繫辭〉原文層次，則將「天數五，地數五，五位相得而各有
合。天數二十有五，地數三十，凡天地之數五十有五，此所以成變化而行鬼
神也。」整段置於「大衍之數五十，其用四十有九，……故再扐而後掛。」與
「是故四營而成易，十有八變而成卦。……天下之能事畢矣」等兩話語之間，
且將「天一，地二，天三，地四，天五，地六，天七，地八，天九，地十」分
散割裂，存錄於另一篇章。〔註4〕

　　該版於詮敘「天一，地二，天三……地十」與「天數五、地數五……此所

國志》本傳。所註惟《周易》上、下《經》，又別作《周易略例》，發明宗旨。
後，東晉，太常潁川，韓康伯，始續註〈繫辭〉、〈說卦〉、〈序卦〉、〈雜卦〉四
傳。《隋書‧經籍志》以王、韓之書各著錄，故《易註》作六卷，《略例》作一
卷，《繫辭註》作三卷。新、舊《唐書》載弼註七卷，則合《略例》計之，今
本十卷，則併韓書計之也。考王儉《七志》，已稱弼《易》註十卷，孔穎達《周
易正義》亦合王、韓為一書，則其來已久矣。」〔三國‧魏〕王弼，〔東晉〕韓
康伯撰：〈提要〉，《周易註》，收入《文淵閣四庫全書‧經部1‧易類》（臺北：
臺灣商務印書館，1983年），第7冊，頁201。
〔註3〕〔三國‧魏〕王弼注，〔唐〕陸德明音義，孔穎達正義：《周易經傳注疏》，收
入《景印摛藻堂四庫全書薈要‧經部第1冊‧易類》（臺北：世界書局，1988
年），總第2冊，卷11，頁262～266。
〔註4〕孔穎達正義曰：「此第十章也。……此章明卜筮蓍龜所用能通神知也。天一、
地二、天三、地四、天五、地六、天七、地八、天九、地十，此言天地陰陽自
然奇耦之數也。」〔三國‧魏〕王弼注，〔唐〕陸德明音義，孔穎達正義：《周
易經傳注疏》，收入《景印摛藻堂四庫全書薈要‧經部第1冊‧易類》，總第
2冊，卷11，頁267。按「大衍之數五十，其用四十有九……天下之能事畢
矣」之文句，隸屬孔穎達正義所疏「此第八章」之範圍。〔三國‧魏〕王弼注，
〔唐〕陸德明音義，孔穎達正義：《周易經傳注疏》，收入《景印摛藻堂四庫
全書薈要‧經部第1冊‧易類》，總第2冊，卷11，頁263。

以成變化而行鬼神也」之首、尾排次互易，猶如錯簡之斷章而未能連續，誠和班固引述之刊本截然不同。尚且「大衍之數五十，其用四十有九」、「是故四營而成易，十有八變而成卦」之占筮推衍用數與揲蓍成卦之法，相混於「天數五、地數五⋯⋯此所以成變化而行鬼神也」之前、後而共為一章。然而為此，劉牧即成歷來堪稱首位，質疑韓氏評點之〈繫傳〉，其於「大衍之數五十」、「天地之數五十五」、「是故四營而成易」等段落序列，排比有誤，因而提出看法者，其云：

> 《經》曰：「凡天地之數五十有五，此所以成變化而行鬼神也。」又曰：「大衍之數五十」，則減天地之數五也。韓氏曰「演天地之數，所賴者五十也。」則不言減五之數，所以孔氏疏以為五十有五，「乃天地、陰陽、奇偶之數，非是上文演天地之策也。」且諸儒分「大衍之數」、「分而為二」之義，中則述天地之數五十有五之用，末則陳「四營成易，十有八變而成卦」之理。此豈可同乎本末而異其中之數也？〔註5〕

劉牧略言〈繫辭〉於前撰述：「凡天地之數五十有五，此所以成變化而行鬼神也。」而後敘錄：「大衍之數五十」之連貫詞意，乃示五十為天地五十五數，除去天五而得之故。若然審觀劉牧之說以判，其時所見〈繫傳〉：「天地之數五十有五」之文，必然排列於「大衍之數五十」之先。惟韓康伯所閱〈繫辭〉本，則為「大衍之數五十」居前，是以韓氏於此僅注：「王弼曰：演天地之數，所賴者五十也。」〔註6〕而未談及「五十有五，減天五之數」。故而孔穎達依韓注本作正義，即於「大衍」、「分而為二」後之「天地五十五數」處，疏曰：「凡天、地之數五十有五者，是天、地二數相合為五十五，此乃天地、陰陽、奇耦之數，非是上文演天地之策也。」〔註7〕以與上句演天地策數之「大衍之數五十，其用四十有九」，有所區別。

　　劉牧且舉穎達「首藉諸儒之說，闡釋『大衍之數五十，其用四十有九』

〔註5〕 〔北宋〕劉牧撰：《易數鈎隱圖》，收入《景印摛藻堂四書全書薈要・經部第14冊・易類》（臺北：世界書局，1988年），總第15冊，卷上，頁248。

〔註6〕 〔三國・魏〕王弼注，〔唐〕陸德明音義，孔穎達正義：《周易經傳注疏》，收入《景印摛藻堂四庫全書薈要・經部第1冊・易類》（臺北：世界書局，1988年），總第2冊，卷11，頁262。

〔註7〕 〔三國・魏〕王弼注，〔唐〕陸德明音義，孔穎達正義：《周易經傳注疏》，收入《景印摛藻堂四庫全書薈要・經部第1冊・易類》，總第2冊，卷11，頁263。

〔註8〕之道，次析『分而為二以象兩，掛一以象三……』〔註9〕等揲蓍之義，中陳『天地之數五十有五，此所以成變化而行鬼神也』〔註10〕之用，末論『是故四營而成易，十有八變而成卦』〔註11〕之理」〔註12〕為例，惑其既自「大衍之數五十」起，歷「分而為二以象兩」，至「是故四營而成易，十有八變而成卦」之步驟，皆已盡為「其用四十有九」之推算演進，何以又將涵義、運用、變化，全然不類之「天地之數五十有五」等相關敘述攙雜其中？若此劉牧提出反詰而謂：「此豈可同乎本、末而異其中之數也？」

　　劉牧雖未講明憑仗之根據為何？亦無指稱或由訛簡所致之語，然其節刪擇取「凡天地之數五十有五，此所以成變化而行鬼神也」，作為整段問難之開場，其後接續「大衍之數五十」云云之層遞，洵已昭然若揭，所采〈繫〉文之編次，原已如此刊布。更且省閱劉牧嘗敘：

> 〈繫辭〉曰：「天一，地二，天三，地四，天五，地六，天七，地八，天九，地十。」此乃五行生、成之數也。天一生水、地二生火、天三生木、地四生金、天五生土，此其生數也。如此則陽无四、陰无偶，故地六成水、天七成火、地八成木、天九成金、地十成土，於是陰、陽各有匹偶而物得成矣，故謂之成數也。又曰：「天數五，地數五，五位相得而各有合。……，此所以成變化而行鬼神。」謂此也。〔註13〕

〔註8〕〔三國・魏〕王弼注，〔唐〕陸德明音義，孔穎達正義：《周易經傳注疏》，收入《景印摛藻堂四庫全書薈要・經部第1冊・易類》，總第2冊，卷11，頁262。

〔註9〕〔三國・魏〕王弼注，〔唐〕陸德明音義，孔穎達正義：《周易經傳注疏》，收入《景印摛藻堂四庫全書薈要・經部第1冊・易類》，總第2冊，卷11，頁262。

〔註10〕〔三國・魏〕王弼注，〔唐〕陸德明音義，孔穎達正義：《周易經傳注疏》，收入《景印摛藻堂四庫全書薈要・經部第1冊・易類》，總第2冊，卷11，頁262。

〔註11〕〔三國・魏〕王弼注，〔唐〕陸德明音義，孔穎達正義：《周易經傳注疏》，收入《景印摛藻堂四庫全書薈要・經部第1冊・易類》，總第2冊，卷11，頁262。

〔註12〕〔三國・魏〕王弼注，〔唐〕陸德明音義，孔穎達正義：《周易經傳注疏》，收入《景印摛藻堂四庫全書薈要・經部第1冊・易類》，總第2冊，卷11，頁263～264。

〔註13〕〔北宋〕劉牧撰：〈論中〉，《易數鈎隱圖》，收入《景印摛藻堂四書全書薈要・經部第14冊・易類》（臺北：世界書局，1988年），總第15冊，卷中，頁263。

考《穀梁傳》記云:「『又』、『有』,繼之詞也。」〔註14〕故「又曰」之言,亦即「〈繫辭〉接續載錄」之意。若然稽度劉牧之詮解,蓋為:「〈繫辭〉於前所登:『天一,地二,天三,……,地十。』乃示五陽、五陰之五行生、成數,惟其東、西、南、北、中,五行方位之天、地,陰、陽五數匹配之旨要,則呼應於之後銜接之『天數五,地數五,五位相得而各有合……此所以成變化而行鬼神』之文句裡。」

是以綜覽劉牧上、下辨析之詞序可判,其所覽〈繫傳〉本之結構鋪排,應為「天一,地二,天三……,地十。」後承「天數五,地數五,……,此所以成變化而行鬼神也。」再接「大衍之數五十,其用四十有九。……,故再扐而後掛。」

若此劉牧之讀本,其「天一,地二,天三,……,地十。天數五,地數五,五位相得而各有合。……,此所以成變化而行鬼神也」之全文次第,咸與前揭班固〈律歷志〉之刊載一般。惟能否沿此而評斷劉牧之論議,本即因緣班固之徵引,則恐抑有未定;然視班、劉之見,同出一源,於理當不為過。

其後北宋・張載(1020~1077)於「天一,地二,……,地十。」依然游移而稱:「此語恐在天數五、地數五處。」〔註15〕迄北宋・程頤(1033~1107)雖則篤定,惟亦僅提:「自『天一至地十』,合在『天數五、地數五』上,簡編失其次也。」〔註16〕直至朱熹,方始總會摭拾,將:「天數五、地數五,……,此所以成變化而行鬼神也」之章,全數移置「大衍之數五十」之先,且加傳注:「『此簡,本在大衍之後,今按宜在此。」〔註17〕另兼采程頤之述,徙遷「天一,地二,天三,地四,天五,地六,天七,地八,天九,地十」於「天數五」詞之前,並云:「此簡,本在第十章之首,程子曰:『宜在此』,今從之。」〔註18〕如

〔註14〕〔東晉〕范寧注,〔唐〕陸德明音義,楊士勛正義:〈成公・七年〉,《春秋穀梁傳注疏》,收入《景印摛藻堂四庫全書薈要・經部第 32 冊・春秋類》(臺北:世界書局,1988 年),總第 33 冊,卷 13,頁 218。

〔註15〕〔北宋〕張載撰:《橫渠易說》,收入《景印摛藻堂四庫全書薈要・經部第 1 冊・易類》(臺北:世界書局,1988 年),總第 2 冊,卷 3,頁 821。

〔註16〕不著編輯人:《程氏經說》,收入《景印文淵閣四庫全書・經部 177・五經總義類》(臺北:臺灣商務印書館,1983 年),第 183 冊,卷 1,頁 49。

〔註17〕〔南宋〕朱熹撰:《原本周易本義》,收入《景印文淵閣四庫全書・經部 6・易類》(臺北:臺灣商務印書館,1983 年),第 12 冊,卷 7,頁 683。

〔註18〕〔南宋〕朱熹撰:《原本周易本義》,收入《景印文淵閣四庫全書・經部 6・易類》(臺北:臺灣商務印書館,1983 年),第 12 冊,卷 7,頁 683。

此改易之條次，即與班固所具之〈繫辭〉文理相符，然則張、程之知、朱氏之備，實則咸已盡在劉牧《鉤隱》質問之後矣。

　　劉牧由於疑惑康伯〈繫傳〉簡本排列有誤，是以評論注說不清，亦且批判穎達正義不察，以致未疏「天五不用」之失，若然而言：

　　　　況乎揲蓍之數以象天地，豈可捨其數而求其象乎？斯亦疏家之失，
　　　　不求天五退藏於密之義也。且夫五十有五，天地之極數也；大衍之
　　　　數，天地之用數也。蓋由天五不用，所以大衍之數，少天地之數五
　　　　也。〔註19〕

劉牧指大衍之數五十，乃天地之用數，自天地之極數五十有五，減天地之生數五而成。惟五十者，攸關策筭天、地，陰、陽卦象，所采揲蓍之數，是以劉牧即謂：「今揲蓍之義，以筮而尚占者也，以象天地之用數，所以大衍之數，減天地之數五也。」〔註20〕故不可捨棄大衍成數之義，而逕予求象，此亦疏家不釋天五退藏於密所犯之誤。若此劉牧為彰大衍與天地極數之區別，則繪圖以教：

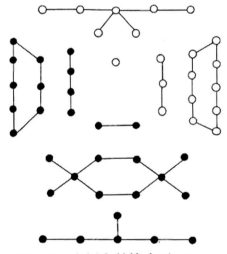

圖 5-1-1 大衍之數第十五〔註21〕

〔註19〕〔北宋〕劉牧撰：《易數鉤隱圖》，收入《景印摛藻堂四書全書薈要·經部第14冊·易類》（臺北：世界書局，1988年），總第15冊，卷上，頁248。

〔註20〕〔北宋〕劉牧撰：《易數鉤隱圖》，收入《景印摛藻堂四書全書薈要·經部第14冊·易類》，總第15冊，卷上，頁248～249。

〔註21〕〔北宋〕劉牧撰：《易數鉤隱圖》，收入《景印摛藻堂四書全書薈要·經部第14冊·易類》，總第15冊，卷上，頁248。

「大衍之數」圖，少天五之數，而取天一、地二、天三、地四、地六、天七、
地八、天九、地十之九數所組織；相比「天地之數」圖：

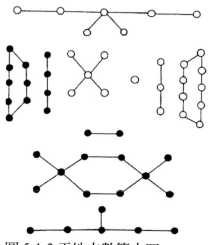

圖 5-1-2 天地之數第十四〔註 22〕

此畫代表天地之極數五十有五，因而多出天五之數，劉牧即以五白點繪示：

圖 5-1-3 天五第三〔註 23〕

劉牧更以問對方式，訓注「天五」實際隱涵之底蘊：

> 或曰：「天五不用，何以明其不用之由？」答曰：「天五不用，非不
> 用也。是用四象者也。且天一、地二、天三、地四，此四象生數也。

〔註 22〕〔北宋〕劉牧撰：《易數鉤隱圖》，收入《景印摛藻堂四庫全書薈要·經部第
14 冊·易類》（臺北：世界書局，1988 年），總第 15 冊，卷上，頁 247。

〔註 23〕〔北宋〕劉牧撰：《易數鉤隱圖》，收入《景印摛藻堂四庫全書薈要·經部第
14 冊·易類》，總第 15 冊，卷上，頁 242。

天五所以幹四象生數而成七、九、六、八之四象，是四象之中，皆
有五也。則知五能包四象，四象皆五之用也，舉其四，則五在其中
矣。故《易》但言四象以示，不言五象也。」〔註24〕

劉牧稱「天五去之並非不用，而是融入四象。天五幹駕天一、地二、天三、地
四之四象生數而為地六、天七、地八、天九之四象成數，是以四象之中均有
天五。天五能包孕於四象，四象盡皆天五之運用，舉凡談論四象，則天五已
俱其中。是故〈繫辭〉：「易有太極，是生兩儀，兩儀生四象」，僅云老陽九、
老陰六、少陽七、少陰八之四象，而不議五象。」

二、張惠言攻詰劉牧「天五」立論之省究

惟劉牧以天一、地二、天三、地四之四象生數，譬喻於太極所生「兩儀」
之中，〔註25〕且循天五駕配之運算，以達四象成數六、七、八、九之闡述，
清‧張惠言（1761～1802）則有所批駁：

> 易者，一也。一變而為七，七變而為九。一者，太初氣也；七者，
> 太始氣也；九者，太素氣也。太初，氣始，故曰一；太始，形始，
> 故曰七，七者，氣上生也；太素，質始，故曰九，九者，究也。氣、
> 形、質雖具而未離，故曰「渾淪」，此在易之先數者，假以言之，非
> 可數也。九復變而為一，則太極矣，乃分而為天、地，天、地交而
> 生萬物。大衍之數，天、地生萬物之數也。非日月進退，則乾☰一、
> 坤☷二之數無由出也；非五行生成，則水一、火二之數無由立也。
> 今乃以生物之次，為天、地之體，是今日適越而昔至也。且圖兩儀
> 而數以四，不其倶耶？劉氏此圖，一南、二北、三西、四東，蓋先
> 天之卦始乎此矣。不知一、三立陰方，二、四立陽方，陰陽之位已
> 錯。〔註26〕

易者，一也。一者，太初之氣，始見氣也。一變而為七，七為太始之氣，始見
形者；七變而為九，九者太素之氣，始見質者。太初、太始、太素，氣、形、
質三者未分，具備而全，此狀名曰「渾淪」。張氏認為此「渾淪」，處易之先，

〔註24〕〔北宋〕劉牧撰：《易數鉤隱圖》，收入《景印摛藻堂四庫全書薈要‧經部第
　　　　14冊‧易類》，總第15冊，卷上，頁248。

〔註25〕參閱前章註37、38。

〔註26〕〔清〕張惠言撰：《易圖條辨》，收入《續修四庫全書，經部‧易類》（上海：
　　　　上海古籍出版社，1995年），第26冊，頁700～701。

不可以數而象，直待九復變為一，形成太極，再由太極分出天、地，天地陰陽
交合，化生萬物，然此萬物之數，則以大衍之數演示。

張氏又謂，倘非日月、晝夜，陰陽之變化，則乾☰陽之爻「━」一畫、
坤☷陰之爻「━ ━」二畫之數，終無法呈現；若非五行之生成，則水一、火二
之數，亦無可成立。尚且依此攻詰劉牧：「假天、地交會生化萬物之次序，
反用以作為天、地本體之形容，如此即如《莊子》所言『今日適越而昔至』
〔註27〕之般，構成時空錯亂而先後牴牾。何況既稱『兩儀』之圖，竟以『一、
二、三、四』之四數仿效，則豈非顛倒荒謬？」並詆劉牧所繪「兩儀」之一
南、二北、三西、四東，乃先天八卦本初之處，渾然不知已犯一、三奇數為
陽，而立於離☲、兌☱陰方；二、四偶數為陰，卻置坎☵、震☳陽位之訛誤。

省審張惠言之語，筆者以為所謂「易之先數者」，當屬太易未見氣之際，
非為太初、太始、太素，炁、形、質三者，具而未離之「渾淪」情狀，此由東
漢・鄭玄（127～200）之注：「太易之始，漠然無氣可見者。太初者，氣寒溫
始生也。太始，有兆始萌也。太素者，質始形也。諸所為物，皆成包裹，元未
分別」〔註28〕可證，是以張氏似已將有物渾成之「渾淪」意境，誤視為未見
氣之「太易」狀態。

然惠言以太極生成天、地，天、地和合而後化生萬物，始有大衍之數推
算：「二篇之策，萬有一千五百二十，當萬物之數」〔註29〕之傳著，故所持蓋
為《左傳》載錄：「韓簡侍曰：龜，象也；筮，數也。物生而後有象，象而後
有滋，滋而後有數」〔註30〕之傳統「物（形）→象→數」理論。

惟劉牧為探索、解決，天、地之數生成八卦乃至萬物之源，則提出異於
韓簡侍之見，而獨創「數→象→形（物）」之識解：「夫卦者，聖人設之觀於象

〔註27〕 〔東周〕莊周撰，〔西晉〕郭象注，〔唐〕陸德明音義：〈內篇・齊物論第二〉，
《莊子》，收入《景印摛藻堂四庫全書薈要・子部第30冊・墨家類、道家類》
（臺北：世界書局，1988年），總第275冊，卷1，頁301。

〔註28〕 〔東漢〕鄭康成注：《易緯乾鑿度》，收入《景印摛藻堂四庫全書薈要・經部
第14冊・易類》（臺北：世界書局，1988年），總第15冊，卷下，頁507。

〔註29〕 〔三國・魏〕王弼注，〔唐〕陸德明音義，孔穎達正義：《周易經傳注疏》，收
入《景印摛藻堂四庫全書薈要・經部第1冊・易類》（臺北：世界書局，1988
年），總第2冊，卷11，頁262。

〔註30〕 〔西晉〕杜預注，〔唐〕陸德明音義，孔穎達正義：《春秋左氏傳注疏》，收入
《景印摛藻堂四庫全書薈要・經部第29冊・春秋類》（臺北：世界書局，1988
年），總第30冊，卷13，頁309。

也。象者，形上之應，原其本，則形由象生，象由數設，捨其數，則無以見四象所由之宗矣。」〔註31〕且劉牧「數→象→形（物）」之宗，洶然構築於「天一、地二、天三、地四」與天五相互之參伍以變，而後始立先天、形上之象與後天、形下器物之一脈聯結、衍變之因果，其中緣由，業已詳釋於前章諸節，然此恐為惠言所未察究而辨明者。

　　若此張氏方於敘末，抨擊劉牧「太極生兩儀」之圖，〔註32〕所設一、二、三、四之方，原該相對先天八卦乾☰、坤☷、坎☵、離☲之位，惟奇數一、三，卻列於離☲南、兌☱西之陰；偶數二、四，則居於坎☵北、震☳東之陽，致使陰、陽錯亂而不自知。然校核先天八卦示意圖：

圖 5-1-4 先天八卦圖〔註33〕

其四正之地，乾☰陽卦，駐南，即劉牧「〈河圖〉天地數」〔註34〕天一之府；坤☷陰卦，守北，為地二之鄉；離☲陰卦，戍東，乃地四之家；坎☵陽卦，紮西，則天三之營。以之參考前章，劉牧釋解〈河圖〉，涵潢先天、形上之詮，則奇、陽之數，應和先天陽卦；陰、耦之數，呼應先天陰卦，純然適得其所而毫無違忌。循此之要，接續覈勘後天八卦圖：

〔註31〕〔北宋〕劉牧撰：〈序〉，《易數鈎隱圖》，收入《景印摛藻堂四庫全書薈要‧經部第 14 冊‧易類》（臺北：世界書局，1988 年），總第 15 冊，頁 240。

〔註32〕〔北宋〕劉牧撰：《易數鈎隱圖》，卷上，頁 242。

〔註33〕〔清〕李塨撰：《周易傳註》，收入《景印文淵閣四庫全書‧經部 41‧易類》（臺北：臺灣商務印書館，1983 年），第 47 冊，卷 5，頁 164。

〔註34〕〔北宋〕劉牧撰：《易數鈎隱圖》，收入《景印摛藻堂四庫全書薈要‧經部第 14 冊‧易類》（臺北：世界書局，1988 年），總第 15 冊，卷下，頁 269。

圖 5-1-5 後天八卦示意圖〔註 35〕

其四正之南，為陰卦離☲，即劉牧「〈洛書〉五行生數」〔註 36〕地二之所；四正之西，乃陰卦兌☱，隸地四之基；四正之北，則陽卦坎☵，歸天一之宅；四正之東，猶陽卦震☳，屬天三之第。上章已驗劉牧視〈洛書〉蘊蓄形下器物之後天寓意，是以奇數對照後天陽卦，偶數映襯後天陰卦，誠然堪稱理所當然而順理成章。

惟張氏未知劉牧形而上、下之先、後天奧旨，故將「〈河圖〉天地數」比對於後天八卦方位，且以此訾詆劉牧昧犯陰陽駁雜之弊病。然而倘依張氏之邏輯研討，先天八卦之乾☰陽，位後天離☲南之陰方；先天坤☷陰，居後天坎☵北之陽位；先天離☲陰，處後天震☳東之陽境；先天坎☵陽，置後天兌☱西之陰向，若此，則豈非同然亦已卦、位，彼此陰、陽顛倒而失序？

張惠言所謂「易者，一也。一變而為七，⋯⋯，故曰九，九者究也」云云，蓋承鄭玄《易緯乾鑿度》之訓而藉以攻詰劉牧之旨。惟鄭注《易緯乾鑿度》：「易變而為一，一變而為七，七變而為九，九者氣變之究也。乃復變而為一，一者，形變之始，清輕上為天，濁重下為地。物有始，有壯，有究，故三畫而成乾☰，乾☰、坤☷相並俱生」〔註 37〕嘗釋：

〔註 35〕按本圖南宋・稅與權（？）謂之「中古演經八卦圖」，且又云「此文王後天八卦位。」〔南宋〕稅與權撰：〈天地自然本數〉，《易學啟蒙小傳》，收入《景印文淵閣四庫全書・經部 13・易類》（臺北：臺灣商務印書館，1983 年），第 19冊，頁 6。

〔註 36〕〔北宋〕劉牧撰：《易數鉤隱圖》，卷下，頁 270。

〔註 37〕〔東漢〕鄭康成注：《易緯乾鑿度》，收入《景印摛藻堂四庫全書薈要・經部第 14 冊・易類》（臺北：世界書局，1988 年），總第 15 冊，卷下，頁 507～508。

易，太易也。太易變而為一，謂變為太初也。一變而為七，謂變
為太始也。七變而為九，謂變為太素也。乃復變為一，「一」變誤
耳，當為「二」，二變而為六，六變而為八，則與上七、九意相協。
不言如是者，謂足相推明耳。九言氣變之究也，二言形之始，亦
足以發之耳。又言乃復之一，易之變一也，太易之變不惟是而已，
乃復變而為二，亦謂變而為太初。二變為六，亦謂變而為太始也。
六變為八，亦謂變而為太素也。九，陽數也，言氣變之終；二，
陰數也，言形變之始，則氣與形相隨，此也。初、太始之六，見
其先后耳。……一變而為七，是今陽爻之象，七變而為九，是今
陽爻之變；二變而為六，是今陰爻之變，六變而為八，是今陰爻
之象，七在南方，象火；九在西方，象金；六在北方，象水；八
在東方，象木，自太易至太素，氣也、形也，既成四象，爻備，
於是清輕上而為天，重濁下而為地，於是而開闢也。天、地之與
乾☲、坤☷，氣、形之與質，本同時，如表裏耳。以有形生於無形，
問此時之言，斯為之也。物於太初時如「始」，太始時如「壯」，
太素時如「究」，而后天、地開闢，乾☲、坤☷卦象立焉，三畫成
體象，卦亦然。〔註38〕

鄭玄言「易變而為一」之「易」，即太易；太易變而為一，則太易成太初也。
一變而七，蓋由太初變太始。七變為九，又自太始變成太素。惟「乃復變為
一」之「一」者，鄭玄以為應為「二」字之誤。且二變六、六變八，亦與前述
一變七、七變九之義，彼此相符。鄭玄稱原文雖不作「復變為二」之說，然觀
辭句文理，仍足以推明。且九為陽氣變化之末，二則陰氣形變之初，咸皆能
獲暢達而分辨。鄭玄稱原文之所以再提「乃復之一」，蓋喻重復回歸「太易變
一」之步驟，然太易之變，不獨「變一」而已，尚有「復變為二」之妙。易復
變為二，猶然太易變太初；二變成六，即如太初變太始；六變八，同然太始變
太素。九，陽數，談陽氣變化之終；二，陰數，語陰氣形變之始，二者之陳
敘，概為氣、形相隨之意趣表示。

　　鄭玄又解「一變而為七」，比類陽爻之象，「七變而為九」，曉告陽爻之變。

〔註38〕〔東漢〕鄭康成注：《易緯乾鑿度》，收入《景印摛藻堂四庫全書薈要‧經部
　　　　第 14 冊‧易類》（臺北：世界書局，1988 年），總第 15 冊，卷下，頁 507～
　　　　508。

「二變而為六」，即陰爻之變，「六變而為八」，則譬陰爻之象。七在南方，象火；九在西方，象金；六在北方，象水；八在東方，象木。自太易至太素，歷氣、形、質之嬗變而爻備，以成就四象。若然清輕者上為天，重濁者下為地，於是天、地得以進退、開合，產生化育萬物之功用。天、乾☰，地、坤☷之氣、形、質，各皆并存且互為表裡。「有形生於無形」之情，即相垺此語而無異。太初，猶若事物之「開端」；太始，仿佛「成長苗壯」；太素，則如「終極完備」。若此，天、地之道全然開展，故而制定乾☰、坤☷三畫卦，以效天、地之體象，縱使六畫卦之狀，亦為一般。

　　《易緯乾鑿度》錄記一變七變九，乃復變為一之「一」者，猶指「太初」之蘊。太初誠如太極，有物混成而陰、陽相互摻合，共成一氣。鄭玄即注：「此『一』，則元氣形見而未分者。夫陽氣內動，周流終始，然後化生『一』之形氣也。」〔註39〕惟鄭玄前云「易之變『一』也，太易之變不惟是而已，乃復變而為『二』，亦謂變而為太初。」若此綜觀鄭玄之釋可知，其謂「太易變太初」之「太初」，非但有一，尚且有二。一者奇也，屬陽，似陽儀「━」之象；二者偶也，隸陰，類陰儀「▪▪」之兆，景況之比擬，如同「太極是生兩儀」之陰、陽兩儀事例。是以鄭玄訓註之「太初」，概由模倣陽儀「━」、陰儀「▪▪」之「一」、「二」所組合。

　　「物有始、有壯、有究，故三畫而成乾☰」，鄭玄詮疏：「象一、七、九也。夫陽則言乾☰成者，陰則坤☷成可知矣。」〔註40〕如此一變七變九，陽動而成老陽乾☰，同理可知，陰動亦能成老陰坤☷。陽極而陰生，陰極則陽長，如此鄭玄前說一變七、七變九，是以復變二之「二」者，猶如「太初」所生陽儀「━」之「一」，其所相對陰儀「▪▪」之「二」，因而二變六、六變八，鄭玄即言彼此陰、陽義理相協。鄭玄且述「一變七為陽爻之象、七變九為陽爻之變，惟二變六為陰爻之變，六變八為陰爻之象。」若然，循此，殆能藉由以下之析辯，進而窺究鄭玄闡綜之矛盾。

　　鄭玄為求符契一變七，七變九，由小至大而成乾☰之順序，故云二變六，六變八而成坤☷。然《易緯乾鑿度》有載：「陽動而進，陰動而退，故陽以七，

〔註39〕〔東漢〕鄭康成注：《易緯乾鑿度》，收入《景印摛藻堂四庫全書薈要·經部第14冊·易類》（臺北：世界書局，1988年），總第15冊，卷上，頁502。
〔註40〕〔東漢〕鄭康成注：《易緯乾鑿度》，收入《景印摛藻堂四庫全書薈要·經部第14冊·易類》，總第15冊，卷上，頁502。

陰以八為象〔註41〕。」〔註42〕且鄭玄注曰：「陽動而進，變七之九，象其氣息也。陰動而退，變八之六，象其氣消也。」〔註43〕陽動而進，七之九，比象陽氣之生息；陽極陰生，變陰為八，陰動而退，則變八之六，代表陽氣消失。七、九、八、六，陰陽消息，循環往復。且〈繫辭〉敘錄：「象者，言乎象者也；爻者，言乎變者也。」〔註44〕若此鄭玄既稱「一變而為七，是今陽爻之象，七變而為九，是今陽爻之變」，意恉陽動氣息者；惟何以不依陰動氣消之說而謂「二變而為八，是今陰爻之象，八變而為六，是今陰爻之變」，反遵陽動而進，協附自小至大之次，竟言「二變而為六，是今陰爻之變，六變而為八，是今陰爻之象」？此其牴牾一也。

　　況《易緯乾鑿度》具陳：「一變而為七，七變而為九，九者氣變之究也。乃復變而為『一』」，此「一」即陽儀「━」之喻，鄭玄順理更改為「二」，「二」則陰儀「━ ━」之譬。今九者，已為陽氣之盡，因而復變為二，若此六者，亦為陰氣之窮，同然允當復變為一，是以筆者以為鄭玄此訓「二變而為六，六變而為八」之文，恐應修正為「二變而為八，八變而為六」，方洽「陰以八為象，陰動而退」之臬。

　　鄭玄注《易緯乾鑿度》：「孔子曰：……太極分而為二，故生天地。」〔註45〕猶謂：「七、九、八、六。輕清者，上為天，重濁者，下為地。」〔註46〕視太極所生「兩儀」為「七、九、八、六」，再由兩儀而生出天、地。惟鄭玄前語：「七在南方，象火；九在西方，象金；六在北方，象水；八在東方，象木，自太易至太素，氣也、形也，既成四象，爻備，於是清輕上而為天，重濁下而為地，於是而開闢也。」則於此又言「七、八、九、六」為「火、木、金、水」四象，且「七、九」爻備而清輕上為陽、為天；「八、六」爻備，重濁下為陰、

〔註41〕鄭玄注「象者，爻之不變動者。」〔東漢〕鄭康成注：《易緯乾鑿度》，收入《景印摛藻堂四庫全書薈要‧經部第14冊‧易類》，總第15冊，卷上，頁502。

〔註42〕〔東漢〕鄭康成注：《易緯乾鑿度》，收入《景印摛藻堂四庫全書薈要‧經部第14冊‧易類》，總第15冊，卷上，頁502。

〔註43〕〔東漢〕鄭康成注：《易緯乾鑿度》，收入《景印摛藻堂四庫全書薈要‧經部第14冊‧易類》，總第15冊，卷上，頁502。

〔註44〕〔三國‧魏〕王弼注，〔唐〕陸德明音義，孔穎達正義：《周易經傳注疏》，收入《景印摛藻堂四庫全書薈要‧經部第1冊‧易類》（臺北：世界書局，1988年），總第2冊，卷11，頁252。

〔註45〕〔東漢〕鄭康成注：《易緯乾鑿度》，卷上，頁500。

〔註46〕〔東漢〕鄭康成注：《易緯乾鑿度》，收入《景印摛藻堂四庫全書薈要‧經部第14冊‧易類》（臺北：世界書局，1988年），總第15冊，卷上，頁500。

為地。七、八、九、六四象，卦爻完備而分出天地。鄭玄詮解「七、九、八、六」四者，不祗為「兩儀」，尚且為四象，兩儀、四象混而為一；此其衝突二也。

再依鄭玄之釋：「太易變一，一者，太初之氣。」惟太初，分有陰、陽，故有：「易變而為一，一變而為七，七變而為九，復變而為二，二變而為六、六變而為八」之述。惟鄭玄箋「易變而為一，一變而為七，七變而為九」嘗云：「一，主北方，氣漸生之始，此則太初，氣之所生也。七，主南方，陽氣壯盛之始也，萬物皆形見焉，此則太始氣之所生也。（九）西方，陽氣所終究之始也，此則太素氣之所生也。」〔註47〕若此「二」亦為太初，氣之所生，則理當亦該猶如鄭玄上列之式而稱：「二，主南方，氣漸生之始，此則太初，氣之所生也。八，主東方，陰氣壯盛之始也，萬物皆形見焉，此則太始氣之所生也。六，主北方，陰氣所終究之始也，此則太素氣之所生也。」

然此一、二者，倘指陽儀「▬」、陰儀「▬▬」，則陰、陽兩儀各主南、北二方，乃與前稱兩儀之「七、九、八、六」，分居南、西、東、北四象之位誠相錯雜。惟一、二若僅明數而已，則天一居北，生出天七、南方之火，天九、西方之金；地二處南，生出地八、東方之木，地六、北方之水，亦與鄭玄〈繫〉注：「天一生水於北，地二生火於南，天三生木於東，地四生金於西，天五生土於中……」〔註48〕云云之論相悖。此其抵觸三也。

若然張惠言全然無視鄭玄「二變而為六，六變而為八」，舛午於「二變而為八，八變而為六」之「陰以八為象，陰動而退」之道；「七、九、八、六」亦是兩儀，且為四象之訛雜；四象生成之兩般諸說等淆紊不清，對立有三之詮註，逐而擇取以訾劉牧闡釋大衍「天五不用而用」之本義，筆者以為其理洶然有虧，當不足以道！

惟筆者推測，劉牧之所以不采鄭玄天地生成之說，殆與鄭玄「兩儀」、「四象」先後遞衍關係之晦昧訓解有關。且其「天一、地二、天三、地四」，四象生數，參天五以變之識，乃至「數→象→形（物）」之創，或可度同受鄭玄陳敘《易緯乾鑿度》之違伐而開悟，則抑恐說未定。

〔註47〕〔東漢〕鄭康成注：《易緯乾鑿度》，收入《景印摛藻堂四庫全書薈要·經部第14冊·易類》（臺北：世界書局，1988年），總第15冊，卷上，頁502。
〔註48〕〔東漢〕鄭康成注，〔唐〕陸德明音義，孔穎達正義：〈月令〉，《禮記注疏》，收入《景印摛藻堂四庫全書薈要·經部第50冊·禮類》（臺北：世界書局，1988年），總第51冊，卷14，頁334。

第二節　「其用四十有九」之脈絡疏通與《遺論九事》「大衍之數五十」、「蓍數揲法」之作者析辯

劉牧因惑韓康伯之〈繫傳〉簡本排次有誤，故而批判康伯、孔穎達之注疏，未明「天五不用」之理。且謂「天五並非不用，而乃合駕天一、地二、天三、地四，以為地六、天七、地八、天九之四象成數。四象皆含天五，天五納於四象，四象盡為天五之用，凡言四象，則天五已在其中。是以大衍之數五十，亦即天地之用數，其自天地之極數五十有五，減天地之五數而成。」惟大衍之數五十，牽繫天地陰陽卦象之蓍策筮算用數，然此用數，〈繫傳〉記云：「其用四十有九」，若然，本節將繼「大衍之數五十」而持續探討，劉牧於此之思想論述。並藉以比較、研索《遺論九事》「大衍之數五十」及「蓍數揲法」與劉牧關係之驗證。

一、劉牧「其用四十有九」之脈絡疏通

韓康伯於〈繫辭〉「大衍之數」，未言天地之數「減五」之由，已遭劉牧質疑。然康伯尚引王弼之述，以訓「其用四十有九」之旨：

> 王弼曰：「演天地之數，所賴者五十也。其用四十有九，則其一不用也。不用而用以之通，非數而數以之成，斯《易》之太極也。四十有九，數之極也。夫无不可以无明，必因於有，故常於有物之極，而必明其所由之宗也。」〔註49〕

王弼言：「推演天地之數，所賴者五十，唯其『一』不用，而所用者四十有九。此不用之『一』，即太易所生之太極，具『无』之義。然此『无』者，不可以无明，必因大衍去『一』，存留最大遺餘之數四十九，且掇此剩有之數，以推論演繹。是以不用『一』，而得用『四十九』以之通；非數之『无』，而得獲數『四十九』以之成，若此之釋，即能詮明天地萬物生成所由之道也。」韓康伯全然沿習王弼之說，惟孔穎達則依康伯注本，另采有漢以降諸儒之敘，相互勘校而疏：

> 京房云：「五十者，謂十日、十二辰、二十八宿也，凡五十。其一不用者，天之生氣，將欲以虛來實，故用四十九焉。」馬季長云：「易

〔註49〕〔三國・魏〕王弼注，〔唐〕陸德明音義，孔穎達正義：《周易經傳注疏》，收入《景印摛藻堂四庫全書薈要・經部1・易類》（臺北：世界書局，1988年），總第2冊，卷11，頁262。

有太極，謂北辰也。太極生兩儀，兩儀生日月，日月生四時，四時生五行，五行生十二月，十二月生二十四氣。北辰居位不動，其餘四十九，轉運而用也。」荀爽云：「卦各有六爻，六、八四十八，加〈乾〉☰、〈坤〉☷二用，凡有五十。〈乾〉☰初九『潛龍勿用』，故用四十九也。」鄭康成云：「天地之數五十有五，以五行氣通。凡五行減五，大衍又減一，故四十九也。」姚信、董遇云：「天地之數五十有五者，其六以象六畫之數，故減之而用四十九。」但五十之數，義有多家，各有其說，未知孰是。今案王弼云：「演天地之數，所賴者五十」，據王弼此說，其意皆與諸儒不同。萬物之策，凡有萬一千五百二十，其用此策推演天地之數，唯用五十策也。「一」謂自然，所須策者唯用五十，就五十策中，其所用揲蓍者，唯用四十有九。其「一」不用，以其虛无，非所用也，故不數之。顧懽同王弼此說，故顧懽云：「立此五十數，以數神，神雖非數，因數而顯，故虛其一數，以明不可言之義。」只如此意，則別无所以，自然而有此五十也，今依用之。〔註50〕

西漢·京房（77～37B.C.）解「大衍之數五十，其用四十有九」之意為：「大衍五十者，由十天干、十二地支、二十八星宿，三者合計而得。其一為天之生氣，將欲以虛求實，故不用，僅取四十九。」東漢·馬融（79～166）則語：「太易有太極，此太極名呼北辰，為『一』。太極生兩儀，為『二』；兩儀生日、月，為『二』；日、月生四時，為『四』；四時生五行，為『五』；五行生十二月，為『十二』；十二月生二十四節氣，為『二十四』，若此『一』、『二』、『二』、『四』、『五』、『十二』、『二十四』之計為『五十』。而北辰之『一』位不動，其餘四十九乃循環運行使用。」東漢·荀爽（128～190）猶陳：「各卦皆有六爻，六乘八卦之數得四十八，加之〈乾〉☰、〈坤〉☷二卦之用九、用六為『二』數，則為五十。〈乾〉卦☰初九『潛龍勿用』，故減此『一』者，而成四十有九。」鄭玄另箋：「天地之數五十有五，以五行氣通，故減五行之『五』而為大衍五十，大衍之數又減『一』，是以四十九也。」三國吳·姚信（？）、董遇（？）乃示：「天地之數五十有五者，其『六』以象卦畫之數，故減之而用四十九。」

〔註50〕〔三國·魏〕王弼注，〔唐〕陸德明音義，孔穎達正義：《周易經傳注疏》，收入《景印摛藻堂四庫全書薈要·經部1·易類》（臺北：世界書局，1988年），總第2冊，卷11，頁263。

　　孔穎達並舉上列漢代前、後《易》家之見，且稱：「『大衍之數五十，其用四十有九』之要，各有講論，未知孰是。然王弼另提『演天地之數，所賴者五十』云云之識，皆與眾口不同。其謂『比擬萬物之萬有一千五百二十之數，祇用五十策數以推衍天地。一者乃虛无自然之譬，不納於所用五十之中，故實際進行揲蓍之運算，僅僅四十九策。』南朝齊・顧懽（420～483）猶述：『立此五十之數，以推算神奇之變化，然神妙者雖非數字，惟因數字之變化而顯現其兆象，故虛其一不用，以明不可言喻之奧。』」穎達以為顧氏之詮同然王弼之訓，是以總結：「只有此般之敘，方能釋解其因，已無它類可加媲美，五十之數隸屬自然，今則據以從之。」

　　諸儒傳注，各有觀覽，是非難定。惟顧懽之情，相垺康伯摘掇王弼之理，何況穎達本即擷採康伯之籍，若此孔氏亦稟輔嗣之趣而正義：

王弼云：「演天地之數，所賴者五十」者，韓氏親受業於王弼，承王弼之旨，故引王弼云以證成其義。「演天地之數，所賴者五十」，謂萬物籌策，雖萬有一千五百二十，若用之推演天地之數，所賴者唯賴五十，其餘不賴也。但賴五十者，自然如此，不知其所以然。云「則其一不用」者，《經》既云「五十」，又云「其用四十九」也。既稱「其用」，明知五十之內，其「一」是不用者也。言「不用而用以之通」者，若全不用，理應不賴，此既當論用，所以并言不用。為用「五十」者，雖是不用，其有用從不用而來，以不用而得用也，故云「不用而用以之通」，所用者，則四十九蓍也。蓍所以堪用者，從造化虛无而生也。若无造化之生，此蓍何由得用也？言「非數而數以之成」者，太「一」〔註51〕虛无，无形无數，是非可數也。然有形之數，由非數而得成也。即四十九，是有形之數，原從非數而來，故將非數之一，總為五十，故云「非數而數以之成也。」言「斯易之太極」者，斯，此也。言此其一不用者，是易之太極之虛无也。无形，即无數也。凡

〔註51〕按摛藻堂版，此「一」字蠭漏，惟文淵閣本、清・阮元（1764～1849）校定本，皆載「太『一』虛无」，故逕予補葺。〔三國・魏〕王弼、〔東晉〕韓康伯注，〔唐〕陸德明音義，孔穎達疏：《周易注疏附略例》，收入《景印文淵閣四庫全書・經部1・易類》（臺北：臺灣商務印書館，1983年），第7冊，卷11，頁538。〔三國・魏〕王弼注，〔唐〕孔穎達等正義：《周易正義》，收入〔清〕阮元校定《十三經注疏附校勘記》（臺北：藝文印書館，2001年據嘉慶二十一年江西南昌府學重栞宋本影印），第1冊，頁153。

有皆從无而來，故易從太一為始也。言「无不可以无明，必因於有」者，言虛无之體，處處皆虛，何可以无說之，明其虛无也。若欲明虛无之理，必因於有物之境，可以知〔註52〕本虛无。……言「故常於有物之極，而必明其所由之宗」者，言欲明於无，常須因有物至極之處，而明其所由宗。若易由太極，有由於无，變化由於神，皆是所由之宗也。言有且何因如此，皆由於虛无自然而來也。〔註53〕

穎達指韓康伯親受業於王弼，〔註54〕故沿引王弼之辭，以證「演天地之數，所賴者五十」之義。孔氏稱「籌策萬物之數，雖有一萬一千五百二十，然施以推演天地之數者，祗有五十之策，其餘不用。惟何以自然而然僅取五十？尚不知其所以然也。而王弼『則其一不用』之詞，乃在章顯〈繫辭〉『大衍之數五十，其用四十有九』之文，已然明白告諭『五十之數，其一不用，惟用者，四十有九』之怡誼。」

「不用而用以之通」，孔穎達疏解：「倘咸皆不用，循理則全都不取，惟此既談及所用，故而同論其所不用。演算天地之用數五十，其一雖不用，然餘有用之四十九者，則因從一之不用而來，藉不用之一而成所用之四十九，是以『不用而用以之通』之語，即言實際采用四十九之著數，以使運算得以

〔註52〕按摛藻堂版、文淵閣版皆錄「『知』本虛无」，惟阮元校定本記為「『却』本虛无」，「却」作副詞，「正、恰」解釋，則其意與前兩本皆通，故筆者以摛藻堂版所載為主，取「『知』本虛无」。〔三國・魏〕王弼、〔東晉〕韓康伯注，〔唐〕陸德明音義，孔穎達疏：《周易注疏附略例》，收入《景印文淵閣四庫全書・經部1・易類》，第7冊，卷11，頁538。〔三國・魏〕王弼注，〔唐〕孔穎達等正義：《周易正義》，收入〔清〕阮元校定《十三經注疏附校勘記》，第1冊，頁153。

〔註53〕〔三國・魏〕王弼注，〔唐〕陸德明音義，孔穎達正義：《周易經傳注疏》，收入《景印摛藻堂四庫全書薈要・經部1・易類》（臺北：世界書局，1988年），總第2冊，卷11，頁264。

〔註54〕南宋・王應麟（1223～1296）有云：「〈繫辭〉，《正義》云：『韓氏親受業於王弼，承王弼之旨，故引弼云以證成其義。』愚考王弼終於魏正始十年，韓康伯，東晉簡文帝引為談客，二人不同時，相去甚遠，謂之親受業誤矣。」〔南宋〕王應麟撰，〔清〕閻若璩、何焯評註：《困學紀聞》，收入《景印文淵閣四庫全書・子部160・雜家類》（臺北：臺灣商務印書館，1985年），第854冊，卷1，頁151～152。按據王應麟考證，王弼歿於正始十年（249年4月前），惟東晉簡文帝，徵引康伯為談客，其時該當介於咸安一年（371年11月）～二年（372年7月前）之間，二者相距近百二十二年以上，若此孔穎達稱韓康伯親受業於王弼之說，誠然有誤。參閱方詩銘編：《中國歷史紀年表》（上海：上海辭書出版社，1980年），頁44，54。

通達之意。」若此穎達總結而云：「惟著策之用四十九數而能占筮者，蓋從自然虛无之『一』而生，倘無自然虛无『一』之產生，則此四十九著數，又將何由而可得用？」

詮釋「非數而數以之成」，則謂：「太一虛无，无形、數之狀，不可以數而示。然有形之數，則由非數而生成。猶如四十九策，是有形之數，本從非數而來，故將非數之『一』，加之四十有九而變五十之數，故云『非數而數以之成』。」

訓解「斯易之太極」，且述：「『斯』者，『此』也。惟此不用之『一』，本即虛无，亦為太極，若然『易之太極』，猶如『易之虛无』，无形則无數，凡有皆從无而來，是以易從太一開始。」

疏註「夫无不可以无明，必因於有」之諦，乃敘：「虛无之體，處處皆虛，若此無法說明虛无之狀，故而欲明虛无之道，必托於有物之境，反可以知其原為虛无之情。」

闡抉「故常於有物之極，而必明其所由之宗」者，尚陳：「欲明於无之道，則須循有物至極之處，以通曉所由之根。若如易由太極而始，有形肇端於无形，變化緣起於自然神妙，殆悉其淵原之所在。因此，凡論『有』之所以為『有』之義，咸皆源於虛无自然而來之奧。」

孔穎達審定康伯纂承王弼「大衍之數五十，其用四十有九」之詮註，雖奉「五十」之數本即自然之規，惟則未曉何以緣故如此。又言「『一』者，『太一』、『太極』，皆為虛无，無形、無數。」若此「易從太一而始」，猶如「易從太極、虛无而始」，是以「易」亦虛无，如同顧懽所稱「非數為神」之「神」者。

穎達更語：「因虛无之一，非數不用，惟揲著之用四十九數，乃由大衍之數五十，減去虛一所致，故〈繫辭〉撰次『其用四十有九』，而王弼則曰：『不用而用以之通』。況『有』皆自『無』而來，若此無用之一，加之有用之四十九而成大衍五十，是以王弼即云：『非數而數以之成』。」

孔穎達遵王弼意趣，訓不用之「一」者，為「易」、太一、太極、虛无、非數、自然。「易有太極」，比如「易又太極」，易與太極同屬無形天然之境；四十有九，乃為有形、有數之狀，且藉《老子》：「天下萬物生於有，有生於無」〔註55〕之教，以詮天地萬有一千五百二十之數，全賴四十九數揲著推衍

〔註55〕〔西漢〕河上公撰：〈去用第四十〉，《老子道德經》，收入《景印文淵閣四庫全書·子部361·道家類》（臺北：臺灣商務印書館，1985年），第1055冊，頁63。

而來，惟四十九數，則自虛无之太一、太極、「易」者而生。

　　然穎達循王弼、康伯、顧懽乃至輯錄京房等眾儒之述解，劉牧一概全然不睬尚且否定康伯沿襲王弼之論而提出己見：

> 今詳諸家所釋，義有多端，雖各執其說，而理則未允，敢試論之。韓氏注以虛一為太極，則未詳其所出之宗也。何者？夫太極生兩儀，兩儀既分，天始生一，肇其有數也，而後生四象，五行之數，合而為五十有五，此乃天地之極數也。今若以太極為虛一之數，則是大衍當用五十有四也，不然則餘五之數无所設耳。況乎大衍，衍天地之數也，則明乎後天地之數矣。大衍既後天地之數，則太極不可配虛其一之位也明矣。又「无不可以无明，必因於有」，是則以太極為无之稱，且太極者，元炁混而為一之時也，其炁已兆，非无之謂，則韓氏之注義亦迂矣。〔註56〕

劉牧以為太極即太初，元炁混而為一，始見氣之時，其炁已顯，非无之境。故疑康伯摭王弼之注，稱太極為虛一，不知其所據何來。且釋太極生兩儀，兩儀既分，即由天一而始，若此已然有數，繼而分存四象之生數一、二、三、四。再由生數與天五之變化以成四象、五行之老陰六、水；少陽七、火；少陰八、木；老陽九、金及土十之數，總一、二、三、四、五、六、七、八、九、十，合得天地之極數五十五。然五十有五減五形成大衍之數，又自大衍減一而為四十有九，以演繹天地萬物，是以劉牧謂大衍後於天地極數之證明矣。更云倘太極虛一，則天地之數僅祇五十有四之數，減五之餘，方契其用四十有九，惟五十四者，卻與〈繫辭〉天地之數五十有五相違，若此劉牧譏評韓康伯稟王弼所語「易始於太一、太極而為虛无」之注義，堪稱迂腐，不合情理。故而劉牧另具天地之數、大衍五十、其用四十有九與天一，彼此相互關聯之詮解：

> 天地之數，十有五居其內，而外斡五行之數四十也。今止用其四十九者，何也？蓋由天五為變化之始，散在五行之位，故中无定象。又天一居尊而不動，以用天德也。天德九也。天一者，象之始也，有生之宗也，為造化之主，故居尊而不動也；惟天三、地二、地四之數，合而成九陽之數也。天三，則乾☰之三畫；地二、地四，則坤☷之六畫也。地道无成而代有終，陽得兼陰之義也，故乾☰之三，

〔註56〕〔北宋〕劉牧撰：〈論上〉，《易數鉤隱圖》，收入《景印摛藻堂四庫全書薈要・經部第 14 冊・易類》（臺北：世界書局，1988 年），總第 15 冊，卷上，頁 250。

兼坤☷之六，成陽之九，幹運五行成數而通變化也，所以揲蓍之義
以象其數也。或問曰：「《易》云『坤元用六』，今則乾☰三兼之，是
坤☷之六无用乎？」答曰：「非也！在其中矣；此盖《易》舉其多數
而言之也。數六是少數，舉其多，則少可知矣。是知陽進而乾元用
九，陽退則坤元用六也。亦猶當期之日，惟合老陰、老陽之數，其
少陰、少陽之數，則在其中，舉多兼少，《易》義皆然矣。」〔註57〕
劉牧陳天地之數五十有五，由天一、地二、天三、地四、天五，計十五居於內，
外則圍繞五行成數地六、天七、地八、天九、地十，共四十。惟天五執變化樞
紐，散乎木、火、土、金、水五行之位，踞中无定象，故天地之數去五而存大
衍五十。然天一同於〈乾〉卦☰用九「見群龍無首」〔註58〕、「天德不可為首」
〔註59〕之蘊，備萬象生化肇始根本之稟付，猶如太初、太極之尊，位造化之主
而巍巍不動，是以大衍減一，祇用四十有九，若此劉牧繪製如下之圖以示：

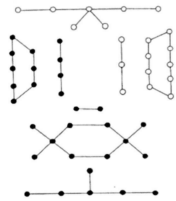

圖 5-2-1 其用四十有九第十六〔註60〕

又言生數地二、天三、地四，合得陽九之數；天三，比如乾☰之三畫；地二、
地四，猶為坤☷之六畫。〈坤☷・文言〉所載：「地道无成，而代有終」〔註61〕

〔註57〕〔北宋〕劉牧撰：〈論下〉，《易數鈎隱圖》，卷上，頁250～251。

〔註58〕〔三國・魏〕王弼注，〔唐〕陸德明音義，孔穎達正義：《周易經傳注疏》，收
　　　　入《景印摛藻堂四庫全書薈要・經部第1冊・易類》（臺北：世界書局，1988
　　　　年），總第2冊，卷1，頁30。

〔註59〕〔三國・魏〕王弼注，〔唐〕陸德明音義，孔穎達正義：《周易經傳注疏》，
　　　　收入《景印摛藻堂四庫全書薈要・經部第1冊・易類》，總第2冊，卷1，
　　　　頁33。

〔註60〕〔北宋〕劉牧撰：《易數鈎隱圖》，收入《景印摛藻堂四庫全書薈要・經部第
　　　　14冊・易類》（臺北：世界書局，1988年），總第15冊，卷上，頁249。

〔註61〕〔三國・魏〕王弼注，〔唐〕陸德明音義，孔穎達正義：《周易經傳注疏》，卷

之述，乃指陽得兼陰之義。若然陽數之九，則為乾☰之三爻，偕坤☷之六段而成。陽九斡運且通暢於四象、五行成數，六、七、八者之間，故而揲蓍其用四十有九之意趣，即在於六、七、八、九四象之數。

劉牧尚釋凡《易》舉多數而論者，已然隱含少數於其中。若然陽進猶如〈乾☰‧文言〉：「乾元用九」〔註62〕之道；陽退即為陰進，而云「坤元用六」，如此乾☰三，兼之坤☷六，以為陽九之數，誠非坤☷六不用，祇因涵於九數之內爾。劉牧謂其情狀，則相類〈繫辭〉：「乾之策，二百一十有六；坤之策，百四十有四，凡三百有六十，當期之日」〔註63〕之計算一般。句中以老陰坤☷之策，百四十有四；老陽乾☰之策，二百一十有六，二者相乘而得「當期之日」，三百有六十。惟該日數，亦同然包含少陰策數，百九十有二；少陽策數，百六十有八於其中，〔註64〕是以少陰、少陽二策相加，仍為三百六十之數。故舉多而兼少之《易》義諸例，洵然盡皆如是。

審覽前章及上述「其用四十有九」相關評斷與分析，可知劉牧定義「易」為太易，太易之始為太初、太極，亦即元炁混合之太一，非虛无之狀。與王弼、韓康伯、顧懽、孔穎達視「易」如太極、太一，虛无、非形、非數之識，全然不類更且相悖。

故由上述不同主張之校別，則可藉以核剖、比較《遺論九事》「大衍之數五十」、「蓍數揲法」與劉牧思想牽繫之考究。

二、《遺論九事》「大衍之數五十」、「蓍數揲法」之作者辨析

（一）《遺論九事》「大衍之數五十」之考辨綜述

覈勘附比《易數鈎隱圖》之《遺論九事》，所繪「大衍之數五十」圖：

2，頁 50。

〔註62〕〔三國‧魏〕王弼注，〔唐〕陸德明音義，孔穎達正義：《周易經傳注疏》，卷 1，頁 38、39。

〔註63〕〔三國‧魏〕王弼注，〔唐〕陸德明音義，孔穎達正義：《周易經傳注疏》，卷 11，頁 262。

〔註64〕按朱震有云：「以不變者論之，少陽之策二十有八，……少陰之策三十有二」。〔南宋〕朱震撰：《漢上易傳》，收入《景印摛藻堂四庫全書薈要‧經部第 2 冊‧易類》（臺北：世界書局，1988 年），總第 3 冊，卷 7，頁 699。若此一卦六爻，以計算式表示，則少陽之策數：$28 \times 6 = 168$；少陰之策數：$32 \times 6 = 192$；$168 + 192 = 360$，亦為當期之日。

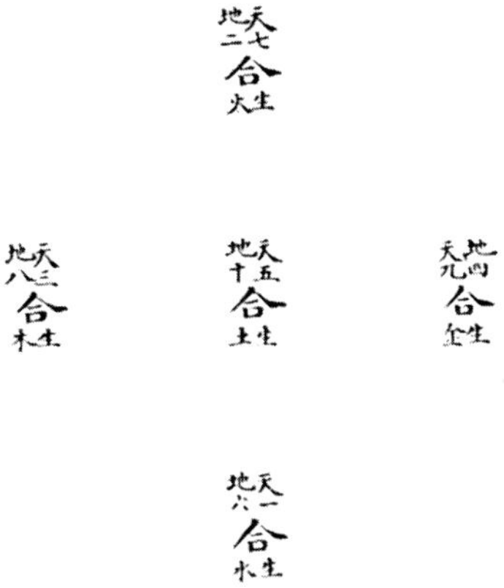

天二
地七 合 火生

天三
地八 合 木生

天五
地十 合 土生

天四
地九 合 金生

天一
地六 合 水生

圖 5-2-2 大衍之數五十第三 〔註65〕

及隨該圖之陳敘：「大衍之數五十，其用四十有九者，著之神用也。顯陰陽之
數，定乾☰、坤☷之策，成六十四卦，三百八十四爻也。四十九者，虛天一而
不用，象乎太極而神功不測也。」〔註66〕末了「虛天一而不用，象乎太極而
神功不測」之語，純然相類於王、韓、顧、孔一脈，尚且因循穎達之說，同訓
為：「此其一不用者，是易之太極之虛无」〔註67〕之意。續云：

> 生萬物者，木、火之數也；成萬物者，金、水之數也。土无正位，
> 寄王四季可知矣。聖人云「精炁為物，遊魂為變」，此之謂也。況天
> 地奇耦配合而生五行，雖覩合之之道，而不究生之之理，則五子何
> 得從而著之哉？是以五位虛五以成五行藏用之道，則大衍五十斷可
> 明矣。〔註68〕

考文中「生萬物者，……，此之謂也」之整段辭義，則乃裁取源於鄭玄：「精
氣謂七、八，游魂謂九、六。……言木、火之神，生物東、南；金、水之鬼，
終物西北」〔註69〕之注及孔穎達：「生物者，謂木、火，七、八之數也。成物

〔註65〕〔北宋〕劉牧撰：《遺論九事》，收入《景印摛藻堂四庫全書薈要·經部第14
　　　冊·易類》（臺北：世界書局，1988年），總第15冊，頁276。

〔註66〕〔北宋〕劉牧撰：《遺論九事》，收入《景印摛藻堂四庫全書薈要·經部第14
　　　冊·易類》，總第15冊，頁277。

〔註67〕〔三國·魏〕王弼注，〔唐〕陸德明音義，孔穎達正義：《周易經傳注疏》，收
　　　入《景印摛藻堂四庫全書薈要·經部1·易類》（臺北：世界書局，1988年），
　　　總第2冊，卷11，頁264。

〔註68〕〔北宋〕劉牧撰：《遺論九事》，頁277。

〔註69〕〔東漢〕鄭康成注，〔唐〕陸德明音義，孔穎達正義：〈樂記〉，《禮記注疏》，
　　　收入《景印摛藻堂四庫全書薈要·經部第51冊·禮類》（臺北：世界書局，
　　　1988年），總第52冊，卷37，頁153。

者，謂金、水，九、六之數也。則春、夏，生物也；秋、冬，成物也。故《易·繫辭》云『精氣為物，遊魂為變』也」〔註70〕之疏。更且融匯鄭注、孔疏之精要，纂為己論，輔翼釋解五行方位各自虛一，以備五行藏用虛五之理，進而得證天地五十五數，減之虛五而成大衍之數五十之根由。

虛五之虛者，即非形、非數，猶如虛天一之類也。惟其藉鄭、孔之說，以明天地之數除去虛五，而成大衍五十之示，已然與劉牧撰序天地之數五十有五，減「天五」實數而得之喻全然不類，況且劉牧本即不采鄭、孔大衍之要，何得又取二者之言，反驗「虛五」以辨大衍之詮哉？

故從以上兩處牴牾之研判，洵可評斷《遺論九事》「大衍之數五十」，絕非劉牧之作，祇能視為未知何人輯錄之不知名先儒箋注！然南宋·李衡（1100～1178）竟將《遺論九事》所記「虛天一而不用，象乎太極而神功不測也」以降之先儒陳述，視為劉牧章句而節刪具列於《周易義海撮要》：

> 劉牧謂：「天地之數十有五居其內，而外『幹』〔註71〕五行之數四十也。今止用四十九者，蓋由天五為變化之始，散在五行之位，故中无定象。又天一居尊而不動，以用天德也。天一者，象之始也，有生之宗也，為造化之主，故居尊而不動也。」又曰：「虛天一『之』不用，象太極而『成』功不測也。〔註72〕夫言五位者，奇、耦之位也；有合者，陰陽相合也。既陰陽相合而生五行，則必於五位之中，各有所『生』〔註73〕矣。至『於』〔註74〕天一與地六，合而生水；合之者，父母也，生之者，子也。言於父母數中，虛一為水，以表生子之用，亦猶大衍之虛也。夫如此，則地二、天七；天三、地八；

〔註70〕〔東漢〕鄭康成注，〔唐〕陸德明音義，孔穎達正義：〈月令〉，《禮記注疏》，收入《景印摛藻堂四庫全書薈要·經部第50冊·禮類》（臺北：世界書局，1988年），總第51冊，卷14，頁333。

〔註71〕按《易數鈎隱圖》書「幹」字。〔北宋〕劉牧撰：〈論下〉，《易數鈎隱圖》，收入《景印摛藻堂四庫全書薈要·經部第14冊·易類》（臺北：世界書局，1988年），總第15冊，卷上，頁250。

〔註72〕按此句原文：「虛天一『而』不用，象乎太極而『神』功不測也。」〔北宋〕劉牧撰：《遺論九事》，收入《景印摛藻堂四庫全書薈要·經部第14冊·易類》（臺北：世界書局，1988年），總第15冊，頁277。

〔註73〕按此字，《遺論九事》寫「主」字。〔北宋〕劉牧撰：《遺論九事》，收入《景印摛藻堂四庫全書薈要·經部第14冊·易類》，總第15冊，頁277。

〔註74〕按此字，《遺論九事》寫「如」字。〔北宋〕劉牧撰：《遺論九事》，收入《景印摛藻堂四庫全書薈要·經部第14冊·易類》，總第15冊，頁277。

地四、天九；天五、地十，合生之際，『各』〔註75〕『虛一以成金、木、水、火、土』而備五行之數者也。然每位虛一，非去之也，蓋五位父母，密藏五子之用，而欲成就變化，宣行鬼神者也。五行既能佐佑天地，生成萬物，是陰陽不可得而測也，況於人乎？故曰：『密藏五子之用也。』」〔註76〕

「又曰」二字之前，統屬劉牧《易數鉤隱圖》之辭；〔註77〕之後皆為《遺論九事》「大衍之數五十」之語。〔註78〕筆者以為，李衡《周易義海撮要》，仍采北宋·房審權（？）之《周易義海》損益而成，若此張冠李戴之謬，是否審權之際已然存在，誠然无可查考。惟洎「夫言五位者，奇、耦之位也」～「密藏五子之用也」，則恰可校勘補苴今本《遺論九事》缺漏之文字，猶尚屬堪稱有功。〔註79〕然此淆混訛竄之失，恐令後世學者一味不察，而積非承襲，如明·葉良佩（？）即犯此病而裒次：

劉牧謂：「天地之數，十有五居其內，而外幹五行之數四十也。今止用四十九者，蓋由天五為變化之始，散在五行之位，故中无定象；又天一居尊而不動，以用天德也。天一者，象之始也，有生之宗也，為造化之主，故居尊而不動也。」又曰：「虛天一之不用，象太極而成功不測也。夫言五位者，奇、耦之位也；有合者，陰陽相合也。既陰陽相合而生五行，則必於五位之中，各有所生矣。至於天一與地六，合而生水；合之者，父母也，生之者，子也。言於父母數中，虛一為水，以表生子之用，亦猶大衍之虛一也。夫如此，則地二、天七；天三、地八；地四、天九；天五、地十，合生之際，各虛一以成金、木、火、土而備五行之數者也。然每位虛一，非去之也，

〔註75〕按《遺論九事》寫「須各」，多一個「須」字。〔北宋〕劉牧撰：《遺論九事》，頁277。

〔註76〕〔南宋〕李衡刪增：《周易義海撮要》，收入《景印摛藻堂四庫全書薈要·經部第3冊·易類》（臺北：世界書局，1988年），總第4冊，卷7，頁266～267。

〔註77〕〔北宋〕劉牧撰：〈論下〉，《易數鉤隱圖》，收入《景印摛藻堂四庫全書薈要·經部第14冊·易類》（臺北：世界書局，1988年），總第15冊，卷上，頁250。

〔註78〕〔北宋〕劉牧撰：《遺論九事》，收入《景印摛藻堂四庫全書薈要·經部第14冊·易類》（臺北：世界書局，1988年），總第15冊，頁277。

〔註79〕按引文中，可補綴《遺論九事》「大衍之數五十第三」所遺佚之字，均以方塊□圈註標記。

蓋五位父母，密藏五子之用，而欲成就，宣行鬼神者也。五行既能佐佑天地，生成萬物，是陰陽不可得而測也，況於人乎？故曰：『密藏五子之用』也。」〔註80〕

衡量葉良佩與李衡於《遺論九事》「大衍之數五十」之搜羅，前者多了「大衍之虛『一』也」之「一」字。〔註81〕且遺逸「金、木、『水』、火、土」之「水」字及「成就『變化』」〔註82〕之「變化」二字，餘則盡皆一般。然葉、李所錄「各虛一以成金、木、（水）、火、土」諸字，筆者特與《遺論九事》之缺軼對比，另加補充檢討於下。

《遺論九事》之原文纂紀「須各□□□□□□、金、土」，〔註83〕計有十字，「各」字以下至「金、土」，中間有六字佚失。而李衡《周易義海撮要》之撰次，則為「各虛一以成金、木、水、火、土」十字，「各」前無「須」字，兩者僅「各」、「土」二字相符；惟葉良佩所著「各虛一以成金、木、火、土」，雖亦無「須」字，且同於李衡所記之序，然少一「水」字，卻與《遺論九事》沿「各」至「土」，包含比擬缺字之方塊數相垺，均為九字。

故為嘗試回復《遺論九事》之佚文，筆者則依其末「金、土」二字，相應接續後句「而備五行之數者也」〔註84〕之「備五行之數」為參考，並審酌李衡之世，近於《遺論九事》之流傳，況李衡自「各」至「土」之十字，具足「金、木、水、火、土」之五行，再者思慮歷來傳抄易生疏漏，倘將「須」字，加於李衡十字之前，則可合理推測《遺論》原文，本為「須各□□□□□□、金、土」十一字，惟因散失而成今本「須各□□□□□、金、土」十字之況，而李、葉之時，業已皆佚「須」字，且「金、木、水、火、土」之秩亦有變動，迄葉之際，又多失「水」字，是以根據《尚書‧洪範》：「一曰水、二曰火、三曰木、四曰金、五曰土」〔註85〕之次，以及鄭玄嘗云：「而五行自水

〔註80〕〔明〕葉良佩輯：《周易義叢》，收入《續修四庫全書‧經部‧易類》（上海：上海古籍出版社，1995年），第7冊，卷之13，頁515。

〔註81〕按《遺論九事》原文亦無「一」字。〔北宋〕劉牧撰：《遺論九事》，頁277。

〔註82〕按摛版《遺論九事》原文有「變化」二字。〔北宋〕劉牧撰：《遺論九事》，頁277。

〔註83〕〔北宋〕劉牧撰：《遺論九事》，頁277。

〔註84〕〔北宋〕劉牧撰：《遺論九事》，頁277。按李衡、葉良佩之輯本，接續之後句，均同於《遺論九事》。

〔註85〕〔西漢〕孔安國傳，〔唐〕陸德明音義，孔穎達正義：〈周書‧洪範〉，《尚書注疏》，收入《景印摛藻堂四庫全書薈要‧經部第15冊‧書類》（臺北：世界

始，火次之，木次之，金次之，土為後」〔註86〕之述，若此加以補綴《遺論》
而成「須各 虛一 以成 水、火、木、金、土，而備五行之數者也。」雖與李衡、葉氏
之載記，略有不同，然恐更當貼近原文之風貌，理无太過，相去抑應不遠。

（二）《遺論九事》「蓍數揲法」與劉牧關係之辨證

　　《遺論九事》「蓍數揲法」，亦相類於《遺論九事》「大衍之數五十」之情
態；其圖、敘如下：

圖 5-2-3 蓍數揲法第八〔註87〕

> 「大衍之數五十，其用四十有九」，蓋虛一而不用也。不用而用以之
> 通，非數而數以之成也。故將四十九蓍，兩手圍之，猶混沌未分之
> 際也。〔註88〕

開宗首句，即緣王弼、韓康伯、顧懽、孔穎達「其一不用，以其虛无，非所用
也」之趣，故云「虛一而不用也」。且「故將四十九蓍，兩手圍之，猶混沌未
分之際也」之語，則如唐‧崔憬（？）所言：「四十九數合而未分，是象太極
也」〔註89〕之意，均視「其用四十九數」為混沌未分之「太極」，尚與劉牧「太

　　　　書局，1988 年），總第 16 冊，卷 11，頁 252。

〔註86〕〔東漢〕鄭康成注，〔唐〕陸德明音義，孔穎達正義：〈月令〉，《禮記注疏》，
　　　　收入《景印摛藻堂四庫全書薈要‧經部第 50 冊‧禮類》（臺北：世界書局，
　　　　1988 年），總第 51 冊，卷 14，頁 332。

〔註87〕〔北宋〕劉牧撰：《遺論九事》，收入《景印摛藻堂四庫全書薈要‧經部第 14
　　　　冊‧易類》（臺北：世界書局，1988 年），總第 15 冊，頁 281。

〔註88〕〔北宋〕劉牧撰：《遺論九事》，收入《景印摛藻堂四庫全書薈要‧經部第 14
　　　　冊‧易類》，總第 15 冊，頁 281。

〔註89〕〔唐〕李鼎祚撰：《周易集解》，收入《景印文淵閣四庫全書‧經部 1‧易類》
　　　　（臺北：臺灣商務印書館，1983 年），第 7 冊，卷 14，頁 824。

極者，元炁混而為一之時也」及「其用四十有九」之論不同。若此已然明確可判，《遺論九事》「蓍數揲法」，斷非劉牧之作。惟李衡卻以為乃劉牧之說，而將「蓍數揲法」全文，纂錄於《周易義海撮要》，並標註作者為劉牧：

> 「大衍之數五十，其用四十有九」，蓋虛一而不用也。不用而用以之通，非數而數以之成也。故將四十九蓍，總而圍之，猶混沌未分之際也。「分而為二以象兩」，謂將蓍分於左右手中，以象天地也。「掛一以象三」，謂於左手取一存於小指中，象三才也。「揲之以四以象四時」，謂先將左手中蓍，四、四而數之也。「歸奇於扐以象閏」，謂四、四之餘者，合於掛一也。「五歲再閏，故再扐而後掛」者，謂將右手蓍，復四、四數之，其餘者，亦合掛於一處，故曰「後掛」也。如此一揲之，不「五」即「九」；二、三揲之，不「四」則「八」，盡其三揲，一爻成矣。十有八變，一卦成矣。劉牧〔註90〕

李衡編次之資料與《遺論九事》「蓍數揲法」之原文，稍有些許差異：《撮要》記「『總而』圍之」，《遺論》書「『兩手』圍之」〔註91〕；《撮要》謄「謂」字，《遺論》皆標「為」〔註92〕字；《撮要》載「合於掛一也」，《遺論》則「合於掛一『處』也」〔註93〕；《撮要》記「亦合『掛於』一處」，《遺論》著「亦合『於掛』一處」〔註94〕。若然兩造雖有諸字、序之不類，惟或恐傳抄所致，然不影響彼此內容之本義，實則全然相垺而弗違。

葉良佩猶如李衡之狀，同然「錯把馮京當馬涼」，亦輯錄全文於《周易義叢》，且指名作者為劉牧：

> 「大衍之數五十，其用四十有九」，蓋虛一而不用也。不用而用以之通，非數而數以之成也。故將四十九蓍，總而圍之，猶混沌未分之際也。「分而為二以象兩」，謂將蓍分於左右手中，以象天地也。「掛

〔註90〕〔南宋〕李衡刪增：《周易義海撮要》，收入《景印摛藻堂四庫全書薈要‧經部第3冊‧易類》（臺北：世界書局，1988年），總第4冊，卷7，頁268。

〔註91〕〔北宋〕劉牧撰：《遺論九事》，收入《景印摛藻堂四庫全書薈要‧經部第14冊‧易類》（臺北：世界書局，1988年），總第15冊，頁281。

〔註92〕〔北宋〕劉牧撰：《遺論九事》，收入《景印摛藻堂四庫全書薈要‧經部第14冊‧易類》，總第15冊，頁281。

〔註93〕〔北宋〕劉牧撰：《遺論九事》，收入《景印摛藻堂四庫全書薈要‧經部第14冊‧易類》，總第15冊，頁281。

〔註94〕〔北宋〕劉牧撰：《遺論九事》，收入《景印摛藻堂四庫全書薈要‧經部第14冊‧易類》，總第15冊，頁281。

一以象三」，謂於左手取一存於小指中，象三才也。「揲之以四以象
四時」，謂先將左手中蓍，四而數之也。「歸奇於扐以象閏」，謂四、
四之餘策，合於掛於一處也。「五歲再閏，故再扐而後掛」者，謂將
右手蓍，復四、四數之，其餘者，亦合掛於一處，故曰「後掛」也。
如此一揲之，不「五」即「九」；二、三揲之，不「四」則「八」，
盡其三揲，一爻成矣。十有八揲，一卦成矣。劉牧〔註95〕

核對《義叢》之敘與《遺論九事》「蓍數揲法」原文：《義叢》「『總而』圍之」，
《遺論》「『兩手』圍之」；《義叢》之「謂」字，《遺論》皆「為」字；《義叢》
「謂四、四之餘『策』，合於掛『於』一處也」《遺論》「為四、四之餘『者』，
合於掛一處也」〔註96〕；《義叢》「『其』餘者」，《遺論》「餘者」；《義叢》「亦
合『掛於』一處」，《遺論》「亦合『於掛』一處」；《義叢》「『盡』其三揲⋯⋯
十有八『揲』」，《遺論》「『盡』其三揲，⋯⋯十有八『變』」〔註97〕。雙方猶
然或因葉氏抄寫之故而生幾字之別，惟整體詞意，堪稱一般。

李衡、葉良佩於《易》學輯佚之采掇裒合，不可謂無功，然將先儒之說，
雜冠於劉牧之身，致使他人錯認劉牧，淪為前後詮解相悖不一之流者，若此
之過，誠不容不辨。猶如清‧胡世安（1593～1663）其於陳述「蓍數揲法」，
則幾近一字不遺，節刪抄襲《遺論九事》，惟卻隻字未提，所言出自何處：

「大衍之數五十，其用四十有九」，蓋虛一而不用也。不用而用以之
通，非數而數以之成也。故將四十九蓍，兩手圍之，猶混沌未分之
際也。「分而為二以象兩」，謂將蓍分於左右手中，以象兩儀也。「掛
一以象三」，謂於左手取一存於小指中，象三才也。「揲四以象四時」，
謂先將左手中蓍，四、四數之也。「歸奇於扐以象閏」，謂四、四之
餘者，合於掛一處也。「再扐而後掛」者，謂將右手蓍，復四、四數
之，餘者，亦合於掛一處，故云「後掛」也。如此一揲之，不「五」
則「九」；二、三揲之，不「四」則「八」，盡〔註98〕其三揲，一爻

〔註95〕〔明〕葉良佩輯：《周易義叢》，收入《續修四庫全書‧經部‧易類》（上海：
上海古籍出版社，1995年），第7冊，卷之13，頁516。
〔註96〕〔北宋〕劉牧撰：《遺論九事》，收入《景印摛藻堂四庫全書薈要‧經部第14
冊‧易類》（臺北：世界書局，1988年），總第15冊，頁281。
〔註97〕〔北宋〕劉牧撰：《遺論九事》，收入《景印摛藻堂四庫全書薈要‧經部第14
冊‧易類》，總第15冊，頁281。
〔註98〕按《易數鈎隱圖》，此字標寫為「盡」字，惟葉良佩記錄為「盡」字。

成矣。十有八變，一卦成矣。〔註99〕

況且所繪「蓍數揲法」圖，更是全然依循《遺論九事》「蓍數揲法」之圖而來：

圖 5-2-4 蓍數揲法圖〔註100〕

若然如同胡氏此類之例，倘有不識《遺論九事》「蓍數揲法」，本非劉牧之作者觀之，定然遭受李衡、葉良佩之謬舛左右，而誤以為胡氏所承，均源於劉牧之見，反淪於徵引訛失而發為笑談。

第三節　劉牧「七日來復」與《遺論九事》「復見天地之心」之省究

藉由《易數鈎隱圖》「大衍之數五十，其用四十有九」之思想脈絡研審，已然釐清《遺論九事》「大衍之數五十」、「蓍數揲法」與劉牧牽扯之疑惑。若然《鈎隱圖》之「七日來復」與《遺論》之「復見天地之心」，尚皆隸屬〈復〉卦䷗卦、彖之辭〔註101〕。是以沿襲前節之法，本節即就《鈎隱圖》「七日來復」、《遺論》「復見天地之心」，二者之旨趣條理進行解析、比對，以明確劉牧之立言綱領及與《遺論》之淵源分辯。

〔註99〕〔清〕胡世安撰：《大易則通》，收入《續修四庫全書‧經部‧易類》（上海：上海古籍出版社，1995 年），第 17 冊，卷 14，頁 315。

〔註100〕〔清〕胡世安撰：《大易則通》，收入《續修四庫全書‧經部‧易類》（上海：上海古籍出版社，1995 年），第 17 冊，卷 14，頁 315。

〔註101〕〔三國‧魏〕王弼注，〔唐〕陸德明音義，孔穎達正義：《周易經傳注疏》，收入《景印摛藻堂四庫全書薈要‧經部第 1 冊‧易類》（臺北：世界書局，1988 年），總第 2 冊，卷 5，頁 118。

一、劉牧「七日來復」之理論探研

地雷〈復〉卦䷗卦辭述及：「七日來復」〔註102〕，三國・王弼（226～249）
注云：「陽氣始剝盡至來復時，凡七日。」〔註103〕孔穎達正義曰：

「陽氣始剝盡」，謂陽氣始於〈剝〉䷖盡之後，至陽氣來復時，凡
經七日。觀注之意，陽氣從〈剝〉䷖盡之後，至於反復，凡經七
日。其注分明。如褚氏、莊氏並云：「『五月一陰生，至十一月一
陽生』，凡七月。而云『七日』，不云『月』者，欲見陽長須速，
故變月言日。」今輔嗣云「剝盡」至「來復」，是從盡至來復，經
七日也。若從五月言之，何得云「始盡」也？又〈臨〉卦䷒亦是陽
長而言八月，今〈復〉卦䷗亦是陽長，何以獨變月而稱七日？觀注
之意，必謂不然，亦用《易緯》六日七分之義，同鄭康成之說，
但於文省略，不復具言。案《易緯稽覽圖》云：「卦氣起〈中孚〉
䷼。」〔註104〕故〈離〉䷝、〈坎〉䷜、〈震〉䷲、〈兌〉䷹，各主其
一方，其餘六十卦，卦有六爻，爻別主一日，凡主三百六十日。
餘有五日四分日之一者，每日分為八十分，五日分為四百分，四
分日之一，又為二十分，是四百二十分。六十卦分之，六七四十
二，卦別各得七分，是每卦得六日七分也。〈剝〉卦䷖陽氣之盡，
在於九月之末，十月當純〈坤〉䷁用事，〈坤〉卦䷁有六日七分。
〈坤〉卦䷁之盡，則〈復〉卦䷗陽來，是從〈剝〉䷖盡至陽氣來復，
隔〈坤〉䷁之一卦六日七分，舉成數言之，故輔嗣言「凡七日」
也。〔註105〕

〔註102〕〔三國・魏〕王弼注，〔唐〕陸德明音義，孔穎達正義：《周易經傳注疏》，
　　　　收入《景印摛藻堂四庫全書薈要・經部第 1 冊・易類》，總第 2 冊，卷 5，
　　　　頁 118。

〔註103〕〔三國・魏〕王弼注，〔唐〕陸德明音義，孔穎達正義：《周易經傳注疏》，
　　　　收入《景印摛藻堂四庫全書薈要・經部第 1 冊・易類》，總第 2 冊，卷 5，
　　　　頁 118。

〔註104〕按劉牧於此援引孔穎達正義之文：「案《易緯稽覽圖》云：卦氣起於『艮、
　　　　巽』，離、坎、震、兌各主一方。」其「艮、巽」二字，恐傳抄誤植，依孔
　　　　氏原文，須改為「中孚」。〔北宋〕劉牧撰：〈論上〉，《易數鈎隱圖》，收入《景
　　　　印摛藻堂四庫全書薈要・經部第 14 冊・易類》（臺北：世界書局，1988 年），
　　　　總第 15 冊，卷中，頁 263。

〔註105〕〔三國・魏〕王弼，〔唐〕陸德明音義，孔穎達正義：《周易經傳注疏》，卷
　　　　5，頁 119。

褚、莊二氏以十二辟卦，五月天風〈姤〉卦☴，一陰生，歷六月天山〈遯〉☶、七月天地〈否〉☷、八月風地〈觀〉☴、九月山地〈剝〉☶、十月〈坤〉卦☷，至十一月地雷〈復〉卦☳，一陽生，凡七月，七爻變，按理為一爻主一月，當稱「七月來復」，惟謂「七日」不呼「七月」，乃因「欲見陽長須速，故變月言日。」然孔穎達則援引王弼「陽氣始於〈剝〉☶盡之後，至陽氣來復時，凡經七日」之釋，且依地澤〈臨〉卦☱，本屬十二消息陽長之卦，其卦辭：「至于八月有凶」〔註106〕，即以「八月」而名，反觀地雷〈復〉卦☳，亦為陽長，如何猶須卦辭易「月」改「日」？故而否定褚、莊二氏之論。

孔穎達依《易緯稽覽圖》記載：「卦氣起于〈中孚〉☲」之律，故而疏解：〈離〉☲、〈坎〉☵、〈震〉☳、〈兌〉☱，四卦各主一方，象徵春、夏、秋、冬，四時二十四節氣。惟一歲有三百六十五日四分日之一，以三百六十日分配其餘六十卦之三百六十爻，則一爻別主一日，一卦六爻獲有六日；另餘五日四分日之一，以一日八十分計，則 $5\ 日 \times 80 + \frac{1}{4}\ 日 \times 80 = 420$ 分，再均分於六十卦，每卦另得七分，合計一卦配有「六日七分」。孔穎達將之對照王弼：「陽氣始剝盡至來復時，凡七日」之文，且指其意，如同鄭玄嘗云：「〈復〉☳時，一陽生於陰之下，陽氣交，故《經》言『七日來復』。一，正之者也」〔註107〕之趣，並語二者本即皆采《易緯稽覽圖》「爻別主一日，每卦六日七分」之見，而王弼祇作簡略陳敘，故無詳細說明。

若此孔氏假十二辟卦為證，訓〈剝〉卦☶陽氣，終於九月之末，十月蓋屬純〈坤〉☷用事，〈坤〉卦☷既盡，接續〈復〉卦☳初陽來復，從〈剝〉卦☶至〈復〉卦☳，間隔〈坤〉☷之六日七分，惟舉整數「七日」表示，是以王弼注「凡七日」也。然穎達之撰，劉牧則前襃後貶而曰：

> 今「七日來復」之義，詳夫孔氏之疏，雖得之於前而又失之於後也。何哉？且《易》云「七日來復」，輔嗣之注又言「七日」，雖則引《經》注破褚氏、莊氏之誤，於義為得，末又引《易緯》、鄭氏「六日七分」，則其理又背《經》注之義，且《易緯》、鄭氏言每卦得「六日七分」，

〔註106〕〔三國‧魏〕王弼注，〔唐〕陸德明音義，孔穎達正義：《周易經傳注疏》，收入《景印摛藻堂四庫全書薈要‧經部第 1 冊‧易類》（臺北：世界書局，1988 年），總第 2 冊，卷 4，頁 102。

〔註107〕〔東漢〕鄭康成注：《易緯稽覽圖》，收入《景印摛藻堂四庫全書薈要‧經部第 14 冊‧易類》（臺北：世界書局，1988 年），總第 15 冊，卷上，頁 522。

則未詳「六日七分」能終一卦之義。〔註108〕

劉牧評《易緯稽覽圖》、鄭玄之箋述，雖言每卦分得「六日七分」，惟未具白「六日七分」，如何窮究一卦之情由，故雖贊孔穎達引證王弼「七日來復」之章句，以駁褚、莊二氏之舛戾，卻不擇取其循《易緯》、鄭玄「『六日七分』舉成數『七日』」之疏，更斥其理已悖離王弼注文之義。

劉牧雖反對褚、莊二氏「變月為日」之觀，然亦掇四正、十二辟卦之規，沿褚、莊「一爻主一月」之算，以批駁穎達援《易緯》每卦「六日七分」之非，其謂：

> 且坎☵、離☲、震☳、兌☱，四正之卦也，存四位，生乾☰、坤☷、艮☶、巽☴之卦，每位統一時，每爻主一月，此則四純之卦也。又若重卦，自〈復〉䷗至〈乾〉䷀，六爻而經六月也；自〈姤〉䷫至〈坤〉䷁，亦六爻而經六月也，則一爻而主一月也，昭昭矣。而云「六日七分」為義，則作疏者不思之甚也。〔註109〕

劉牧以三畫卦為純卦，四正即為四純卦。便用〈河圖〉所居四正坎☵、離☲、震☳、兌☱，衍生四隅乾☰、坤☷、艮☶、巽☴之法，而言四純各處一位，各統一時。一年四季，十二月，四純卦計四、三，十二爻，一爻則主一月。另摭十二辟卦之重卦為喻，自〈復〉䷗、〈臨〉䷒、〈泰〉䷊、〈大壯〉䷡、〈夬〉䷪、〈乾〉䷀，依序經六月、六爻之變；隨〈姤〉䷫、〈遯〉䷠、〈否〉䷋、〈觀〉䷓、〈剝〉䷖、〈坤〉䷁，歷六月，亦六爻之變，同然為一爻主一月。劉牧稱依上演繹之律，所得「一爻主一月」之結果，已然昭著明白，故據此而譏孔穎達藉《易緯》「爻別主一日」、「每卦六日七分」、「取成數言之」即如輔嗣「凡七日」之說等疏註，為「不思之甚」。

劉牧再采〈繫辭〉之文，誹議遵《易緯稽覽圖》、鄭玄一卦「六日七分」以解「七日來復」之誤：

> 且《經》為〈乾〉䷀、〈坤〉䷁二卦，老陽、老陰三百六十之數，當期之日，則不更別起數矣。卦之與爻則未詳《易緯》、鄭氏六日七分

〔註108〕〔北宋〕劉牧撰：〈論上〉，《易數鉤隱圖》，收入《景印摛藻堂四庫全書薈要‧經部第 14 冊‧易類》（臺北：世界書局，1988 年），總第 15 冊，卷中，頁263。

〔註109〕〔北宋〕劉牧撰：〈論上〉，《易數鉤隱圖》，收入《景印摛藻堂四庫全書薈要‧經部第 14 冊‧易類》（臺北：世界書局，1988 年），總第 15 冊，卷中，頁263。

之義也。夫陰、陽之爻，總有三百八十四焉，且《易緯》及鄭氏雖以〈坎〉☵、〈離〉☲、〈震〉☳、〈兌〉☱四正之卦之爻，減乎二十四之數，與當期之日相契，則又與聖人之辭不同矣。何以知之？且夫起子止亥，十二月之數，所以主十二卦之爻也。十二卦之爻者，自〈復〉䷗至〈坤〉䷁之位也。豈可取雜書、賢人之說，而破聖人之《經》義哉！〔註110〕

劉牧推崇孔子，致奉〈繫辭〉為《經》。其稱：「乾之策，二百一十有六；坤之策，百四十有四，凡三百有六十，當期之日。」〔註111〕源於〈繫辭〉，非從他書所出。況〈繫傳〉所記各卦、爻之間，皆未談及《易緯》、鄭玄六日七分相關之述。惟《易緯》、鄭玄將六十四卦之陰、陽三百八十四爻，扣減〈坎〉☵、〈離〉☲、〈震〉☳、〈兌〉☱，四正卦之二十四爻，得餘三百六十之數，雖契〈繫辭〉當期之日，然卻與孔聖辭義不類。若此劉牧反詰且陳十二消息卦之應，以明抵梧夫子之處。尚列十二消息起子洎〈復〉䷗、止亥迄〈坤〉䷁，凡十二月，相對十二卦，七十二爻，折算當期之日三百有六十，則為一爻攤五日，合計每卦三十日，而非每卦六日七分，是以劉牧依此詆斥：「豈可取雜書《易緯》、賢人鄭玄之言，而破孔聖〈繫辭〉真正之趣旨。」

劉牧先以「一爻主一月」之式攻駁穎達，又摘「一爻主五日」之類，抨擊孔疏。所擇十二辟卦，七十二爻，比例於〈繫辭〉「三百有六十，當期之日」之識，實根於《黃帝內經‧素問》：「五日謂之候，三候謂之氣，六氣謂之時，四時，謂之歲」〔註112〕之詮。唐‧王冰（710～804）於斯，曾有詳注：

日行天之五度則五日也；三候，正十五日也；六氣凡九十日，正三月也。設其多之矣，故十八候為六氣，謂之時也；四時，凡三百六十日，故曰「四時，謂之歲」也。〔註113〕

〔註110〕〔北宋〕劉牧撰：〈論下〉，《易數鉤隱圖》，卷中，頁265～266。

〔註111〕〔三國‧魏〕王弼注，〔唐〕陸德明音義，孔穎達正義：《周易經傳注疏》，收入《景印摛藻堂四庫全書薈要‧經部第1冊‧易類》（臺北：世界書局，1988年），總第2冊，卷11，頁262。

〔註112〕〔唐〕王冰注：〈六節藏象論篇第九〉，《黃帝內經素問》，收入《景印摛藻堂四庫全書薈要‧子部第9冊‧醫家類》（臺北：世界書局，1988年），總第254冊，卷3，頁42。

〔註113〕〔唐〕王冰注：〈六節藏象論篇第九〉，《黃帝內經素問》，收入《景印摛藻堂四庫全書薈要‧子部第9冊‧醫家類》，總第254冊，卷3，頁42。

王冰云太陽行天一度為一日，五日則行天五度。一候為五日，三候即十五日。每月各有節、中二氣，三候主一氣，六氣併有十八候，凡九十日合三月，稱為一時。四時計十二月，分二十四氣，總七十二候，三百六十日，故成一歲。若然劉牧據此十二辟卦，七十二爻，分派而獲一爻含五日，亦即一爻管一候也。

　　是以綜覽可知，劉牧之所以始終否定孔穎達，因襲《易緯》、鄭箋一卦「六日七分」，而取成數「七日」以釋「七日來復」之緣由，蓋因非僅《易緯》、鄭玄所提「爻別主一日」之範，尚存「一爻主一月」，「一爻主一候」之準者。倘就《易緯》、鄭注之同理見解判析，則當應抑有一卦「六月」、「六候」或「一月」之制。若此為避其偏頗與矛盾，劉牧既不揀《易緯》「爻別主一日」之法，且不用爻轄「一月」或「一候」之規，而另創其對「七日來復」之訓釋：

> 且夫「七日來復」者，十月之末，〈坤〉卦☷既終，陰已退，陽炁復生也。為天有十日，陽上生也，至七為少陽，陰陽交易而生，當陽復來之時，為老陰□□□□□，待經陰之數盡，至七日，少陽□□□□□□□□七日來復□則合《經》注之義也。〔註114〕

原文遺逸多字，不易了解其本旨，惟參考北宋‧李覯（1009～1059）評議劉牧之言：「然劉氏更以七為少陽，必經陰六之數盡，至七日，少陽乃生，斯又未善也。」〔註115〕則不難判斷劉牧本文之語意，蓋順其嘗敘：

> 故河圖陳四象而不言五行，洛書演五行而不述四象，然則四象，亦金、木、水、火之成數也。在河圖，則老陽、老陰、少陽、少陰之數是也；在洛書，則金、木、水、火之數也。〔註116〕

若然，即取〈洛書〉五行水、火、木、金之成數，猶如〈河圖〉四象六、七、八、九之老陰六、少陽七以闡「七日來復」。對照劉牧所繪「十日生五行并相生第五十五」之圖：

〔註114〕〔北宋〕劉牧撰：〈論上〉，《易數鉤隱圖》，收入《景印摛藻堂四庫全書薈要‧經部第14冊‧易類》，總第15冊，卷中，頁263。

〔註115〕〔北宋〕李覯撰，〔明〕左贊編：〈刪定易圖序論‧論四〉，《盱江集》，收入《景印文淵閣四庫全書‧集部34‧別集類》（臺北：臺灣商務印書館，1985年），第1095冊，卷4，頁62。

〔註116〕〔北宋〕劉牧撰：〈論中〉，《易數鉤隱圖》，收入《景印摛藻堂四庫全書薈要‧經部第14冊‧易類》，總第15冊，卷中，頁264～265。

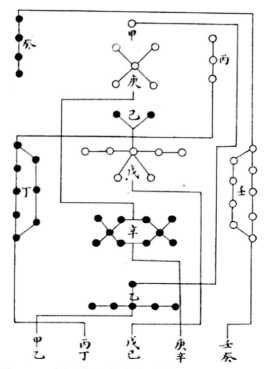

圖 5-3-1 十日生五行并相生第五十五〔註 117〕

畫中依白點為奇、黑點為偶表示。則左為三、八合，右則四、九併，下乃一、六聚，上且二、七會，中則五、十居；外圍即下六、左八、上七、右九之五行成數，相對亦為河圖老陰、少陰、少陽、老陽四象之數。圖內循陰、陽相生、相應之紀，以一、六合生水，水則生木，故配以甲陽1、乙陰6；三、八合生木，木則生火，故配以丙陽3、丁陰8；二、七合生火，火則生土，故配以戊陽7、己陰2；五、十合生土，土則生金，故配以庚陽5、辛陰10；四、九合生金，金則生水，故配以壬陽9、癸陰4。甲、乙為木，丙、丁為火，戊、己為土，庚、辛為金，壬、癸為水，十天干為十日，其陰陽五行，皆含其中，且劉牧有述：「天左旋者」〔註 118〕，天為陽為奇，左旋則其數自少陽七至老陽九；劉牧又謂：「地右動者」〔註 119〕，地為陰為偶，右動則其數自少陰八至老陰六，故老陰數六盡，則上接少陽七數生，若此即曉劉牧，何以稱之「為天有十日，陽上生也，至七為少陽，陰陽交易而生」之概。

〔註 117〕〔北宋〕劉牧撰：《易數鉤隱圖》，卷下，頁 271。

〔註 118〕〔北宋〕劉牧撰：《易數鉤隱圖》，卷上，頁 242。

〔註 119〕〔北宋〕劉牧撰：《易數鉤隱圖》，卷上，頁 242。

二、《遺論九事》「復見天地之心」與劉牧「七日來復」之思想校覈

　　劉牧反對孔穎達專固《易緯》「六日七分」之配卦，惟執「待老陰六數盡，至七日之時，少陽乃生」之持論，則與《遺論九事》「復見天地之心」以下之部分內容相類：

　　　　案虙犧〈龍圖〉，亥上見六，乃十月老陰之位也，陰炁至此方極，六者，陰數也。……六乃老陰之數，至於少陽來復，則七日之象明矣。……穎達云：「十月亥位，三十日。聖人不欲言『一月來復』，但舉一卦配定六日七分」者，非也。〔註120〕

「復見天地之心」猶然否定孔穎達「六日七分」之疏，其「六乃老陰之數，至於少陽來復，則七日之象明矣」句，近乎劉牧詮解「七日來復」之綱要，彼此或有些微同脈之識見。然則「復見天地之心」之主張：

　　　　且〈乾〉☰、〈坤〉☷為陰陽造化之主，「七日來復」，不離〈乾〉☰、〈坤〉☷二卦之體。〈乾〉☰之陽九也，〈坤〉☷之陰六也。自建子一陽生至巳，統屬於〈乾〉☰也；自建午一陰生至亥，統屬於〈坤〉☷也。子、午相去隔亥上之六，則六日也。〔註121〕

謂「〈乾〉☰陽九、〈坤〉☷陰六，為陰陽造化之主，『七日來復』則不離〈乾〉☰、〈坤〉☷二體之理。是以建『午』一陰生，為天風〈姤〉☴；建『未』二陰生，為天山〈遯〉☶；建『申』三陰生，為天地〈否〉☷；建『酉』四陰生，為風地〈觀〉☷；建『戌』五陰生，為山地〈剝〉☷；建『亥』六陰生，為純〈坤〉☷；建『子』一陽生，為地雷〈復〉☷。子、午相去，自『亥』逆時起算至『午』，計亥、戌、酉、申、未、午共六位，凡六日，亦即一爻值一日。」

　　其以十二辟卦為基，改月易日，一爻主一日之陳述，猶如褚、莊二氏之翻版，惟前章已知，劉牧本即不納如斯之釋。若然，縱使劉牧《易數鉤隱圖》所列代表地雷〈復〉卦☷之白、黑點綫圖：

〔註120〕〔北宋〕劉牧撰：〈論上〉，《遺論九事》，收入《景印摛藻堂四庫全書薈要‧經部第14冊‧易類》（臺北：世界書局，1988年），總第15冊，頁279。

〔註121〕〔北宋〕劉牧撰：〈論上〉，《遺論九事》，收入《景印摛藻堂四庫全書薈要‧經部第14冊‧易類》，總第15冊，頁279。

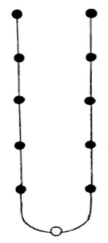

圖 5-3-2 七日來復第四十六〔註122〕

與《遺論九事》所設：

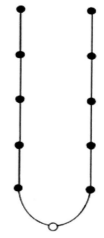

圖 5-3-3 復見天地之心第六〔註123〕

二者彼此一模一樣，然《遺論九事》采擇「一爻為一日」以訓〈復〉卦☷☳「七日來復」之法，業已如同孔穎達摘掇《易緯》「爻別主一日」之疏般，猶然迭遭劉牧取用「一爻主一月、一候」之攻訐。況「復見天地之心」又言：

　　〈既濟☲☵・六二〉云：「婦喪其茀，勿逐七日得。」《解微》云：「七

────────────

〔註122〕〔北宋〕劉牧撰：〈論上〉，《易數鈎隱圖》，收入《景印摛藻堂四庫全書薈要・經部第 14 冊・易類》（臺北：世界書局，1988 年），總第 15 冊，卷中，頁262。

〔註123〕〔北宋〕劉牧撰：《遺論九事》，收入《景印摛藻堂四庫全書薈要・經部第 14 冊・易類》（臺北：世界書局，1988 年），總第 15 冊，頁278。

日變成〈復〉䷗，所以寄言七日也。」又陸子云：「凡陰陽往復常在

七日」，以此質之，義可見矣。〔註124〕

其援《解微》〔註125〕及陸子〔註126〕之說，以證「七日來復」之義，殆與劉牧
前述末云「七日來復□則合《經》注之義也」〔註127〕之藉王弼注文，以相應
之結語不符。故而由「一爻為一日」及《解微》、陸子」兩處不類之分析，泂
然可證《遺論九事》「復見天地之心」之作者顯非劉牧，誠為不知名之先儒纂
著。然南宋‧張文伯（？）則將之視為劉牧所撰而稱：

建子之月，天輪左動、地軸右轉，一氣交感生於万物，明年冬至各

反其本，本者，心也。以二氣「观」之，則是陽進而陰退也。夏至，

「陽」氣復於巳；冬至，「陰」氣復於亥，故謂之反本。《易》曰：

「雷在地中，『復』」，動息也。復見天地心，反本也。天地養万物以

靜，為心不為，而物自為，不生而物自生，寂然不動，此〈乾〉䷀、

〈坤〉䷁之心也。然則《易》者，易也。剛柔相易，運行而不殆也。

陽為之主焉，陰進則陽減，陽「伏」則陰剝，晝「伏」則夜往，夜

至則晝「伏」，無時而不易也。聖人以是觀其變化也，生殺也。往而

復之，復之「然」差焉，故或謂陽復為天地之心者也。然天地之「中」

與物而見也，將求之而不可得也。子曰：「天下何思何慮？天下殊塗

而同歸，一「智」而百慮。」聖人之无心与天地者也，以物為之心

也，何己心之往哉？劉牧云〔註128〕

張文伯自《遺論九事》「復見天地之心」之〈論上〉「建子之月，天輪左動，地
軸右轉」開始，合併〈論下〉之語，至「以物為之心也，何己心之往哉」止，
全然誤以為乃劉牧之論；而所抄集之字句，又與「復見天地之心」原文，存有

〔註124〕〔北宋〕劉牧撰：〈論上〉，《遺論九事》，頁279。

〔註125〕按南宋‧馮椅（1140～1231）著「《解微》」條云：「《中興書目》『《周易解微》
三卷，不知作者，言八卦、〈繫辭〉。』」〔南宋〕馮椅撰：〈附錄一‧先儒著
述上〉，《厚齋易學》，收入《景印文淵閣四庫全書‧經部10‧易類》（臺北：
臺灣商務印書館，1983年），第16冊，頁833。

〔註126〕按「陸子」之言，遍查文獻，莫能確定屬何人之語。

〔註127〕〔北宋〕劉牧撰：〈論上〉，《易數鈎隱圖》，收入《景印摛藻堂四庫全書薈要‧
經部第14冊‧易類》，總第15冊，卷中，頁263。

〔註128〕〔南宋〕張文伯撰：〈復卦‧復見天地之心〉，《九經疑難》，收入《續修四庫
全書‧經部‧群經總義類》（上海：上海古籍出版社，1995年），第171冊，
卷之2，頁431～432。

如下諸般之差別：

原文「與」字，張文伯皆簡寫為「与」；原文「炁」字，張氏咸書為「氣」；原文「以二炁『言』之」之「言」，張氏改為「觀」字；原文「夏至『陰』炁復於巳」，之「陰」，文伯訛載為「陽」；原文「冬至『陽』炁復於亥」之「陽」，則錯登為「陰」；原文「《易》曰：雷在地中」無「復」字，張氏增衍之；原文「陽『復』則陰剝，晝『復』則夜往，夜至則晝『復』」之「復」字，文伯均標為「伏」；原文「復之『无』差焉」之「无」，則舛記為「然」字；原文「然天地之『心』」之「心」字，張氏謄錄為「中」；原文「一『致』而百慮」之「致」，文伯白字為「智」；原文「聖人之无心与天地『一』者也」之「一」字，此處遺漏。〔註129〕

惟張文伯欠缺考證所造成陰錯陽差之事狀，清‧李榮陛（？）亦出現同然之疏謬，其節刪《遺論九事》「復見天地之心」之詞且云：

「劉牧七日來復論」虙犧〈龍圖〉，亥上見六，乃十月老陰之位也。子午相去，隔亥上之六，則六日也。六乃老陰之數，至於少陽來復，則七日之象明矣。穎達但舉一卦配定六日七分者，非也。且〈既濟䷾‧六二〉云：「婦喪其茀，勿逐七日得。」《解微》云：「七日變成〈復〉䷗，所以寄言七日也。」又陸子云「凡陰陽往復，常在七日」，以此質之，義可見矣。〔註130〕

李榮陛相垺於張文伯，皆欲假劉牧「七日來復」之詮，以佐其個人之見，惟均名物混淆而誤導於後世學者。然許瑞宜雖有兩相比較，卻也忽略劉牧駁斥孔穎達「六日七分」，所賴「一爻為一月」之情由，居然定義「復見天地之心」之「一爻主一日」而謂：「此與《鈎隱圖‧七日來復圖》所持之論點相同。」〔註131〕若此許氏所犯之病，猶然相類於張、李二氏矣。

尤有甚者，則如南宋‧袁公輔（？），分毫無註裁翦來歷，逕自芟夷《遺論九事》「復見天地之心」而雜成己見，以釋「八月十五翫蟾輝，正是金精壯

〔註129〕按《遺論九事》「復見天地之心」原文，請參閱〔北宋〕劉牧撰：〈論上〉、〈論下〉，《遺論九事》，收入《景印摛藻堂四庫全書薈要‧經部第14冊‧易類》（臺北：世界書局，1988年），總第15冊，頁279。

〔註130〕〔清〕李榮陛撰：〈義圖總考二〉，《易續考》，收入《續修四庫全書‧經部24‧易類》（上海：上海古籍出版社，1995年），卷2，頁613。

〔註131〕許瑞宜：《劉牧易學研究》（臺南：臺南大學語文教育學系碩士論文，2006年），頁108。

盛時，若到一陽來起復，便堪進火莫延遲」：

> ……亥上見六，乃十月老陰之位，陰氣至此方極，六者，陰數也。
> 且〈乾〉䷀、〈坤〉䷁為陰陽造化之主，「故」七日來復「也」。建子
> 之月，天輪左「轉」、地軸右「旋」，一炁交感，生於萬物，明年冬
> 至，各反其本，故二炁言之，則是陽進而陰退也。夏至，「陽」氣復
> 於巳；冬至，「陰」氣復於亥，故謂之反本。〔註132〕

袁氏多了連詞「故」、語氣助詞「也」，並將左「動」，易為左「轉」；右「轉」
換成右「旋」。訛文在於「夏至，『陰』炁復於巳」之「陰」字，謬書為「陽」；
「冬至，『陽』炁復於亥」之「陽」字，誤寫為「陰」，疾疢盡與張文伯同，惟
袁氏後於文伯，莫知其抄襲是否沿於張氏之處？

　　清·顧炎武（1613～1682）曾云：「凡述古人之言，必當引其立言之人。
古人又述古人之言，則兩引之，不可襲以為己說也。」〔註133〕張文伯、李榮
陞乃至許瑞宜，雖無違方條例，惟皆粗疏大意，研審不備，錯將前儒之言引
為劉牧之談。然袁氏之不良，則恐已全然淪降於「襲以為己說」之輩與！筆
者詳予分析《遺論九事》「復見天地之心」之〈論下〉全文：

> 《易》曰：「雷在地中」，動息也。復見天地心，反本也。天、地養
> 萬物，以靜為心，不為而物自為，不生而物自生，寂然不動，此〈乾〉
> ䷀、〈坤〉䷁之心也。然則《易》者，易也。剛柔相易，運行而不殆
> 也。陽為之主焉，陰進則陽減，陽復則陰剝，晝復則夜往，夜至則
> 晝復，无時而不易也。聖人以是觀其變化也、生殺也，往而復之，
> 復之无差焉。故或謂陽復為天、地之心者也。然天、地之心與物而
> 見也，將求之而不可得也。子曰：「天下何思何慮？天下殊塗而同
> 歸，一致而百慮。」聖人之无心，與天、地一者也，以物為之心也，
> 何己心之往哉？故有以求之不至矣；无以求之，亦不至矣。是以大
> 聖人无而有之，行乎其中矣（□□□□……〔註134〕）〔註135〕

〔註132〕作者不詳：〈絕句上·二十九〉，《修真十書悟真篇》，收入李一泯編校：《道藏》（北京、上海、天津：文物出版社、上海書店、天津古籍出版社，1988年），第 4 冊，卷之 27，頁 730。

〔註133〕〔清〕顧炎武撰：〈述古〉，《日知錄》，收入《景印文淵閣四庫全書·子部 164·雜家類》（臺北：臺灣商務印書館，1985 年），第 858 冊，卷 20，頁 849。

〔註134〕按原文之末，淪佚諸字，惟字數如何，無從判斷。

〔註135〕〔北宋〕劉牧撰：〈論下〉，《遺論九事》，收入《景印摛藻堂四庫全書薈要·經部第 14 冊·易類》（臺北：世界書局，1988 年），總第 15 冊，頁 279。

「反本」一詞，源於王弼之注：「復者，『反本』之謂也」〔註136〕。整段「天、地養萬物，以靜為心，不為而物自為，不生而物自生，寂然不動，此『〈乾〉☰、〈坤〉☷』之心也。」可謂全然抄錄孔穎達之原疏，〔註137〕其間僅將「天、地」改以「〈乾〉☰、〈坤〉☷」，餘者咸皆一般。再者，參照春秋·卜商子夏（507～400B.C）之述：

> 《易》者，易也。剛柔相易，運行而不殆也。陽為之主焉，陰「過」則陽「滅」，陽復則陰剝，晝復則夜往，夜至則晝「往」，無時而不易也。聖人以是觀其變化、生殺也，往而復之也，而无差焉。謂陽「生」而為天地之心。天地之心與物而見也，將求之而不可得也。子曰：「天下何思何慮？天下殊塗而同歸，一致而百慮。」聖人之與天地並也，以（萬）物為之心也，何己心之往哉？故有以求之不至矣；無以求之，亦不至矣。是聖人无而有之，而《易》行乎其中矣，可無辨乎？〔註138〕

取「復見天地之心」，洎《易》者，易也，迄結尾「行乎其中矣」之章句，以「復文」簡稱，子夏本文，則喚作「夏文」，而將兩者相互對比：

復文「陰『進』則陽『滅』」，夏文「陰『過』則陽『滅』」。

復文「夜至則晝『復』」，夏文「夜至則晝『往』」。

復文「聖人以是觀其變化『也』」，夏文無「也」字。

復文「往而復之，『復之』无差焉。」夏文「往而復之『也』，『而』无差焉。」

復文「『故或』謂陽『復』，為天地之心者也。」夏文「謂陽『生』而為天地之心。」復文「『然』天地之心與物而見也」，夏文無「然」字。

復文「聖人之『无心』，與天地『一者』也」，夏文「聖人之與天地『並』也」。

復文「以物為之心也」，夏文「以『萬』物為之心也」。

復文「是『以大』聖人无而有之，行乎其中矣。」夏文「是聖人无而有之，

〔註136〕〔三國·魏〕王弼注，〔唐〕陸德明音義，孔穎達正義：《周易經傳注疏》，收入《景印摛藻堂四庫全書薈要·經部第1冊·易類》（臺北：世界書局，1988年），總第2冊，卷5，頁118。

〔註137〕按孔穎達原疏：「天、地養萬物，以靜為心，不為而物自為，不生而物自生，寂然不動，此『天、地』之心也。」〔三國·魏〕王弼注，〔唐〕陸德明音義，孔穎達正義：《周易經傳注疏》，卷5，頁119。

〔註138〕〔周〕卜子夏撰：《子夏易傳》，收入《景印文淵閣四庫全書·經部1·易類》（臺北：臺灣商務印書館，1983年），第7冊，卷3，頁38。

而『《易》』行乎其中矣，『可無辨乎』？」

「復見天地之心」，雖有增、刪、改換、佚失諸字、詞，惟整段文義，猶然與子夏內容合契，毫無區別，顯然該段文句，亦純然采摘於《子夏易傳》。

是以綜觀《遺論九事》「復見天地之心」之〈論下〉全篇，除「《易》曰：『雷在地中』，動息也。復見天地心」及中間加入承接上、下文之連詞「然則」、「故或」，洵為作者本身之詞語，餘則概由王弼、孔穎達、子夏三者注疏傳文之串連。若此《遺論九事》「復見天地之心」之作者，儼然早已位列袁公輔之首，表率引領「襲以為己說」之尤矣；然張文伯更且錯上加錯，竟將全文舛出劉牧之手，致使後人曲解而誤以劉牧所為也。

第四節 歷代諸家「七日來復」之考校與批判劉牧創見之覈辯

《遺論九事》「復見天地之心」，藉十二辟卦之由，沿褚、莊二氏之說，掇拾「一爻主一日」之識，且循《解微》、「陸子」之言，以詮證「七日來復」，誠與劉牧釋解之陳論及依據相為抵牾。況「復見天地之心」，尚有抄襲王弼、孔穎達、子夏評述之情事，若然，其作者洵非劉牧，實可謂昭昭而無惑。惟歷代各家，於「七日來復」之箋注，猶別立千秋，互出見地，更有評斷劉牧之非者，故本節即就此而進行分析與審辨，以釐比諸般紛紛之繆轕。

一、諸家「七日來復」之研求省校

歷來早於劉牧之各家，其訓「七日來復」，概多以「七日」或「七月改以七日」而議者，如子夏云：

> 〈乾〉䷀之〈姤〉䷫，剝陽之初九，陽道消也。極六位而反於〈坤〉
> ䷁之〈復〉䷗，其數七日，其物陽也。陽統陰之理也，陽雖消而復
> 之，不遠之而不絕也。〔註139〕

卜子夏依〈乾〉卦䷀，極六位之陽消迄〈坤〉䷁，乃至〈復〉卦䷗一陽生，計七爻之變，其數則為七日，即「一爻為一日」之說。京房講「七日來復」謂之

〔註139〕〔東周〕卜子夏撰：《子夏易傳》，收入《景印文淵閣四庫全書・經部 1・易類》（臺北：臺灣商務印書館，1983 年），第 7 冊，卷 3，頁 38。

「六爻反覆之稱」〔註140〕，東漢‧陸績（188～219）注曰：

> 七日，陽之稱也。七、九稱陽之數也。謂〈坤〉䷁上六陰極，陽戰
> 之地，陰雖不能勝陽，然正當盛，陽不可輕犯，六陽涉六陰反下七，
> 爻在初，故稱七日，日亦陽也。〔註141〕

觀京、陸二氏之語，亦主一爻為一日之示。三國吳‧虞翻（164～233）稱：

> 謂〈乾〉䷀成〈坤〉䷁，反出於震䷲而來〈復〉䷗，陽為道，故復
> 其道。剛為晝日，消〈乾〉䷀六爻為六日，剛來反初，故七日來復，
> 天行也。〔註142〕

虞翻指陽爻為剛，表晝日，〈乾〉卦䷀自初至上，經六爻變而成〈坤〉䷁，為
六日，又陽剛反出於初爻，而成下卦震䷲之〈復〉卦䷗，故七日來復，天行之
道。其同主一爻為一日之詮。唐‧侯果（？）則釋：

> 五月天行至午，陽復而陰升也。十一月天行至子，陰復而陽升也。
> 天地運往，陰陽升復，凡歷七月，故曰「七日來復」，此天之運行也。
> 〈豳〉詩曰：「一之日觱發；二之日栗烈。一之日，周之正也；二之
> 日，周之二月也，則古人呼月為日，明矣。〔註143〕

侯果以十二辟卦陰陽之消息，論五月建午，陽伏陰升，至十一月建子，陰伏
陽升，凡歷七月。且援西漢‧毛亨（？）於〈豳風‧七月〉：「一之日，周正月
也，觱發風寒也。二之日，殷正月也，栗烈寒氣也」〔註144〕之傳，以印古人
呼月為日之證。南宋‧王應麟（1223～1296）嘗訓：「『一之日，周正月也。』
建子；『二之日，殷正月也。』建丑」，〔註145〕若此侯果所云「一之日，周之

〔註140〕〔西漢〕京房撰，〔東漢〕陸績注：《京氏易傳》，收入《景印摛藻堂四庫全
　　　　書薈要‧子部第 19 冊‧數術類》（臺北：世界書局，1988 年），總第 264 冊，
　　　　卷中，頁 15。

〔註141〕〔西漢〕京房撰，〔東漢〕陸績注：《京氏易傳》，收入《景印摛藻堂四庫全
　　　　書薈要‧子部第 19 冊‧數術類》，總第 264 冊，卷中，頁 15。

〔註142〕〔唐〕李鼎祚撰：《周易集解》，收入《景印文淵閣四庫全書‧經部 1‧易類》
　　　　（臺北：臺灣商務印書館，1983 年），第 7 冊，卷 6，頁 693。

〔註143〕〔唐〕李鼎祚撰：《周易集解》，收入《景印文淵閣四庫全書‧經部 1‧易類》
　　　　（臺北：臺灣商務印書館，1983 年），第 7 冊，卷 6，頁 693。

〔註144〕〔東漢〕鄭康成箋，〔唐〕陸德明音義，孔穎達疏：〈國風‧豳‧七月〉，《毛
　　　　詩注疏》，收入《景印摛藻堂四庫全書薈要‧經部第 22 冊‧詩類》（臺北：
　　　　世界書局，1988 年），總第 23 冊，卷 15，頁 386。

〔註145〕〔南宋〕王應麟撰：〈天道類‧一之日 二之日〉，《小學紺珠》，收入《景印
　　　　文淵閣四庫全書‧子部 254‧類書類》（臺北：臺灣商務印書館，1985 年），

正」，為子月；「二之日，周之二月」，為丑月，一日即周正月，二日則周二月，本該一爻為一月，應呼「七月來復」，惟古有以「月」稱「日」之例，是以喚之「七日來復」。其說類於孔穎達所引褚、莊二氏「改月為日」之見，然卻異於「欲見陽長須速，故變月言日」之意。唐・李鼎祚（？）解「七日來復」則曰：

> 案《易軌》：「一歲，十二月，三百六十五日四分日之一。以〈坎〉
> ☵、〈震〉☳、〈離〉☲、〈兌〉☱四方正卦，卦別六爻，爻生一氣，
> 其餘六十卦，三百六十爻，爻主一日，當周天之數，餘五日四分日
> 之一，以通閏餘者也。」〈剝〉卦☶，陽氣盡於九月之終，至十月末，
> 純〈坤〉☷用事，〈坤〉卦☷將盡，則〈復〉☳陽來，隔〈坤〉☷之
> 一卦，六爻為六日，復來成震☳，一陽爻生，為七日，故言「反復
> 其道，七日來復」，是其義也。天道玄邈理絕，希慕先儒已論，雖各
> 指於日、月，後學尋討猶未測其端倪，今舉約文，略陳梗概，以候
> 來哲，如積薪者也。〔註146〕

李鼎祚循《易軌》「爻主一日」之記，以別孔穎達沿鄭玄注《易緯稽覽圖》「六日七分」舉成數之述，〔註147〕而謂自〈剝〉卦☶陽盡，隔〈坤〉卦☷六爻為六日，至〈復〉☳，下卦成震☳，一陽初來，計有七日，故〈象〉言「反復其道，七日來復。」

李氏釋「七日來復」，雖亦持「一爻為一日」之說，惟稱仰慕之先儒已各有日、月創論，是以自謙天道玄邈理絕，己見猶未窺其端倪，不知孰者為是，故僅略舉梗概，以俟來哲辨析。

宋初王昭素（894～982）兼綜諸家之知，另以〈乾〉☰、〈坤〉☷兩卦，統轄十二月之觀念，提出「七日來復」之見識：

> 〈乾〉☰有六陽，〈坤〉☷有六陰。一陰自五月而生，屬〈坤〉☷，
> 陰道始進，陽道漸消。九月，一陽在上，眾陰剝物，至十月，則六

第948冊，卷1，頁402。

〔註146〕〔唐〕李鼎祚撰：《周易集解》，卷6，頁692。

〔註147〕按張書豪云：「《易軌》所言當即《易緯稽覽圖》的『一爻直一日』之語，筆者以為恐有商榷之處。《易緯稽覽圖》「六日八十分之七」，鄭玄注「一卦六日七分」，換算每爻當值一日六分之七，與李鼎祚引《易軌》「一爻主一日」，似有落差。張書豪：〈京房《易》災異理論探微〉，《成大中文學報》第57期（2017年6月），頁7，註14。

陰數極，十一月，一陽復生。自〈剝〉䷖至十一月，隔〈坤〉䷁之六陰，陰數既六，過六而七，則位屬陽，以此知過〈坤〉䷁六位即六日之象也。至於〈復〉䷗為七日之象。〔註148〕

王昭素猶然以十二辟卦之理，為其詮解之基礎。其謂一陰自五月而生，迄九月，一陽在上，眾陰剝物，即為〈剝〉卦䷖之時，至十月，六陰數極，則為〈坤〉卦䷁之際，而此陰道始進，陽道漸消之歷程，皆通管於〈坤〉卦䷁；迨十一月，一陽再生為〈復〉卦䷗，惟九月〈剝〉卦䷖，經十月〈坤〉䷁，而臨十一月〈復〉䷗，其間之〈坤〉卦䷁六陰，陰數即偶為六，過六而七為奇、為〈復〉卦䷗初爻，其位屬陽，故由此而知，〈坤〉䷁六位喻六日，至〈復〉䷗，則已七日之象。

王昭素之敘，近似上節《遺論九事》「復見天地之心」：「一爻主一日」之述，且亦同然否定孔穎達「六日七分」之言而評：

疏引《易緯》「六日七分」，以十月純陰用事，有六日七分，〈坤〉卦䷁之盡，則〈復〉卦䷗陽來。疏文此說未甚雅。當其六日七分，是六十四卦分配一歲之中，時日之數。今〈復〉卦䷗是〈乾〉䷀、〈坤〉䷁二卦，陰陽反復之義。疏若實用六日七分，以為〈坤〉卦䷁之盡，〈復〉卦䷗陽來，則十月之節終，則一陽便來也，不得到冬至之日矣。據其節終，尚去冬至十五日，則知七日之義，難用《易緯》之數矣。〔註149〕

昭素視〈復〉卦䷗，為〈乾〉䷀、〈坤〉䷁二卦，陰陽反復之道。其云十月〈坤〉卦䷁用事，立冬、小雪之節氣結束，接十一月，即值〈復〉卦䷗，一陽便來，何須等待十一月之中氣冬至降臨，方始一陽而生？況十月中氣小雪完畢，續十一月大雪起頭，距冬至尚有十五日之遙！故昭素以為，倘依孔疏，採《易緯稽覽圖》每卦六日七分計，實則難解「七日來復」之奧。

後於劉牧之北宋・王洙（997～1057），其談「七日來復」：

孔穎達雖據《稽覽圖》以釋王傳，而《易緯》消息之述，月有五卦，卦有大小，有諸侯、有大夫、有卿、有公、有辟。五卦分爻，迭主

〔註148〕〔南宋〕朱震撰：〈〈復〉䷗七日來復圖〉，《卦圖》，收入《景印摛藻堂四庫全書薈要・經部第2冊・易類》（臺北：世界書局，1988年），總第3冊，下，頁819～820。

〔註149〕〔南宋〕朱震撰：〈諸儒七日來復義〉，《卦圖》，下，頁821～822。

一日，周而復始，終月而既，不連主七日。則是〈剝〉䷖盡至〈復〉
䷗，全隔一月，恐王傳之旨不在此義也。當以七為陽數，陰陽消復
不過七日，天道之常也。凡消息，據陽而言之，陽尊陰卑也。〔註150〕

王洙謂孔穎達據《稽覽圖》以釋王弼之注，然依該圖所載，每月配有諸侯、大
夫、卿、公、辟大、小五卦。若循一爻主一日，一卦六日七分，周而復始積
算，則〈坤〉卦䷁隸屬之亥月終，至子月最後一卦〈復〉䷗，〔註151〕絕非相
連而僅七日之數。倘以十二消息卦檢討，則〈剝〉卦䷖九月至〈復〉卦䷗十一
月，尚須隔越〈坤〉卦䷁十月之整，若然王弼箋傳之趣，恐皆不在前揭二義。
惟因陽尊陰卑，天道之常，陰陽消復不過七日，故王洙認為王弼之旨，當在
以七為陽，且據而論消息之要。

王洙「七日來復」之訓，雖同於劉牧「七為陽數」之執，亦不採「六日七
分」、隔〈坤〉䷁七日之言，然卻有不類之詮註：

凡陰息則陽消，自五月至十一月，其日之歷，行天七舍，而陽氣乃
復，故云「七日來復」。〈復〉䷗初體震☳，震☳居少陽，其數七，
〈復〉䷗則君子道長，因慶之也。慶在乎始，其言速，故稱日，取
乎日行一舍也。〔註152〕

王洙稱「從五月至十一月，陰息陽消，訖〈復〉卦䷗，凡有七月；惟〈復〉卦
䷗初陽生於下卦震☳體，震☳與坎☵、艮☶同位少陽，〔註153〕其數為七，猶
如日行天之七舍而陽氣乃復，故云『七日來復』。〈復〉卦䷗一陽生，比擬君子

〔註150〕〔南宋〕朱震撰：〈諸儒七日來復義〉，《卦圖》，收入《景印摛藻堂四庫全書
　　　　薈要・經部第 2 冊・易類》（臺北：世界書局，1988 年），總第 3 冊，下，頁
　　　　823。
〔註151〕按《易緯稽覽圖》載：「〈艮〉䷳、〈既濟〉䷾、〈噬嗑〉䷔、〈大過〉䷛、〈坤〉
　　　　䷁亥；〈未濟〉䷿、〈蹇〉䷦、〈頤〉䷚、〈中孚〉䷼、〈復〉䷗子」，〈坤〉卦䷁
　　　　為亥月最後一卦，〈復〉卦䷗為子月最後一卦，自〈坤〉䷁至〈復〉，尚須
　　　　歷經五卦。〔東漢〕鄭康成注：《易緯稽覽圖》，收入《景印摛藻堂四庫全書
　　　　薈要・經部第 14 冊・易類》（臺北：世界書局，1988 年），總第 15 冊，卷
　　　　下，頁 531。
〔註152〕〔南宋〕朱震撰：〈諸儒七日來復義〉，《卦圖》，下，頁 824～825。
〔註153〕按南宋・張栻（1133～1180）曰：「乾☰、坤☷，老陰、老陽之數耳。而震☳、
　　　　坎☵、艮☶為少陽之數，少陽之數七也。……巽☴、離☲、兌☱為少陰之數，
　　　　少陰之數八也。」〔南宋〕張栻撰：〈繫辭上卷下〉，《南軒易說》，收入《景
　　　　印文淵閣四庫全書・經部 7・易類》（臺北：臺灣商務印書館，1983 年），第
　　　　13 冊，卷 1，頁 630。

道長，因此有慶，慶於陽氣之始生，然為譬其陽長之速，是以『七月』，改成『七日』，取決於每月，日行一舍之臬。」惟王洙此般「七為少陽」之喻，則與劉牧所陳全然相異，且遭南宋·朱震（1072～1138）之批駁：

> 周天三百六十五度，二十八舍。日行一度為一日，行一舍與月合朔，為一月。洙取日行一舍故稱日，盖用褚氏、莊氏變月言日者，欲見陽長之速，大同而小異。要之日行七舍，自是七月，安有變月言日之理？〔註154〕

朱震以周天三百六十五度之整數，配天星二十八宿，以攻王洙之矛盾。其云「日天行一度即為一日，行一舍與月合於初一，則為一月。然洙采日行一舍謂一日，概與褚、莊二氏，欲見陽長之速，故變月為日之說，大同而小異。」若此朱震訐斥「：日行七舍自是七月，豈有變月言日之理？」

　　唐·陸希聲（？）釋「七日來復」曾語：「聖人言七日來復，為歷數之微明是也。」〔註155〕其「微明」一詞，據唐·李賢（654～684）注《後漢書》：「《三禮義宗》曰：『三微，三正也。』言十一月陽氣始施萬物，動於黃泉之下，微而未著，其色皆赤，赤者陽氣，故周以天正為歲，色尚赤」〔註156〕之文，可知陸氏之「微」即「正」，周歷數天正之月為子月，陽氣始生於初，微而未著，是以「微明」。朱震以為陸希聲與劉牧詮解「七日為復」，皆擄「以七為少陽之數」，故云：「若陸希聲、劉牧、王洙、龍昌期，以七為少陽之數，則无取焉。」〔註157〕若然沿朱震之貶反觀，則陸氏「以七為少陽」之見，亦與劉牧之識不類，惟龍昌期同王洙年代，其敘已佚，內容為何，未能分曉。

　　總覽劉牧闡抉〈復〉卦䷗「七日來復」之立論，咸未摘掇漢、唐、有宋諸家「爻主一日」、「改月稱日」或「六日七分」之陳述，亦未擇取「爻主一月」、「爻為一候」之申辯，另以「七為少陽」為之演繹，然則意趣，純然迥別於陸希聲、王洙之詮註。其創見之根本，誠以〈河圖〉四象、〈洛書〉成數「七、九、八、六」，為其推衍鋪陳之樞紐，恪遵〈繫辭〉「當期之日，三百有六十」

〔註154〕〔南宋〕朱震撰：〈諸儒七日來復義〉，《卦圖》，收入《景印摛藻堂四庫全書薈要·經部第2冊·易類》（臺北：世界書局，1988年），總第3冊，下，頁825。

〔註155〕〔南宋〕朱震撰：〈〈復〉䷗七日來復圖〉，《卦圖》，下，頁820。

〔註156〕〔南朝·宋〕范蔚宗撰，〔唐〕李賢注，〔後梁〕劉昭補志並注：〈郭陳列傳第三十六·陳寵傳〉，《後漢書》，收入《景印摛藻堂四庫全書薈要·史部第8冊·正史類》（臺北：世界書局，1988年），總第94冊，卷76，頁420。

〔註157〕〔南宋〕朱震撰：《卦圖》，下，頁825。

之典式，既不侷促於一孔之見，亦能相應《遺論九事》「復見天地之心」之作者所稱：「六乃老陰之數，至於『少陽』來復」〔註158〕之規，且不違陸績「七日，陽之稱也。七、九稱陽之數也。……日亦陽也」之傳注。更且符契《易緯乾鑿度》所載之要：

> 陽動而進，陰動而退，故陽以七、陰以八為象。《易》一陰、一陽合
> 而為十五之謂道。陽變，七之九；陰變，八之六，亦合於十五，則
> 象、變之數若一。陽動而進，變七之九，象其氣之息也；陰動而退，
> 變八之六，象其氣之消也。〔註159〕

七、八為少陽、少陰之數。陽動則進，少陽七變而成老陽九；陰動反退，少陰八變而為老陰六。少陽七、少陰八；老陽九、老陰六之合計，盡皆一致，均為十五，相埒〈繫傳〉所載「一陰、一陽之謂道」〔註160〕者之蘊。是以陽動而進，猶如陽氣之滋長，變七之九；陰動而退，同如陽氣之消散，變八之六，陽息陰消、陰長陽滅，陽極而陰生，陰至而陽始，若此七、九、八、六，往復巡迴不爽，陰六之盡，亦即七陽來復。

　　若然綜上可知，劉牧「七日來復」之纂言，洵非空穴來風，隨意胡謅，確然遵循且弗違經典之義理而為發明之依據，惟縱使如此，仍然未獲後人之青睞，而迭遭批評與攻擊。

二、評議劉牧「七日來復」之思想辨證

　　諸如李覯訓解「七日來復」嘗云：「劉氏之說『七日來復』，不取《易緯》『六日七分』，何如？曰：『不取宜矣。』」〔註161〕雖贊劉牧未摭《易緯》之說為適，然又舉例，抨其所倡之論為「未善」：

> 然劉氏更以七為少陽，必經陰六之數盡，至七日少陽乃生，斯又未

〔註158〕〔北宋〕劉牧撰：〈論上〉，《遺論九事》，收入《景印摛藻堂四庫全書薈要‧經部第 14 冊‧易類》（臺北：世界書局，1988 年），總第 15 冊，頁 279。

〔註159〕〔東漢〕鄭康成注：《易緯乾鑿度》，收入《景印摛藻堂四庫全書薈要‧經部第 14 冊‧易類》（臺北：世界書局，1988 年），總第 15 冊，卷下，頁 508。

〔註160〕〔三國‧魏〕王弼注，〔唐〕陸德明音義，孔穎達正義：《周易經傳注疏》，收入《景印摛藻堂四庫全書薈要‧經部第 1 冊‧易類》（臺北：世界書局，1988 年），總第 2 冊，卷 11，頁 254。

〔註161〕〔北宋〕李覯撰：〈刪定易圖序論‧論四〉，《盱江集》，收入《景印文淵閣四庫全書‧集部 34‧別集類》（臺北：臺灣商務印書館，1985 年），第 1095 冊，卷 4，頁 62。

善也。歷觀眾卦，或言七日或言三日或言三年或言十年，強為配合時，或可言參相鉤考，辭則易屈。大抵言日，遠者不過七日。〈震☳‧六二〉、〈既濟☲‧六二〉「勿逐，七日得」，不過七日而得也。七日來復，以復不可遠，君子之道雖消不久，不過七日而復。〈象〉曰：「天行也」，蓋言來復之義，是天之行反覆如此，亦非考案氣候實日而云也。「萬壽無疆」，豈實有萬哉？愛而多之之辭也。〔註162〕

李覯觀覽眾卦，稱倘遇「七日」、「三日」、「三年」抑「十年」之詞者，若藉相互參證、考核探求為由，而取時間作為詮釋，則往往造成率強附會，且理虧辭窮之結果。若然，總括《易經》，凡以「日」談時間，最遠尚不過七日。如〈震☳‧六二〉、〈既濟☲‧六二〉爻辭，同云「勿逐，七日得」〔註163〕，皆為「七日而得」之意。是以〈復〉卦☷「七日來復」，即言君子之道消，惟回復之時不久，至遲七日，則可得以復反。故〈象傳〉：「反復其道，七日來復，天行也」〔註164〕之「天行」涵義，在於假天道反覆運行之常，以形容「往還」之律，而非稽求查考氣候實日之謂。其狀猶如「萬壽無疆」之語，豈真有「萬」字之數？惟殆用多者，以描模達誠敬愛之心爾。若此李覯以為劉牧「七日來復」之「七日」，不契實數之「七日」，故仗其所知而詆抑劉牧「以七為少陽，必經陰六之數盡，迄七日少陽乃生」之說，為未見完備。

惟審李覯之述，筆者以為，其似偏頗斷章於〈震〉卦☳、〈既濟〉☲六二爻辭之「七日」，而未詳究劉牧采擇「日亦陽也」為典要，遵奉〈河圖〉、〈洛書〉、〈繫辭〉、〈易緯乾鑿度〉之規矩作根基，另闢門徑以詮「七日來復」之特性。劉牧綜合會通之立論，本即不隨漢、唐、有宋諸家之識，足堪可謂自成一家之言，然此恐為李覯己疏不察，以致提出欠缺客觀平正之訾議。

朱震同然相類李覯，羅列諸般之繹，而斥劉牧於「六日七分」之疑：

《易》有一策當一日者，〈乾〉☰、〈坤〉☷之策是也。有以一爻當一日者，「七日來復」是也。有以策數七、八、九、六言日者，「勿逐，七日得」是也。《易》之取象豈一端而盡？六十卦直日，兩卦相

〔註162〕〔北宋〕李覯撰：〈刪定易圖序論‧論四〉，《盱江集》，收入《景印文淵閣四庫全書‧集部34‧別集類》，第1095冊，卷4，頁62。

〔註163〕〔三國‧魏〕王弼注，〔唐〕陸德明音義，孔穎達正義：《周易經傳注疏》，卷9，頁205；卷10，頁239。

〔註164〕〔三國‧魏〕王弼注，〔唐〕陸德明音義，孔穎達正義：《周易經傳注疏》，卷5，頁118。

去皆七日，其定則六日七分。猶《書》稱「期三百有六旬有六日」，其定三百六十五日四分日之一；《禮》言「三年之喪」，其定二十七月；《詩》言「一之日、二之日」，其定十一月、十二月之日。何於此六日七分而疑之乎？先儒以此候氣，占風效，證寒溫，而劉氏易之以五卦〔註165〕各主五日，則吾不知其說也。〔註166〕

朱震以為《易》之取象，不可揀一而概，須隨時取義。故舉例〈繫辭〉：「〈乾〉▤之策，二百一十有六；〈坤〉▤之策，百四十有四，凡三百有六十，當期之日。」為「一策作一日」之解。而〈復〉卦▤「七日來復」，則屬「一爻當一日」之示。且虞翻於〈震卦▤・六二〉「勿逐，七日得」所注：「震▤數七，故七日得者也。」〔註167〕乃以揲蓍餘策所得「七、八、九、六」之數言日。〔註168〕以上各類之情況，朱震則謂猶如《尚書》：「朞三百有六旬有六日」〔註169〕之詞，實為「三百六十五日四分日之一」之成數；《禮》法：「三年之喪」，雖稱三年，惟僅二十七月之期；〔註170〕《詩經》：「一之日、二之日」，

〔註165〕 按筆者遍查劉牧《易數鉤隱圖》「七日來復」及《遺論九事》「復見天地之心」，全無「易之以五卦，各主五日」之說辭，惟經核對前者〈論下〉之處所云：「且夫起子止亥，十二月之數，所以主十二卦之爻也；十二卦之爻者，自〈復〉▤至〈坤〉▤之位也。」可知其意，為自子至亥，歷十二辟卦，凡七十二爻，以之除當期之日三百有六十，則得一爻，各配五日。若此「『五卦』，各主五日」，斷為傳抄之誤，當改為「一爻，各主五日」。劉牧撰：〈論下〉，《易數鉤隱圖》，收入《景印摛藻堂四庫全書薈要・經部第14冊・易類》（臺北：世界書局，1988年），總第15冊，卷中，頁265～266。

〔註166〕 〔南宋〕朱震撰：《叢說》，收入《景印摛藻堂四庫全書薈要・經部第2冊・易類》（臺北：世界書局，1988年），總第3冊，頁841。

〔註167〕 〔唐〕李鼎祚撰：《周易集解》，收入《景印文淵閣四庫全書・經部1・易類》（臺北：臺灣商務印書館，1983年），第7冊，卷10，頁771。

〔註168〕 朱震謂：「少陽七，二十八策；老陽九，三十六策；少陰八，三十二策；老陰六，二十四策。右策數者，四象分太極數也。〈震〉▤『勿逐，七日得。』仲翔曰『少陽七』，即此二十八策也。」按朱震引虞翻釋〈震〉卦▤，為少陽七，即二十八策除四而得，故少陽策數七，於此以日而解，是以稱七日。朱震撰：〈諸儒七日來復義〉，《卦圖》，收入《景印摛藻堂四庫全書薈要・經部第2冊・易類》（臺北：世界書局，1988年），總第3冊，下，頁826。

〔註169〕 〔西漢〕孔安國傳，〔唐〕陸德明音義，孔穎達正義：〈虞書・堯典〉，《尚書注疏》，收入《景印摛藻堂四庫全書薈要・經部第15冊・易類》（臺北：世界書局，1988年），總第16冊，卷1，頁35。

〔註170〕 按《儀禮・士虞禮》：「又朞而大祥，……中月而禫。」鄭玄注：「中，猶間也。禫，祭名也。與大祥間一月。自喪至此，凡二十七月……。」〔東漢〕鄭康成注，〔唐〕陸德明音義，賈公彥正義：〈士虞禮第十四〉，《儀禮注疏》，

蓋周正，子月、周二，丑月之意。是以朱震依上所列，反詰劉牧：「若此（孔穎達）以六日七分，箋疏〈復〉卦䷗『七日』，有何懷疑之處？」且譏未曉劉牧不採孔氏正義，而改「一爻主五日」以駁穎達「一爻管一日」之理？

惟筆者以為，朱震恐已全然誤解劉牧真正詮釋之底蘊。劉牧本即以王弼：「陽氣始剝盡至來復時，凡七日」之說，為其論辯「七日」之根據。然孔穎達則援鄭玄注《易緯稽覽圖》六十卦值日，所云「一，正之者也」而述「爻別主一日」。故沿每卦「六日七分」，進位取整數「七日」，以疏王弼之旨，惟此即為劉牧無可接受，且一再批駁之癥結所在。審觀《易緯稽覽圖》每月分有五卦，今采戌、亥、子三月加以檢視：

〈歸妹〉䷵、〈无妄〉䷘、〈明夷〉䷣、〈困〉䷮、〈剝〉䷖　戌；〈艮〉䷳、〈既濟〉䷿、〈噬嗑〉䷔、〈大過〉䷛、〈坤〉䷁　亥；〈未濟〉䷿、〈蹇〉䷦、〈頤〉䷚、〈中孚〉䷼、〈復〉䷗　子〔註171〕

自戌月最後一卦之〈剝〉卦䷖陽盡，迄子月最後一卦之〈復〉卦䷗初陽始生，其間經歷了亥月之〈艮〉䷳、〈既濟〉䷿、〈噬嗑〉䷔、〈大過〉䷛、〈坤〉䷁，及子月之〈未濟〉䷿、〈蹇〉䷦、〈頤〉䷚、〈中孚〉䷼，合共九卦。一卦倘以六日七分積算，則須五十四日六十三分；若以成數七日核計，惟更有六十三日之多，若此，毋論何者，已然咸與王弼自〈剝〉䷖至〈復〉䷗，凡七日之訓相違。

設以十二辟卦分一歲十二月、三百六十日，乃一卦配得一月、三十日，而卦有六爻，若然一爻當五日。以之解析〈剝〉卦䷖陽盡，接〈復〉卦䷗陽來，其中隔有〈坤〉卦䷁六爻，則五、六三十日，全然與王弼「七日」注文之數抵牾。惟「一卦主一月」，「一爻主五日」之類，劉牧皆已提出，以攻穎達「爻別主一日」之箋。

再以四正純卦，坎䷜、離䷝、震䷲、兌䷹，四、三十二爻均派十二月，一爻即領一月。另以十二辟卦之重卦討論，其由〈復〉䷗莅〈乾〉䷀、沿子臨巳，歸屬於〈乾〉卦䷀；從〈姤〉䷫到〈坤〉䷁、泊午終亥，統轄於〈坤〉卦䷁，各巡六爻之變而行六月，依然一爻管一月。咸以對照〈剝〉卦䷖陽消，間隔

收入《景印摛藻堂四庫全書薈要·經部第 48 冊·禮類》（臺北：世界書局，1988 年），總第 49 冊，卷 14，頁 940。

〔註171〕 〔東漢〕鄭康成注：《易緯稽覽圖》，收入《景印摛藻堂四庫全書薈要·經部第 14 冊·易類》（臺北：世界書局，1988 年），總第 15 冊，卷下，頁531。

〈坤〉卦☷六爻，而訖〈復〉卦☳陽息之初，尚且相距七爻，共有七月，同然
舛午王弼「七日」之注，惟此「一爻主一月」，亦為劉牧以之抨擊孔氏「一爻
主一日」之釋者。

劉牧分別憑藉「一卦主一月」、「一爻統一月」、「一爻轄五日」以駁詰孔
疏之真正目的，即在於闡明，采爻配時，非僅孔穎達摭《易緯稽覽圖》六十卦
直日之「六日七分」折算「七日」之式；尚有十二消息，相應〈繫辭〉「三百
有六十當期之日」所列之三種模範。兩者運算之法、實不同，故答數迥異，誠
不可相摻而論。惟孔氏為求合理詮疏，竟將前者之配卦成數，混和後者輪替
卦次之爻變，以符契「爻別主一日」之說辭。若此之取巧，倒不如逕取《易
緯》六十卦為法，除〈繫辭〉當基之日，則可分得一卦六日，再搭以十二辟卦
之〈剝〉卦☶至〈坤〉☷而〈復〉☳，行歷七爻，一陽來復，反更吻合「一爻
管一日」之敘。是以穎達近似指鹿為馬之詭辯，堪稱訛亂淆雜，甚且不倫不
類。

省觀劉牧之陳，洵非懷疑「六日七分」之理，而乃純然無法苟同，穎達
詮解「七日來復」之偏固。惟劉牧雖則已然極力詆切孔疏之矛盾，然朱震未
能有所體悟，尚且同犯相類孔氏之謬失而云：

> 蓋六十卦，當三百六十日，四卦主十二節、十二中氣，所餘五日則
> 積分成閏也。大綱而言，則〈剝〉☶九月、〈坤〉☷十月、〈復〉☳
> 十一月，故京房曰：「〈剝〉☶、〈復〉☳相去三十日。」別而言之，
> 〈復〉☳主冬至，冬至中氣起於〈中孚〉☵，自〈中孚〉☵之後七
> 日而〈復〉☳，故曰「七日來復」。〔註172〕

朱震謂「十二辟卦配月，屬大綱之學，故京房稱：『一卦值一月，〈剝〉☶、
〈復〉☳相隔〈坤〉卦☷三十日。』換以六十卦直日而視，其摘掇每卦整數七
日，惟〈復〉卦☳居子主冬至，且〈中孚〉☵亦起於中氣冬至，若然則〈中孚〉
☵七日盡，第八日起，即接〈復〉卦☳，故曰『七日來復』。」

朱震猶如穎達，皆依《易緯》「一卦六日七分」，舉成數而采「爻別主一
日」。惟其相異穎達，另循六十卦直日之序而稱〈中孚〉☵七日來〈復〉☳。
然此則與王弼沿〈剝〉卦☶接續〈復〉卦☳之《周易》卦序，所語「陽氣始剝
盡至來復時，凡七日」之原意相悖，雖能閃避「六日七分」不相容於十二辟卦

〔註172〕〔南宋〕朱震撰：《卦圖》，收入《景印摛藻堂四庫全書薈要・經部第 2 冊・
易類》（臺北：世界書局，1988 年），總第 3 冊，下，頁822。

之「一爻主一月」、「一爻主五日」、「一卦主一月」之衝突，惟卦序之不允，恐為朱震始料未及而有所疏漏者。

　　劉牧恪遵〈繫辭〉孔聖「三百有六十，當期之日」及《周易‧序卦》：「剝者，剝也，物不可以終盡，剝，窮上反下，故受之以復」〔註173〕之次，嚴守陸績「日亦陽也」、王弼〈復〉卦䷗「七日來復」之注義，兼顧十二辟卦、《黃帝內經》之推演，不採眾家「七日」之詮註，免脫落入以偏概全之藩籬，獨以〈河圖〉四象、〈洛書〉五行成數「六、七、八、九」，結合《易緯乾鑿度》之七變九、八變六，七、九、八、六，陰陽進退、往復之趣，使其立論，跳出「爻主一日」、「爻主五日」、「爻主一月」、「卦主一月」相互混淆之圈圓，而不形成孤執一說之管見。若此，朱震譏諷：「劉牧謂《經》，唯舉〈乾〉䷀、〈坤〉䷁，老陽、老陰三百六十之數，當期之日，不更別舉他卦之爻，而疑六日七分之義，此不以三隅反也」〔註174〕之嘲哈，恐須重新環顧與檢省，切莫誤犯文人相輕，枉己正人之病與！

第五節　「坎☵、離☲，生〈復〉䷗、〈姤〉䷫」、「一陰、一陽之謂道」與「人稟五行」之理則解析

　　劉牧不隨諸家立說起舞而堅持己識，未因闡繹子目之不同而有所變更，其以「七為少陽」傳註「七日來復」之特有創論，已然自成一家之訓。朱震嘗言：「蓋天地之間，有是理則有是象，有是象則有是術，其致一也」〔註175〕之贊詞，概可藉以比喻劉牧「七日來復」，理、數執一運用之質性。若然本節猶然依循其相關之知，而就《易數鈎隱圖》「坎☵生〈復〉䷗」、「離☲生〈姤〉䷫」、「一陰、一陽之謂道」、「人稟五行」之內容，進行研審與探究。

〔註173〕〔三國‧魏〕王弼注，〔唐〕陸德明音義，孔穎達正義：《周易經傳注疏》，收入《景印摛藻堂四庫全書薈要‧經部第1冊‧易類》（臺北：世界書局，1988年），總第2冊，卷13，頁306。

〔註174〕〔南宋〕朱震撰：〈繫辭上傳〉，《漢上易傳》，收入《景印摛藻堂四庫全書薈要‧經部第2冊‧易類》（臺北：世界書局，1988年），總第3冊，卷7，頁698。

〔註175〕〔南宋〕朱震撰：《卦圖》，收入《景印摛藻堂四庫全書薈要‧經部第2冊‧易類》（臺北：世界書局，1988年），總第3冊，下，頁825。

一、劉牧「坎☵生〈復〉䷗，離☲生〈姤〉䷫」之思想探析

　　歷來眾儒，殆皆遵奉〈序卦傳〉：「有天地，然後萬物生焉」〔註176〕之敘，大抵均視〈乾〉䷀居六十四卦之首。如東晉・干寶（286～336）即言：「夫純陽，天之精氣，四行君子懿德，是故〈乾〉䷀冠卦首。」〔註177〕唐・呂嵒（796～1016）亦云：「〈乾〉䷀居六十四卦之首，其為上經之主。」〔註178〕北宋・胡瑗（993～1059），則謂：「萬物之生必自〈乾〉䷀而始，故〈乾〉䷀為六十四卦之首也。」〔註179〕南宋・朱元昇（？）另稱：「是〈乾〉䷀為六十四卦之首，其則諸〈洛書〉也。〈艮〉䷳終萬物而始萬物，是〈艮〉䷳為六十四卦之首。」〔註180〕惟劉牧卻以十二辟卦為主幹，藉〈繫傳〉之述作輔弼，提出相異各家之主張：

> 夫「《易》有太極，是生兩儀，兩儀生四象，四象生八卦。」「八卦成列，象在其中矣，因而重之，爻在其中矣。」則知太極乃兩儀之始；八卦，則重卦之始也。重卦之首，以〈復〉卦䷗，何謂也？陽炁之始也。〔註181〕

劉牧引〈繫辭〉：「《易》有太極，是生兩儀，兩儀生四象，四象生八卦」〔註182〕及「八卦成列，象在其中矣，因而重之，爻在其中矣。」〔註183〕而陳『『太極』乃兩儀之始；八卦，為重卦之初。然因陽炁始生，是以〈復〉卦䷗則為重卦之

〔註176〕　〔三國・魏〕王弼注，〔唐〕陸德明音義，孔穎達正義：《周易經傳注疏》，收入《景印摛藻堂四庫全書薈要・經部第1冊・易類》（臺北：世界書局，1988年），總第2冊，卷13，頁305。

〔註177〕　〔唐〕李鼎祚撰：《周易集解》，收入《景印文淵閣四庫全書・經部1・易類》（臺北：臺灣商務印書館，1983年），第7冊，卷1，頁613。

〔註178〕　〔唐〕呂嵒撰：〈卦序圖〉，《易說》，收入〔清〕閻永和，彭翰然重刻，賀龍驤校訂：《重刊道藏輯要・壁集》（成都：二仙庵版刻，光緒32年【1906年】），第14冊，葉46。

〔註179〕　〔北宋〕胡瑗撰：〈序卦〉，《周易口義》，收入《景印摛藻堂四庫全書薈要・經部第1冊・易類》（臺北：世界書局，1988年），總第2冊，頁728。

〔註180〕　〔南宋〕朱元昇撰，朱士立補輯：〈後天周易・周易述意〉，《三易備遺》，收入《景印摛藻堂四庫全書薈要・經部第8冊・易類》（臺北：世界書局，1988年），總第9冊，卷8，頁226。

〔註181〕　〔北宋〕劉牧撰：《易數鈎隱圖》，收入《景印摛藻堂四庫全書薈要・經部第14冊・易類》（臺北：世界書局，1988年），總第15冊，卷中，頁260。

〔註182〕　〔三國・魏〕王弼注，〔唐〕陸德明音義，孔穎達正義：《周易經傳注疏》，卷11，頁268。

〔註183〕　〔三國・魏〕王弼注，〔唐〕陸德明音義，孔穎達正義：《周易經傳注疏》，收入《景印摛藻堂四庫全書薈要・經部第1冊・易類》（臺北：世界書局，1988年），總第2冊，卷12，頁276。

首。」

八、八相重，以成六十四卦，劉牧據十二辟卦之〈復〉䷗，值建子十一月，冬至一陽生之故，〔註184〕遂將之列於卦首，且釋其由：

> 夫四正之卦，所以分四時，十二月之位。兼乾☰、坤☷、艮☶、巽☴者，所以通其變化，因而重之，所以效其變化之用也。觀其變化之道，義有所宗，故其〈復〉卦䷗，生於坎☵中，動於震☳，上交於坤☷。變二震☳、二兌☱、二乾☰而終，自〈復〉䷗至〈乾〉䷀之六月，斯則陽爻上生之義也。〔註185〕

四正之卦，坎☵、離☲、震☳、兌☱，居處分派一年四季，十二月建之位，兼備乾☰、坤☷、艮☶、巽☴四隅而成八卦。彼此相互重之，通達往來，因而呈現周遍化育之功用。惟審其變化之道，誠有根本存在之蘊奧。故〈復〉卦䷗，自坎☵子而生，陽動於下卦之震☳，上交於外卦之坤☷。下卦震☳，二爻變，而成地澤〈臨〉卦䷒，下卦為兌☱；其兌☱上動三爻而變地天〈泰〉䷊，下卦成乾☰；由〈泰〉卦䷊上動四爻而變雷天〈大壯〉䷡，外卦為震☳；從〈大壯〉䷡續動五爻而成澤天〈夬〉䷪，外卦變兌☱；〈夬〉卦䷪上爻再動而成〈乾〉䷀，外卦於兌☱而乾☰。洎〈復〉䷗演進至〈乾〉䷀，歷內、外二震☳、二兌☱、二乾☰之更迭，計有六月，劉牧言「此即陽爻上生之涵義」。

考校《易緯稽覽圖》嘗載：「〈坎〉䷜、〈震〉䷲、〈離〉䷝、〈兌〉䷹，已上四卦者，四正卦，為四象，每歲十二月，每月五卦〔註186〕，卦六日七分。」〔註187〕以及：「冬至日在〈坎〉䷜，春分日在〈震〉䷲，夏至日在〈離〉䷝，秋分日在〈兌〉䷹。《易緯是類謀》：以此四正之卦，卦有六爻，爻主一氣」〔註188〕之文，若然《稽覽圖》、《是類謀》所稱四正卦，咸指六畫卦而言；且四正之

〔註184〕按南宋·薛道光（1078～1191）曰：「冬至一陽生，為〈復〉卦䷗，每三十日又增一陽爻為〈臨〉卦䷒……。」〔北宋〕張伯端著，〔南宋〕薛式，陸墅，〔元〕陳致虛注《悟真篇》，收入《重刊道藏輯要·奎集》（成都：二仙庵版刻，光緒32年【1906年】），第15冊，篇下，葉11。

〔註185〕〔北宋〕劉牧撰：《易數鉤隱圖》，收入《景印摛藻堂四庫全書薈要·經部第14冊·易類》（臺北：世界書局，1988年），總第15冊，卷中，頁260。

〔註186〕按原文「每月五『月』」，後「月」，鄭玄注：「按『月』字當作『卦』。」逕改之。

〔註187〕〔東漢〕鄭康成注：《易緯稽覽圖》，收入《景印摛藻堂四庫全書薈要·經部第14冊·易類》（臺北：世界書局，1988年），總第15冊，卷下，頁531。

〔註188〕〔東漢〕鄭康成注：《易緯稽覽圖》，收入《景印摛藻堂四庫全書薈要·經部第14冊·易類》，總第15冊，卷下，頁531，頁540。

卦，均分每歲之四時、十二月，二十四節氣。是以沿上可判，劉牧即依其四正之旨，結合重卦之要，而謂「四正之卦，所以分四時，十二月之位。」又審李賢芟夷而約節轉敘鄭康成之說辭：

　　鄭玄注《易乾鑿度》曰：「陽起於子，陰起於午，天數大分，以陽出

　　坎☵，以陰入離☲，〔註189〕坎☵為中男，離☲為中女，太乙之行，

　　出從中男，入從中女，因陰陽男女之偶，為終始也。」〔註190〕

鄭玄於《易緯乾鑿度》注曰：「陽氣起於子，陰氣起於午。天時之數，大致以陽出於坎☵，以陰入於離☲，坎☵為中男，離☲為中女。太一（道者）〔註191〕之運行，即從中男而出，從中女而入，蓋藉男、女互相之匡助，以譬陰、陽終始之節律。」

　　且觀荀爽之語：「〈乾〉☰起坎☵而終於離☲。〈坤〉☷起於離☲而終於坎☵。離☲、坎☵者，〈乾〉☰、〈坤〉☷之家，而陰、陽之府。」〔註192〕其云〈乾〉卦☰之陽，自坎☵子而起，訖離☲午而止；〈坤〉卦☷之陰，從離☲午而始，至坎☵子而終。是以離☲、坎☵二者，為〈乾〉☰、〈坤〉☷兩卦之家，陰、陽稟氣之宅。衡度荀爽詮釋之趣旨，可謂同然鄭玄之訓意。

　　若此，綜覽、校覈劉牧「重卦之首乃〈復〉卦☷」之纂述，除以八、八重卦為其闡發之根基，尚有結合十二辟卦之剛、柔進退，兼備《易緯稽覽圖》、《易緯是類謀》之四正關鍵，更且融入鄭玄、荀爽箋註「陽氣起於坎☵子」之思想要諦。惟若遵式十二辟卦之次，則既有陽氣始生於坎☵子之〈復〉☷，理

〔註189〕按原文書「以陽出『離☲』，以陰入『坎☵』」，惟據清・姚配中（1792-1844）之釋：「案鄭義與李賢所引正合，彼蓋約鄭義也。以陽出『離☲』，以陰入『坎☵』，當作以陽出『坎☵』，以陰入『離☲』。」故依言，遞將「離☲」、「坎☵」，前後易置。〔清〕姚配中撰：〈周易序卦傳〉，《周易姚氏學》，收入《續修四庫全書。經部・易類》（上海：上海古籍出版社，1995 年），第 30 冊，卷第16，頁 682。

〔註190〕〔南朝・宋〕范蔚宗撰，〔唐〕李賢注，〔後梁〕劉昭補志並注：《後漢書》，收入《景印摛藻堂四庫全書薈要・史部第 8 冊・正史類》（臺北：世界書局，1988 年），總第 94 冊，卷 82，頁 500。

〔註191〕按《呂氏春秋》載云：「道也者，至精也，不可為形，不可為名，彊為之，謂之太乙，故一也。」〔秦〕呂不韋撰，〔東漢〕高誘注：〈仲夏第五・大樂〉，《呂氏春秋》，收入《景印文淵閣四庫全書・子部 154・雜家類》（臺北：臺灣商務印書館，1985 年），第 848 冊，卷 5，頁 310。

〔註192〕〔唐〕李鼎祚撰：《周易集解》，收入《景印文淵閣四庫全書・經部 1・易類》（臺北：臺灣商務印書館，1983 年），第 7 冊，卷 1，頁 610。

當亦有陰氣初息於離☲午之〈姤〉䷫，方能符契鄭、荀所陳「〈乾〉☰、坤☷之第宅，坎☵、離☲始終之定規。」是以劉牧即循十二辟卦，值建午五月，夏至一陰生之〈姤〉䷫卦〔註193〕而撰：

> 〈姤〔註194〕〉卦䷫生於離☲中，消於巽☴下，交於乾☰。變二巽☴、二艮☶、二坤☷而終。自〈姤〉䷫至於〈坤〉䷁之六月，斯則陰爻下生之義也。〔註195〕

〈姤〉卦䷫泊離☲午而生，陽消陰息於下卦巽☴之初爻，與上卦乾☰相交。巽卦☴二爻變，而成天山〈遯〉䷠，下卦為艮☶；自艮☶上動三爻，而為天地〈否〉䷋，下卦變坤☷；〈否〉䷋卦四爻動，而成風地〈觀〉䷓，外卦為巽☴；巽☴動二爻，變山地〈剝〉䷖，外卦成艮☶；艮☶動三爻而為坤☷，全卦成〈坤〉䷁。從〈姤〉䷫初爻，逐次之變，歷內、外二巽☴、二艮☶、二坤☷之交替，凡經六月，訖止於〈坤〉䷁，劉牧稱「此即陰爻由下而生之理」。

由坎☵子之〈復〉䷗至巳月之〈乾〉☰，陽爻漸生；於離☲午之〈姤〉䷫蒞亥月之〈坤〉䷁，陰爻浸長，劉牧即謂：

> 自〈復〉䷗至〈坤〉䷁，凡十二卦，主十二月。卦主十二月，中分二十四炁，爻分七十二候，以周其日、月之數。是故離☲、坎☵，分天、地，子、午以東為陽，子、午以西為陰，若夫更錯以他卦之象，則總三百八十四爻，所以極三才之道。〔註196〕

始〈復〉卦䷗一陽起於子，行丑〈臨〉䷒、寅〈泰〉䷊、卯〈大壯〉䷡、辰〈夬〉䷪，屆巳〈乾〉☰六陽之窮；肇〈姤〉䷫一陰生於午，漸次未〈遯〉䷠、申〈否〉䷋、酉〈觀〉䷓、戌〈剝〉䷖，臨亥〈坤〉䷁六陰之究，循環往復，陰陽消長。若此還回一周，計有十二辟卦，共主一歲、十二月、二十四節氣、七十二候。坎☵、離☲，子、午一線，劃分〈乾〉☰天、〈坤〉䷁地之陰、陽。子、午以東，為陽息之境；子、午之西，為陰長之區，坎☵、離☲更與乾☰、坤☷、震

〔註193〕按南宋・薛道光云：「四月六陽為純〈乾〉☰，乃陽火之候也。陽極則陰生，夏至一陰生為〈姤〉卦䷫，每三十日增一陰爻為〈遯〉卦䷠。」〔北宋〕張伯端著，〔南宋〕薛式、陸墅注，〔元〕陳致虛注《悟真篇》，收入《重刊道藏輯要・奎集》（成都：二仙庵版刻，光緒32年【1906年】），第15冊，篇下，葉11。

〔註194〕按原文書「垢」，惟今通行諸家各本，皆以「姤」為卦名，故求一致，逕改之。

〔註195〕〔北宋〕劉牧撰：《易數鈎隱圖》，收入《景印摛藻堂四庫全書薈要・經部第14冊・易類》（臺北：世界書局，1988年），總第15冊，卷中，頁260。

〔註196〕〔北宋〕劉牧撰：《易數鈎隱圖》，收入《景印摛藻堂四庫全書薈要・經部第14冊・易類》（臺北：世界書局，1988年），總第15冊，卷中，頁260。

☰、巽☴、艮☶、兌☱諸卦，交錯組合，而成六十四卦，三百八十四爻，若然即可極盡天、地、人三才之道矣。

　　坎☵、離☲、震☳、兌☱，四正之卦，坎☵子、離☲午，居北、南；震☳卯、兌☱酉，處東、西。坎☵子起〈乾〉☰天之陽，終於離☲；離☲午生〈坤〉☷地之陰，訖於坎☵，是以劉牧稱天地、陰陽消長之界別，概以離☲午、坎☵子，南、北之線為定。故重卦之形成，則因四正與乾☰天、坤☷地、巽☴風、艮☶山，互相之交結而生變化。

　　若然省審、綜合前述劉牧廣納之諸意，所稱陰、陽始生子、午之重卦〈復〉☷、〈姤〉☰，尤亦必然與經緯之四正及乾☰天、坤☷地之間，形成相關連繫之因果。若此劉牧即云：「〈復〉卦☷生坎☵中，動於震☳，交於坤☷；《易》曰：『地中有雷，復。』正協其義。」〔註197〕〈復〉卦☷一陽，生於坎☵子中氣冬至；卦體陽爻，動於內卦震☳初，「震為雷」〔註198〕；上交外卦之坤☷，「坤為地。」〔註199〕〈大象〉載曰：「雷在地中，復。」〔註200〕恰協整體卦象之義。劉牧更且繪圖，以佐其論：

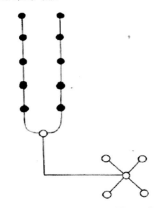

圖 5-5-1 坎☵生〈復〉卦☷第四十三〔註201〕

〔註197〕〔北宋〕劉牧撰：《易數鈎隱圖》，收入《景印摛藻堂四庫全書薈要・經部第14冊・易類》，總第15冊，卷中，頁260～261。

〔註198〕〔三國・魏〕王弼注，〔唐〕陸德明音義，孔穎達正義：《周易經傳注疏》，收入《景印摛藻堂四庫全書薈要・經部第1冊・易類》（臺北：世界書局，1988年），總第2冊，卷13，頁303。

〔註199〕〔三國・魏〕王弼注，〔唐〕陸德明音義，孔穎達正義：《周易經傳注疏》，收入《景印摛藻堂四庫全書薈要・經部第1冊・易類》，總第2冊，卷13，頁303。

〔註200〕〔三國・魏〕王弼注，〔唐〕陸德明音義，孔穎達正義：《周易經傳注疏》，收入《景印摛藻堂四庫全書薈要・經部第1冊・易類》，總第2冊，卷5，頁119。

〔註201〕按原圖〈復〉卦初爻，以黑點為陰表示，已然明顯傳抄之訛，故逕以白點象

該圖展示，六十四卦，重卦之首〈復〉䷗，生之於五白之坎☵，〈乾〉☰一陽動於下卦震☳，震☳、坎☵，同為四正東、北之卦。〈復〉卦䷗之內卦震☳，上交於外卦坤☷，如此即形成四正之坎☵、震☳與坤☷地、〈乾〉天☰之陽，四者彼此牽聯之關係。惟與〈復〉卦䷗，喻有陰陽終始，男女偶義之〈姤〉卦䷫，其下卦之巽☴，非屬四正，為此劉牧則列其圖示：

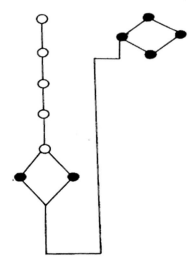

圖 5-5-2 離☲生〈姤〔註202〕〉卦䷫第四十四〔註203〕

陽改之。〔北宋〕劉牧撰：《易數鈎隱圖》，收入《景印摛藻堂四庫全書薈要·經部第 14 冊·易類》（臺北：世界書局，1988 年），總第 15 冊，卷中，頁 260。

〔註202〕 按摛藻堂版、通志堂版之《易數鈎隱圖》原文，皆書「垢」。〔北宋〕劉牧撰：《易數鈎隱圖附遺論九事》，收入嚴靈峯編輯：《易經集成》（臺北：成文出版有限公司，1976 年據清康熙十九年通志堂原刊本影印），第 143 冊，卷中，頁 61。文淵閣版、道藏版則寫「姤」。〔北宋〕劉牧撰：《易數鈎隱圖附遺論九事》，收入《景印文淵閣四庫全書·經部 2·易類》（臺北：臺灣商務印書館，1983 年），第 8 冊，卷中，頁 146。〔三衢〕劉牧撰：《易數鈎隱圖》，收入李一氓編校：《道藏》（北京、上海、天津：文物出版社、上海書店、天津古籍出版社，1988 年），第 3 冊，卷中，頁 209。惟《說文解字》原僅收錄「垢」：「『垢』，濁也，从土后聲，古厚切。」〔東漢〕許慎撰，〔北宋〕徐鉉增釋：〈第十三下〉，《說文解字》，收入《景印摛藻堂四庫全書薈要·經部第 79 冊·小學類》（臺北：世界書局，1988 年），總第 80 冊，卷 13 下，頁 351。「姤」字則於徐鉉（916～991）校正《說文》方始增列「『姤』，偶也，从女后聲，古候切。」〔東漢〕許慎撰，〔北宋〕徐鉉增釋：〈第十二下〉，《說文解字》，卷 12 下，頁 322。若然「姤」字恐後出於「垢」，惟歷來《周易》經傳各類傳本，皆以「姤」為卦名，是以本章則因循遷改。

〔註203〕 〔北宋〕劉牧撰：《易數鈎隱圖》，卷中，頁 260。

且訓如下：

> 若〈姤〉卦☴，則生於離☲之中，消於巽☴，交於乾☰，《易》曰：
> 「天下有風，姤。」且巽☴非四正之卦也，則與〈復〉卦䷗不同其
> 義。今卦體則是巽☴承於乾☰，而變易其位，從兌☱者。〔註204〕

〈姤〉卦䷫生於四正離☲午夏至，〔註205〕其陽消陰息之〈坤〉☷陰，起於下
卦之巽☴初，上交外卦之乾☰。「乾為天；巽……，為風」，〔註206〕〈姤卦䷫‧
大象〉曰：「天下有風，姤。」〔註207〕即言卦體之象，蓋由內卦之巽☴風，上
承外卦之乾☰天所組合。然巽☴者，非四正之卦，若此形成離☲、巽☴、乾☰
與〈坤〉地☷之陰，四者聯繫之情狀，概與〈復〉卦䷗不類。故為協正子、午
終始、南、北陰陽之同理奧蘊，猶須變易下巽☴之位，改從小成之兌☱。惟何
以取義於兌☱？劉牧則另有獨創之詮解：

> 斯則取〈歸妹〉䷵之象。《易》曰：「歸妹，天地之大義也。天地不
> 交，則萬物不興，歸妹者，人之終始也」；所以資長男交少女之義。
> 交少女而長女主其卦者，明其妹係於姊嫁，而妹非正也，所謂姪娣
> 之義也。若以長男交長女，雖曰：「夫婦常久之道」，然未盡廣延之
> 理也，則知能終其始者，必歸妹也，故《易》稱「天地之大義」。是
> 以卦之變易，必從〈歸妹〉䷵，妹非正室，必以姊主其卦也。是以
> 其體，則取兌☱合震☳，其名則以巽☴承乾☰也。變易之義，其在
> 茲乎！〔註208〕

坎☵生地雷〈復〉卦䷗，上坤☷、下震☳；離☲生天風〈姤〉卦䷫，上乾☰、

〔註204〕〔北宋〕劉牧撰：《易數鉤隱圖》，收入《景印摛藻堂四庫全書薈要‧經部第
14冊‧易類》（臺北：世界書局，1988年），總第15冊，卷中，頁261。

〔註205〕按北宋‧陳臯（？）云：「自冬至一陽生，為〈復〉䷗；自〈復〉䷗至〈乾〉
☰而六陽。夏至一陰生，為〈姤〉䷫；自〈姤〉䷫至〈坤〉☷而六陰。」摘
錄〔南宋〕李衡刪增：〈雜論‧象歲功〉，《周易義海撮要》，收入《景印摛藻
堂四庫全書薈要‧經部第3冊‧易類》（臺北：世界書局，1988年），總第4
冊，卷12，頁349。

〔註206〕〔三國‧魏〕王弼注，〔唐〕陸德明音義，孔穎達正義：《周易經傳注疏》，
收入《景印摛藻堂四庫全書薈要‧經部第1冊‧易類》（臺北：世界書局，
1988年），總第2冊，卷13，頁302；頁303。

〔註207〕〔三國‧魏〕王弼注，〔唐〕陸德明音義，孔穎達正義：《周易經傳注疏》，
收入《景印摛藻堂四庫全書薈要‧經部第1冊‧易類》，總第2冊，卷8，
頁182。

〔註208〕〔北宋〕劉牧撰：《易數鉤隱圖》，卷中，頁261。

下巽☴。乾☰天、坤☷地；四正，坎☵子、離☲午、震☳卯、兌☱酉，惟差一兌☱。且震☳，為長男，〔註209〕「巽☴，為長女；兌☱，為少女」，〔註210〕巽☴、兌☱互為反卦。陰、陽終始，男、女偶合，本即坎☵生〈復〉䷗、離☲生〈姤〉䷫之根由，若然劉牧則以雷澤〈歸妹〉之〈彖〉：「歸妹，天地之大義也。天地不交而萬物不興，歸妹，人之終始也。」〔註211〕兼〈歸妹䷵·初九〉之〈小象〉：「歸妹以娣，以恆也。」〔註212〕比譬倘為長男之震☳下交少女之兌☱，則以兌☱之反卦巽☴姊為主，兌☱妹乃從姊而嫁，雖非其正，惟能永終廣延，符契天地大義之理。猶勝長男震☳，下交長女巽☴之雷風〈恆〉卦䷟所云「夫婦常久之道。」〔註213〕故知能持慎終如始者，必然〈歸妹〉䷵者也。若此，取卦之變易，而論陰、陽之終始，則從兌☱以得〈歸妹〉䷵，就卦象而言，概以下兌☱上合於震☳而釋，其下卦之兌☱妹非嫡室，而以巽☴姊為卦要之主。然其卦名，則以巽☴下，上承外乾☰之〈姤〉卦䷫表示，此即變易之涵畜展現。

劉牧為求離☲生天風〈姤〉卦䷫之離☲、巽☴、乾☰，〈坤〉䷁之陰，能與坎☵生地雷〈復〉卦䷗之坎☵、震☳、坤☷，〈乾〉䷀之陽，同然合契四正，天地，子午相因之意趣，故摭巽☴改兌☱之變易，以釋巽☴非四正之惑。藉女子婚嫁之〈歸妹〉䷵、夫婦長久之〈恆〉卦䷟，映襯鄭玄「以陽出坎☵，以陰入離☲，陰陽男女之偶」要，對應荀爽「坎☵、離☲為〈乾〉☰、〈坤〉䷁之家，陰、陽之府」旨，若此辨析天風〈姤〉卦䷫，如同地雷〈復〉䷗卦之般，猶然吻合重卦之圭臬、十二辟卦之消長、《易緯稽覽圖》、《易緯是類謀》之四正，更且不違鄭玄、荀爽陰、陽終始之旨要。

〔註209〕按〈說卦〉云：「震一索而得男，故謂之長男。」〔三國·魏〕王弼注，〔唐〕陸德明音義，孔穎達正義：《周易經傳注疏》，卷13，頁302。

〔註210〕三國·魏〕王弼注，〔唐〕陸德明音義，孔穎達正義：《周易經傳注疏》，卷13，頁303；304。

〔註211〕〔三國·魏〕王弼注，〔唐〕陸德明音義，孔穎達正義：《周易經傳注疏》，收入《景印摛藻堂四庫全書薈要·經部第1冊·易類》（臺北：世界書局，1988年），總第2冊，卷9，頁212。

〔註212〕〔三國·魏〕王弼注，〔唐〕陸德明音義，孔穎達正義：《周易經傳注疏》，收入《景印摛藻堂四庫全書薈要·經部第1冊·易類》，總第2冊，卷9，頁213。

〔註213〕按〈序卦〉言：「夫婦之道不可以不久也，故受之以〈恆〉䷟。」〔三國·魏〕王弼注，〔唐〕陸德明音義，孔穎達正義：《周易經傳注疏》，收入《景印摛藻堂四庫全書薈要·經部第1冊·易類》，總第2冊，卷13，頁307。

　　劉牧遵循十翼之〈說卦〉、〈序卦〉、〈彖〉、〈象〉及重卦諸說，兼采十二辟卦、《易緯稽覽圖》、《易緯是類謀》之脈絡，融合鄭玄、荀爽之訓解，開立六十四卦重卦之首為〈復〉卦䷗之論敘，可謂舉一隅成三隅反之典範；惟掇變易之述，以兌☱代巽☴，藉〈歸妹〉䷵之〈彖〉、初，以圓〈姤〉䷫缺四正之疑，則其說之可與不可，抑或見仁見智，然整體而識，已然樹揭一家之言，實不為過矣。

　　根究劉牧一陽起坎☵子生〈復〉䷗，而為重卦之首，若然子、午分陰、陽，一陰出離☲午生〈姤〉䷫，則理當相對而為重卦之次，劉牧雖無言明，然陰、陽終始，消長相輔，本即「一陰、一陽之謂道」之哲理，劉牧為此另有詮註，本章將於下節探討。

二、劉牧「一陰、一陽之謂道」與「人稟五行」之邏輯剖析

　　韓康伯注〈繫辭〉「一陰、一陽之謂道」〔註214〕嘗曰：「道者何？无之稱也，无不通也，无不由也。況之曰道，寂然無體，不可為象。……在陰為无陰，陰以之生；在陽為无陽，陽以之成，故曰『一陰、一陽』也。」〔註215〕孔穎達則疏：「一謂无也，无陰无陽，乃謂之道。一得為无者，无是虛无，虛无是大虛，不可分別，唯一而已，故以一為无也。」〔註216〕觀省韓、孔二者全般文意，咸視「道」為虛无之狀。惟本文前已論證，劉牧視太易之始，即為太初，亦即太極，元炁混合，始於一氣，稱乎太一，相埒於道，非虛无之況；且已推翻王弼、韓康伯、孔穎達稱太一、太極為無形、無數之虛无，若此亦同然否定康伯、穎達注疏「道者，虛无」之所謂也。是以劉牧釋「一陰、一陽之謂道」則云：

　　　　且夫一陰、一陽者，獨陰、獨陽之謂也。獨陰、獨陽且不能生物，必俟一陰、一陽合，然後運其妙用而成變化，四象因之而有，萬物由之而生，故曰「无不由之謂道」也。若夫獨陰、獨陽者，天、地所稟天獨陽地獨陰，至於五行之物，則各含一陰、一陽之炁而生也。所以天

〔註214〕〔三國・魏〕王弼注，〔唐〕陸德明音義，孔穎達正義：《周易經傳注疏》，收入《景印摛藻堂四庫全書薈要・經部第 1 冊・易類》，總第 2 冊，卷 11，頁 254。

〔註215〕〔三國・魏〕王弼注，〔唐〕陸德明音義，孔穎達正義：《周易經傳注疏》，收入《景印摛藻堂四庫全書薈要・經部第 1 冊・易類》，總第 2 冊，卷 11，頁 254。

〔註216〕〔三國・魏〕王弼注，〔唐〕陸德明音義，孔穎達正義：《周易經傳注疏》，收入《景印摛藻堂四庫全書薈要・經部第 1 冊・易類》（臺北：世界書局，1988 年），總第 2 冊，卷 11，頁 255。

一與地六合而生水，地二與天七合而生火，天三與地八合而生木，地
四與天九合而生金，天五與地十合而生土，此則五行之質，各稟一陰、
一陽之炁耳。至于動物、植物，又合五行之炁而生也。〔註217〕

劉牧言一陰、一陽，即獨陰、獨陽之稱也，皆天、地所賦予。天則獨陽、地乃
獨陰，惟獨陰、獨陽不能化生萬物，必待一陰、一陽之合和，運行神妙之作用
而生成變化。若然老陽、老陰、少陽、少陰之四象，泊此而出現，萬物亦因四
象而產生，此即「无不由之謂道」之真正義理所在。猶如木、火、土、金、水
五行之物，皆薀涵一陰、一陽之炁而生化，所以天一為陽，與地六之陰，合
而生水；地二之陰與天七之陽，合而生火；天三之陽與地八之陰，合而生木；
地四之陰與天九之陽，合而生金；天五之陽與地十之陰，合而生土，此為五
行，各稟一陰、一陽之自然本質。至於動、植物，則又各自完備滿盈五行陰陽
之炁，而後得以長成生育。

　　韓康伯雖指「道寂然无體，不可為象」，惟劉牧以為，其非虛無，本由一
陰、一陽之元炁，凝聚而成。且一陰、一陽之炁，交相作用變化，以生得萬物，
而此陰、陽匹配交融之過程，即為道者，无不由、无不通之精髓。若此，劉牧
方敘：「觀其注疏之家，祖述以无為義，不釋其道之妙用也。且道无形，亦必陳
乎宗旨。《易》稱『一陰、一陽之謂道』，必垂一陰、一陽之義耳。」〔註218〕故
而劉牧為輔其述，則佐以圖示，闡明乾☰天、坤☷地之獨陽、獨陰：

圖 5-5-3 乾☰獨陽第二十六〔註219〕

〔註217〕〔北宋〕劉牧撰：《易數鈎隱圖》，收入《景印摛藻堂四庫全書薈要・經部第
　　　　14 冊・易類》（臺北：世界書局，1988 年），總第 15 冊，卷上，頁 254～255。
〔註218〕〔北宋〕劉牧撰：《易數鈎隱圖》，收入《景印摛藻堂四庫全書薈要・經部第
　　　　14 冊・易類》，總第 15 冊，卷上，頁 254。
〔註219〕〔北宋〕劉牧撰：《易數鈎隱圖》，收入《景印摛藻堂四庫全書薈要・經部第
　　　　14 冊・易類》（臺北：世界書局，1988 年），總第 15 冊，卷上，頁 254。

劉牧以三白點，喻意獨陽乾☰天之三陽爻。又以六黑點，譬如孤陰坤☷地，三陰爻之六畫數：

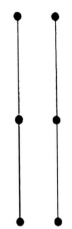

圖 5-5-4 坤☷獨陰第二十七〔註 220〕

乾☰天，獨陽，三畫，代表奇數為陽。若然劉牧依此繪製奇數之白點，以相應五行生數天一、天三、天五之陽：

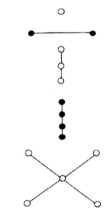

圖 5-5-5 乾☰畫，三位第二十二〔註 221〕

奇數為陽，偶數為陰，上圖天一、天三、天五為奇，劉牧各以一白、三白、五白，象徵陽炁之蘊。另以五行成數，地六、天七、地八、天九、地十之圖，以顯偶數為陰炁之寓：

〔註 220〕〔北宋〕劉牧撰：《易數鉤隱圖》，收入《景印摛藻堂四庫全書薈要·經部第14 冊·易類》，總第 15 冊，卷上，頁 254。

〔註 221〕〔北宋〕劉牧撰：《易數鉤隱圖》，收入《景印摛藻堂四庫全書薈要·經部第14 冊·易類》，總第 15 冊，卷上，頁 252。

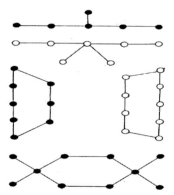

圖 5-5-6 坤☷畫，三位第二十三〔註222〕

地六、地八、地十為偶，各以六、八、十黑之點應陰。綜合分陰、分陽諸圖，劉牧即謂：「乾☰畫，奇也；坤☷畫，偶也。且乾☰、坤☷之位分，則奇、偶之列□〔註223〕，陰、陽之位序矣。」〔註224〕乾☰、坤☷，為天、地所稟之獨陽、獨陰，然乾☰三畫，表陽，故畫奇數白點，藉坤☷六畫象陰，則畫偶數黑點。若此，乾☰、坤☷，陰、陽之位倘能分別，其奇、偶之列即可明確，陰、陽之處，亦能有序。是以陰、陽陳列，形成陽中有陰，陰中有陽之位次，劉牧猶繪圖以示：

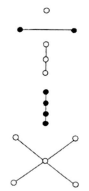

圖 5-5-7 陽中陰第二十四〔註225〕

劉牧取五行生數，天一、天三、天五，與地二、地四交錯羅列之黑、白點，以譬陽中有陰之情，惟此圖已與「乾☰畫，三位第二十二」重複。且劉牧以五行

〔註222〕〔北宋〕劉牧撰：《易數鈎隱圖》，收入《景印摛藻堂四庫全書薈要‧經部第14 冊‧易類》（臺北：世界書局，1988 年），總第 15 冊，卷上，頁 253。

〔註223〕按原文此字缺佚，遍查文獻未獲。

〔註224〕〔北宋〕劉牧撰：《易數鈎隱圖》，卷上，頁 253。

〔註225〕〔北宋〕劉牧撰：《易數鈎隱圖》，卷上，頁 253。

成數，地六、地八、地十，與天七、天九之交織鋪放，以比陰中有陽之狀：

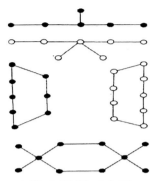

圖 5-5-8 陰中陽第二十五〔註 226〕

六、八、十黑之陰，夾雜七、九兩白之陽，雖明陰中有陽之象，然此圖亦與「坤☷畫，三位第二十三」重複。

　　太極生陰、陽兩儀，一、三象陽儀；二、四如陰儀，天五幹運其中，各與一、二、三、四交相駕和而生四象六、七、八、九，再由四象以生八卦，而推衍萬物之數。此即劉牧所稱陰、陽兩儀匹配，運其妙用所成之變化，惟此過程，猶如「道」者，一陰、一陽神奇相耦運行之理則一般。是以太極所生兩儀，演化而成之木、火、土、金、水，五行之物，劉牧稱其必然符契「各含一陰、一陽之炁而生」之哲理，惟此亦即〈繫傳〉所載「一陰、一陽之謂道」之涵育真諦。若此劉牧始云「此則五行之質，各稟一陰、一陽之炁耳」；並畫圖示意所詮之五行：

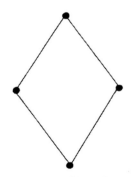

圖 5-5-9 離☲為火第二十八〔註 227〕

〔註 226〕〔北宋〕劉牧撰：《易數鉤隱圖》，收入《景印摛藻堂四庫全書薈要·經部第14 冊·易類》（臺北：世界書局，1988 年），總第 15 冊，卷上，頁 253。

〔註 227〕〔北宋〕劉牧撰：《易數鉤隱圖》，收入《景印摛藻堂四庫全書薈要·經部第14 冊·易類》，總第 15 冊，卷上，頁 255。

劉牧言「地二與天七合而生火。」其卦為四正之離☲，中女，屬陰，卦畫四，故順其卦象，以四黑點表示。又「天一與地六合而生水。」其卦為四正之坎☵，劉牧則繪：

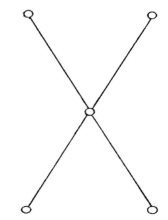

圖 5-5-10 坎☵為水第二十九〔註228〕

坎☵，中男，屬陽，卦畫五，劉牧沿其卦象，以五白點示之。且「天三與地八合而生木。」其卦為四正之震☳，圖示即為：

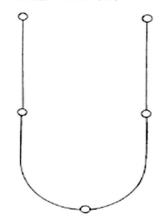

圖 5-5-11 震☳為木第三十〔註229〕

震☳，長男，屬陽，卦畫五，劉牧循其卦象，以五白點表示。尚云「地四與天九合而生金。」其卦為四正之兌☱，圖畫猶如：

〔註228〕〔北宋〕劉牧撰：《易數鈎隱圖》，收入《景印摛藻堂四庫全書薈要·經部第14冊·易類》（臺北：世界書局，1988年），總第15冊，卷上，頁255。

〔註229〕〔北宋〕劉牧撰：《易數鈎隱圖》，收入《景印摛藻堂四庫全書薈要·經部第14冊·易類》，總第15冊，卷上，頁255。

圖 5-5-12 兌☱為金第三十一〔註230〕

兌☱，少女，屬陰，卦畫四，劉牧隨其卦象，以四黑點顯示。亦述「天五與地十合而生土。」惟五行之土無卦象，則以五白、十黑點之圖呈現：

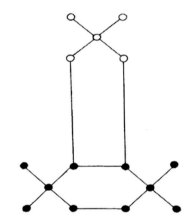

圖 5-5-13 天五合地十為土第三十二〔註231〕

劉牧且釋曰：

> 土无象也，分王四季。地則積陰之炁，炁稟獨陰不能生物也。暨天五與地十合而生土，成其形質，附地而載，是為五行之一也。故疏云「土者，是地中之別耳。」所以地則稱乎陰，土則稟乎二炁也。〔註232〕

〔註230〕〔北宋〕劉牧撰：《易數鈎隱圖》，收入《景印摛藻堂四庫全書薈要·經部第14冊·易類》（臺北：世界書局，1988年），總第15冊，卷上，頁256。

〔註231〕〔北宋〕劉牧撰：《易數鈎隱圖》，收入《景印摛藻堂四庫全書薈要·經部第14冊·易類》，總第15冊，卷上，頁256。

〔註232〕〔北宋〕劉牧撰：《易數鈎隱圖》，收入《景印摛藻堂四庫全書薈要·經部第14冊·易類》，總第15冊，卷上，頁256。

土行無象,分王於四季。坤☷地積陰,僅賦予獨陰之炁,不能化育萬物。惟天五與地十偶合所生之土,變化成實際之形質,附著於大地而承載萬物,已然成為五行之一。故孔穎達疏註:「土則分王四季,又地中之別。」〔註233〕若然劉牧即訓「坤☷地,視為獨陰之炁,然土則稟乎陰、陽二炁之名。」

　　《易緯乾坤鑿度》有言:「運五行,先水、次木、生火、次土及金。」〔註234〕五行,均含一陰、一陽之炁於內,依水、木、火、土、金之序,周流運轉於動、植物之身軀,動、植物亦因之而化育成長,是以劉牧方謂「至於動物、植物,又合五行之炁而生也。」若此,遵承《黃帝內經》所載:

> 天有四時、五行,以生長收藏,以生寒、暑、燥、溫、風。人有五藏化五氣,以生喜、怒、悲、憂、恐。……在地為木……在藏為肝;……在地為火……在藏為心;……在地為土……在藏為脾;……在地為金……在臟為肺;……在地為水……在藏為腎。〔註235〕

天、地有春、夏、秋、冬四時節令及木、火、土、金、水五行之相互融合、循環運轉,產生寒、暑、燥、濕、風之五氣變遷,以利萬物之生長收藏。人有肝、心、脾、肺、腎等五藏,稟受五氣,化生喜、怒、悲、憂、恐之情思。……在地為木者,其氣相應於人體為肝;在地為火者,其氣對應於人體為心;在地為土者,其氣感應於人體為脾;在地為金者,其氣反應於人體為肺;在地為水者,其氣應和於人體為腎。

　　劉牧又兼綜《易緯乾鑿度》:「孔子曰:『八卦之序成立,則五氣變形,故人生而應八卦之體,得五氣以為五常──仁、義、禮、智、信是也』」〔註236〕之錄記,且藉人體生息為例,繪製五臟映襯五行八卦之圖,以翼助其敘:

〔註233〕〔三國‧魏〕王弼注,〔唐〕陸德明音義,孔穎達疏:〈繫辭上〉,《周易經傳注疏》,收入《景印摛藻堂四庫全書薈要‧經部第1冊‧易類》(臺北:世界書局,1988年),總第2冊,卷11,頁269。

〔註234〕〔東漢〕鄭康成注:〈乾鑿度‧生天數〉,《易緯乾坤鑿度》,收入《景印摛藻堂四庫全書薈要‧經部第14冊‧易類》(臺北:世界書局,1988年),總第15冊,卷上,頁491。

〔註235〕〔唐〕王冰次註,〔北宋〕林億等校正:〈陰陽應象大論篇第五〉,《黃帝內經素問》,收入《景印摛藻堂四庫全書薈要‧子部第9冊‧醫家類》(臺北:世界書局,1988年),總第254冊,卷2,頁28～30。

〔註236〕〔東漢〕鄭康成注:《易緯乾鑿度》,收入《景印摛藻堂四庫全書薈要‧經部第14冊‧易類》(臺北:世界書局,1988年),總第15冊,卷上,頁501。

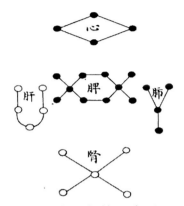

圖 5-5-14 人稟五行第三十三〔註237〕

併詮釋該圖而陳：

> ◇，離☰象也，在人為心，五常為禮；✕者，坎☵象也，在人為腎，
> 五常為智；ʊ，震☳象也，在人為肝，五常為仁；Ƴ，兌☱象也，
> 在人為肺，五常為義；分處南、北、東、西，則中央之土，宜作
> ✕✕。〔註238〕

劉牧沿循《內經》、《易緯乾鑿度》所云，而視「天地外在五行，相應人體五臟
之氣，同然成就內在五常之情。」故以四黑◇；Ƴ，譬如離☰火，五臟之心、
五常之禮；兌☱金，五臟之肺、五常之義。以五白ʊ；✕，喻為震☳木，五臟
之肝、五常之仁；坎☵水，五臟之腎、五常之智。◇離☰、✕坎☵、ʊ震☳、
Ƴ兌☱四者，分居南、北、東、西之處，惟中央之土，分旺四季，無卦可示，
劉牧則以雙五組成十黑✕✕之點，代表土者、五臟之脾。於此，劉牧雖未談及
土行之五常，惟其總括之論，猶已明白詮述：

> 至於人之生也，外濟五行之利，內具五行之性。五行者，木、火、
> 土、金、水也。木性仁、火性禮、土性信、金性義、水性智。〔註239〕

劉牧歸結五行之木、火、土、金、水，呼應五常之德，即為仁、禮、信、義、
智。其解「土性為信」，「水性為智」，則與《易緯乾鑿度》纂錄：「坎☵，北方
之卦也。……故北方為信。……中央所以繩四方行也，智之決也，故中央為

〔註237〕〔北宋〕劉牧撰：《易數鈎隱圖》，收入《景印摛藻堂四庫全書薈要·經部第
　　　　14冊·易類》（臺北：世界書局，1988年），總第15冊，卷上，頁256。

〔註238〕〔北宋〕劉牧撰：《易數鈎隱圖》，收入《景印摛藻堂四庫全書薈要·經部第
　　　　14冊·易類》，總第15冊，卷上，頁256。

〔註239〕〔北宋〕劉牧撰：《易數鈎隱圖》，收入《景印摛藻堂四庫全書薈要·經部第
　　　　14冊·易類》（臺北：世界書局，1988年），總第15冊，卷上，頁257。

智」〔註240〕之「北方坎☵水為信，中央土行為智」相悖。亦與鄭玄箋注：「木神則仁，金神則義，火神則禮，水神則信，土神則知」〔註241〕之「以水為信，土則為智」抵牾。

考西漢‧毛亨（？）傳云：「麟信而應禮，以足至者也。」〔註242〕東漢‧服虔（？）嘗謂：「麟，中央土獸，土為信；信，禮之子。」〔註243〕又《京氏易傳》名「鎮星」者，均指「土星」而言；〔註244〕「太陰」者，咸為「水星」之號。〔註245〕東漢‧陸績（188～219）注：「太陰，北方。」〔註246〕東漢‧班固（32～92）則言：「辰星，曰北方，冬水，知也。……填星，曰中央，季夏土，信也。」〔註247〕南朝宋‧裴駰（？）集解引述：「《漢書音義》曰：『少陽，東極；太陰，北極。』」〔註248〕元‧胡三省（1230～1302）音註：「填星，

〔註240〕〔東漢〕鄭康成注：《易緯乾鑿度》，收入《景印摛藻堂四庫全書薈要‧經部第 14 冊‧易類》（臺北：世界書局，1988 年），總第 15 冊，卷上，頁 501。

〔註241〕〔東漢〕鄭康成注，〔唐〕陸德明音義，孔穎達正義：〈中庸〉，《禮記注疏》，收入《景印摛藻堂四庫全書薈要‧經部第 51 冊‧禮類》（臺北：世界書局，1988 年），總第 52 冊，卷 52，頁 422。

〔註242〕〔東漢〕鄭康成箋，〔唐〕陸德明音義，孔穎達正義：〈周南‧麟之趾〉，《毛詩注疏》，收入《景印摛藻堂四庫全書薈要‧經部第 22 冊‧詩類》（臺北：世界書局，1988 年），總第 23 冊，卷 1，頁 110。

〔註243〕〔東漢〕鄭康成注，〔唐〕陸德明音義，孔穎達正義：〈禮運〉，《禮記注疏》，收入《景印摛藻堂四庫全書薈要‧經部第 50 冊‧禮類》（臺北：世界書局，1988 年），總第 51 冊，卷 22，頁 503。

〔註244〕按取〈剝〉卦☶為例：「……積算起己卯木至戊寅木，周而復始。……五星從位起鎮星。」陸績注「鎮星」即云：「土星入卦。」凡《京氏易傳》所述之「鎮星」，皆指「土星」。〔西漢〕京房撰，〔東漢〕陸績注：《京氏易傳》，收入《景印摛藻堂四庫全書薈要‧子部第 19 冊‧數術類》（臺北：世界書局，1988 年），總第 264 冊，卷上，頁 4。

〔註245〕按取〈蠱〉卦☶為例：「積算起乙卯至庚寅，周而復始……五星從位起太陰。」陸績注曰：「太陰，水星，入卦用。」凡《京氏易傳》所言之「太陰」，咸為「水星」。〔西漢〕京房撰，〔東漢〕陸績注：《京氏易傳》，收入《景印摛藻堂四庫全書薈要‧子部第 19 冊‧數術類》，總第 264 冊，卷中，頁 20。

〔註246〕〔西漢〕京房撰，〔東漢〕陸績注：《京氏易傳》，收入《景印摛藻堂四庫全書薈要‧子部第 19 冊‧數術類》，總第 264 冊，卷中，頁 18。

〔註247〕〔東漢〕班固撰，〔唐〕顏師古注：〈天文志〉，《前漢書》，收入《景印摛藻堂四庫全書薈要‧史部第 4 冊‧正史類》（臺北：世界書局，1988 年），總第 90 冊，卷 26，頁 630。

〔註248〕〔西漢〕司馬遷撰，〔南朝‧宋〕裴駰集解，〔唐〕司馬貞索隱，張守節正義：

土星也。填，讀曰『鎮』。」〔註249〕若然可知，京房之鎮星相垺於填星，與毛傳「麟信」之「麟」，皆為土行，咸屬五常之「信」；太陰即如辰星，皆為水行，五常歸「智」。是以蕭吉或然依此而稱：「毛公傳說及京房等說，皆以土為信，水為智。」〔註250〕

再者，班固尚有陳敘：「協之五行，則角為木，五常為仁……商為金，為義……徵為火，為禮……羽為水，為智……宮為土，為信……。」〔註251〕《乾坤鑿度》亦載：「木仁、火禮、土信、水智、金義。」〔註252〕均采「土行為信，水行為智」之說。若此以觀，洎毛亨、京房、《漢書》、《易緯乾坤鑿度》以降，歷來摭土為「信」者，本即有其淵源之緣，故蕭吉猶然肯定且納其釋而述：「按毛公及京房、漢史，皆以土為信，可謂其當所以然者。」〔註253〕

若然，據上以判，劉牧「土性『信』；水性『智』」之論見，洵當隨如蕭吉所提之脈絡而來，惟未受《乾坤鑿度》嘗引《萬名經》撰次：「水、土，兼智、信」〔註254〕之影響，而模稜不定。猶恐當奉夫子所云：「知者樂水，仁者樂山」〔註255〕之引導，而執意擇取「水行為『智』，土行為『信』」之思維，抑或有跡可循，惟則暫且未定。

然其「人稟五行」中央土，宜作十黑點「**XX**」之主張，則乃沿習「天

〈司馬相如列傳第五十七〉，《史記》，收入《景印摛藻堂四庫全書薈要・史部第 3 冊・正史類》（臺北：世界書局，1988 年），總第 89 冊，卷 117，頁 507。

〔註249〕〔北宋〕司馬光撰，〔元〕胡三省音注：〈漢紀十二・世宗孝武皇帝中之下〉，《資治通鑑》，收入《景印摛藻堂四庫全書薈要・史部第 71 冊・編年類》（臺北：世界書局，1988 年），總第 157 冊，卷 20，頁 434。

〔註250〕〔隋〕蕭吉撰〈第十四論雜配・第五論五常〉，《五行大義》，收入《續修四庫全書・子部・術數類》（上海：上海古籍出版社，1995 年），第 1060 冊，卷 3，頁 241。

〔註251〕〔東漢〕班固撰，〔唐〕顏師古注：〈律曆志第一上〉，《前漢書》，收入《景印摛藻堂四庫全書薈要・史部第 4 冊・正史類》（臺北：世界書局，1988 年），總第 90 冊，卷 21 上，頁 460。

〔註252〕〔東漢〕鄭康成注：〈乾鑿度・生天數〉，《易緯乾坤鑿度》，收入《景印摛藻堂四庫全書薈要・經部第 14 冊・易類》（臺北：世界書局，1988 年），總第 15 冊，卷上，頁 491。

〔註253〕〔隋〕蕭吉撰〈第十四論雜配・第五論五常〉，《五行大義》，卷 3，頁 241。

〔註254〕〔東漢〕鄭康成注：〈乾鑿度・生天數〉，《易緯乾坤鑿度》，卷上，頁 491。

〔註255〕〔三國・魏〕何晏注，〔唐〕陸德明音義，〔北宋〕邢昺正義：〈雍也第六〉，《論語注疏》，收入《景印摛藻堂四庫全書薈要・經部第 69 冊・論語類》（臺北：世界書局，1988 年），總第 70 冊，卷 6，頁 60。

五所以斡四象生數,而成七、九、六、八之四象,是四象之中,皆有五也」
〔註256〕之立論,是以天五不用,僅用地十以示。

　　劉牧秉持道即太極為一之趣,因循〈繫傳〉:「一陰、一陽之謂道」者之
理,以辯生成兩儀、變轉四象,造就八卦,化生萬物。惟萬物皆有陰、陽和合
之稟性,人且居萬物之首,承天、地之氣而生,故而劉牧藉《易緯乾坤鑿度》
所記「五行交替之次」,搭配《黃帝內經》「五藏化五氣」之說,兼并《易緯乾
鑿度》「五氣應五常」之辭,以詮人稟五行而立之蘊,且循「天五斡生不論」
之知,承襲毛亨《詩傳》、《京房易傳》、《漢書》、《易緯乾坤鑿度》諸言,以執
「土信、水智」之識,堪稱引經據典,脈絡明暢,條次通達,義理嚴整,絕非
空口無稽,標新立異之創,誠有別於他家象數衍《易》之為也。

第六節　《易數鉤隱圖》〈臨〉卦䷒:「至于八月有凶」之思想剖泮

　　歷來諸家注解〈臨〉卦䷒「至于八月有凶」〔註257〕之「八月」一詞,猶
如「七日來復」之「七日」一般,眾說紛紜,莫衷一是。若然筆者,即就此疑
惑,多方裒掇各家之言與劉牧之見,且於本節進行省審分析,釐比探究,希
冀辨明《易數鉤隱圖》於斯之思想識議及其脈絡淵源。

一、歷代各家「至于八月有凶」之詮註研辯

　　子夏於此傳曰:「〈臨〉䷒代〈坤〉䷁之二也。極六位而陰及代之矣。數之
變也,凶久乎!月陰之物來代陽也,故八月凶。」〔註258〕僅言〈坤〉卦䷁初、
二爻動而成〈臨〉卦䷒,經數爻之變又反陰爻代陽,故八月為凶,惟未談及
「八月」之義為何?鄭玄可謂最早論起「八月」之旨者,其云:

　　〈臨〉䷒,大也。陽氣自此浸而長大,陽浸長矣,而有四德齊功於
　　〈乾〉䷀,盛之極也。人之情盛則奢淫,奢淫則將亡,故戒以凶。

〔註256〕〔北宋〕劉牧撰:《易數鉤隱圖》,收入《景印摛藻堂四書全書薈要‧經部第
　　　　14冊‧易類》(臺北:世界書局,1988年),總第15冊,卷上,頁248。

〔註257〕〔三國‧魏〕王弼注,〔唐〕陸德明音義,孔穎達正義:《周易經傳注疏》,
　　　　收入《景印摛藻堂四庫全書薈要‧經部第1冊‧易類》(臺北:世界書局,
　　　　1988年),總第2冊,卷4,頁102。

〔註258〕〔東周〕卜子夏撰:《子夏易傳》,收入《景印文淵閣四庫全書‧經部1‧易
　　　　類》(臺北:臺灣商務印書館,1983年),第7冊,卷2,頁30。

〈臨〉卦䷒斗建丑而用事，殷之正月也。當文王之時，紂為无道，故於是卦，為殷家著興衰之戒以見。周改殷正之數云：〈臨〉䷒，自周二月用事，訖其七月，至八月而〈遯〉卦䷠受之，此終而復始，王命然矣。〔註259〕

鄭玄依〈序卦〉「臨者，大也」〔註260〕之要，釋〈臨〉卦䷒之時，陽氣逐次增長，已漸具〈乾〉卦䷀「元、亨、利、貞」四德之功，象徵陽氣即將盛大至極。循此對照人之情欲興旺而不知節制，則必陷於奢侈淫逸，若然則終將毀亡，故戒之以凶。惟〈臨〉卦䷒為十二辟卦，建丑之卦。丑為殷商正月，當文王之際，紂王暴虐無道，故於此卦，顯現商代之興衰而引以為鑒。周改殷正朔之數，以建子為周正月，〈臨〉卦䷒居丑，則為周曆二月用事，自丑、寅、卯、辰、巳、午至未月，為商制七月，亦即周室八月，十二辟卦，建值為〈遯〉䷠，若然不知警惕收斂，惡性循環往復，則歷代王命，終將必然輪替。

鄭玄訓〈臨〉卦䷒「八月有凶」之八月為未月，十二消息為〈遯〉卦䷠。虞翻沿習鄭玄之說而謂：

> 與〈遯〉䷠旁通，〈臨〉䷒消於〈遯〉䷠，六月卦也，於周為八月。
> 〈遯〉䷠「弒君、父」，故至于八月有凶。荀公以兌☱為八月，兌☱於周為十月，言八月，失之甚矣。〔註261〕

虞翻於〈需䷄·九三〉有曰：「離☲為戎，乾☰為敬，陰消至五，〈遯〉䷠，臣將弒君。」〔註262〕又於注〈遯〉䷠云：「以陰消陽，子弒其父，小人道長，避之乃通」〔註263〕，故稱〈遯〉卦䷠有「弒君、父」之象。惟〈臨〉䷒、〈遯〉䷠互為交錯，地澤〈臨〉卦䷒二陽，消於六月天山〈遯〉卦䷠之二陰，夏六月即周八月，故卦辭言「至于八月有凶」。虞翻稱荀爽解八月為兌☱〔註264〕，疏

〔註259〕〔唐〕李鼎祚撰：《周易集解》，收入《景印文淵閣四庫全書·經部1·易類》（臺北：臺灣商務印書館，1983年），第7冊，卷五，頁679。

〔註260〕〔三國·魏〕王弼注，〔唐〕陸德明音義，孔穎達正義：《周易經傳注疏》，卷13，頁306。

〔註261〕〔唐〕李鼎祚撰：《周易集解》，收入《景印文淵閣四庫全書·經部1·易類》（臺北：臺灣商務印書館，1983年），第7冊，卷5，頁679。

〔註262〕〔唐〕李鼎祚撰：《周易集解》，收入《景印文淵閣四庫全書·經部1·易類》，第7冊，卷2，頁639。

〔註263〕〔唐〕李鼎祚撰：《周易集解》，收入《景印文淵閣四庫全書·經部1·易類》，第7冊，卷7，頁716。

〔註264〕按南宋·胡宏（1105～1161）云：「八月仲秋，天行至西，正西，兌☱之方。」故八月，斗建酉，正西方即兌☱之方。〔南宋〕胡宏撰：〈五帝紀·黃帝軒轅

略夏曆之八月，則為周制之十月，故評其說法，失之甚矣。稍後於虞翻之陸績，同然采用鄭玄之理，惟以十二辟卦，為其陳述之依據：

> 陽息於十一月為〈復〉䷗，至十二月為〈臨〉䷒，消於五月為〈姤〉
> ䷫，六月為〈遯〉䷠，自子至未，凡歷八月。「有凶」，言有而未至
> 也。〔註265〕

陸績藉夏曆之月，所值辟卦之消長，作為「八月」詮釋之根基。其稱子月，〈復〉卦䷗一陽生；丑月，〈臨〉卦䷒二陽生，陽生息至巳月成〈乾〉䷀，陽爻已極；若然陽氣始消於午月之〈姤〉䷫，一陰生，陰氣浸長，迄六月未之〈遯〉䷠，二陰滋壯；子、丑、寅、卯、辰、巳、午、未，凡行歷八個月分。惟〈臨〉卦䷒：「至于八月有凶」之「有凶」一詞，則譬喻即將有凶事發生，然而尚未顯現之戒。

之後隋唐·何氏（？），承襲鄭、虞、陸氏「八月」之知，惟以陸績所敘為主，亦語：「從建子陽生至建未為八月。」〔註266〕褚氏（？）則采荀爽之論而謂：「自建寅至建酉為八月。」〔註267〕王弼撰稱：「八月，陽衰而陰長，小人道長，君子道消也，故曰『有凶』。」〔註268〕其以義理注「八月」之文，猶如子夏，未有明釋，然因傳句提及〈否䷋·彖〉：「小人道長，君子

氏〉，《皇王大紀》，收入《景印文淵閣四庫全書·史部71·編年類》（臺北：臺灣商務印書館，1984年），第313冊，卷2，頁23。

〔註265〕按李衡此則輯文，作者標註「陸」字；葉良佩載記為「陸績」；清·黃奭（1809～1853）則依《撮要》僅一「陸」字，而著錄作者為「陸希聲」。若此之訛亂，筆者將另撰專文討論。惟與之後「註273」之引文比較，故采葉良佩所輯為主。〔南宋〕李衡刪增：《周易義海撮要》，收入《景印摛藻堂四庫全書薈要·經部第3冊·易類》（臺北：世界書局，1988年），總第4冊，卷2，頁70。〔明〕葉良佩輯：《周易義叢》，收入《續修四庫全書。經部。易類》（上海：上海古籍出版社，1995年），第7冊，卷之5，頁161。〔清〕黃奭輯：〈陸希聲易傳〉，《黃氏逸書考》，收入《續修四庫全書·子部·雜家類》（上海：上海古籍出版社，1995年），第1206冊，頁627。

〔註266〕〔三國·魏〕王弼注，〔唐〕陸德明音義，孔穎達正義：《周易經傳注疏》，收入《景印摛藻堂四庫全書薈要·經部第1冊·易類》（臺北：世界書局，1988年），總第2冊，卷4，頁102。

〔註267〕〔三國·魏〕王弼注，〔唐〕陸德明音義，孔穎達正義：《周易經傳注疏》，收入《景印摛藻堂四庫全書薈要·經部第1冊·易類》，總第2冊，卷4，頁102。

〔註268〕〔三國·魏〕王弼注，〔唐〕陸德明音義，孔穎達正義：《周易經傳注疏》，收入《景印摛藻堂四庫全書薈要·經部第1冊·易類》，總第2冊，卷4，頁102。

道消也」〔註269〕之辭，孔穎達即據以箋疏：

> 「至于八月有凶」者，以物盛必衰，陰長陽退，〈臨〉䷒為建丑之月，
> 從建丑至于八月建申之時，三陰既盛，三陽方退，小人道長，君子
> 道消，故八月有凶也。以盛不可終保，聖人作《易》以戒之也。……
> 今案此注云「小人道長，君子道消」，宜據〈否〉卦䷋之時，故以〈臨〉
> 卦䷒建丑，而至〈否〉卦䷋建申為八月也。〔註270〕

穎達指，宜以十二辟卦之次，從建丑〈臨〉卦䷒，二陽漸長，歷寅、卯、辰、
至巳月，六陽之極為〈乾〉䷀，經午月〈姤〉卦䷫一陰生、未月〈遯〉卦䷠二
陰生、迄建申〈否〉卦䷋用事，三陰既盛，三陽方退，惟巳行有八月，其時小
人道長，君子道消，故建丑〈臨〉卦䷒至建申〈否〉卦䷋，凡「八月有凶」，
則為聖人作《易》以鑒「盛不可終保」之意。李鼎祚亦承穎達循王弼一脈之識
而曰：

> 〈臨〉䷒十二月卦也。自建丑之月至建申之月，凡閱八月，則成〈否〉
> ䷋也。〈否〉䷋則天地不交，萬物不通。是至于八月有凶，斯之謂也。
> 〔註271〕

鼎祚云自建丑〈臨〉卦䷒之始，計經八個月，迄建申之〈否〉卦䷋。其勢已呈
〈否䷋·彖〉所述「則是天地不交，而萬物不通」〔註272〕之境，是以「至于
八月有凶」之趣，即源於此。陸希聲另結合〈復〉卦䷗「七日來復」之比較，
自成一格而詮：

> 〈臨〉䷒九，二爻體在兌☱。兌☱，陰卦也，有陽消之象焉，故稱「八
> 月有凶」，戒之也；〈復〉卦䷗，初爻體震☳，震☳，陽卦，有陽息之
> 象焉，故稱「七日來復」，喜之也。兌☱在西方，月生西，兌☱象得
> 八，故曰八月，戒在遠也；震☳在東方，日生於東，震☳象得七，故

〔註269〕〔三國·魏〕王弼注，〔唐〕陸德明音義，孔穎達正義：《周易經傳注疏》，
　　　　收入《景印摛藻堂四庫全書薈要·經部第1冊·易類》，總第2冊，卷3，
　　　　頁81。
〔註270〕〔三國·魏〕王弼注，〔唐〕陸德明音義，孔穎達正義：《周易經傳注疏》，
　　　　收入《景印摛藻堂四庫全書薈要·經部第1冊·易類》（臺北：世界書局，
　　　　1988年），總第2冊，卷4，頁102。
〔註271〕〔唐〕李鼎祚撰：《周易集解》，收入《景印文淵閣四庫全書·經部1·易類》
　　　　（臺北：臺灣商務印書館，1983年），第7冊，卷5，頁680。
〔註272〕〔三國·魏〕王弼注，〔唐〕陸德明音義，孔穎達正義：《周易經傳注疏》，
　　　　卷3，頁81。

日七日，喜於近也。七、八主靜，故於〈象〉、象言之。〔註273〕

陸氏言〈臨〉卦䷒，初九、九二，二爻陽體，居於內卦兌☱中。兌☱者，少女、為陰卦，有陽消陰長之兆，故〈臨䷒・彖〉：「至于八月有凶，消不久也。」〔註274〕即存戒慎警惕之虞。兌☱，在西方，鄭玄嘗注：「日出東方，月生西方。」〔註275〕且謂：「周之十月，夏之八月也。」〔註276〕夏曆八月為酉；子夏有敘：「兌☱為正西之物也。」〔註277〕荀爽前稱「兌☱為八月」，唐・李籍（？）訓釋：「卯，正東也；酉，正西也。」〔註278〕若然，酉乃正西而應兌☱〔註279〕，是以希聲云「兌☱有少陰八數之象」。《周禮》載記：「凡凶事，服弁服。」〔註280〕蓋「凶事」猶如喪事之比。〔註281〕然《禮記》載錄：「凡卜筮日，旬之外曰遠某日，旬之內曰近某日。喪事先遠日，吉事先近日。」

〔註273〕按此則輯文，李衡以「陸」字標註作者，惟葉良佩記錄為「陸希聲」。〔南宋〕李衡刪增：《義海撮要》，收入《景印摛藻堂四庫全書薈要・經部第 3 冊・易類》（臺北：世界書局，1988 年），總第 4 冊，卷 3，頁 87。〔明〕葉良佩輯：《周易義叢》，收入《續修四庫全書。經部。易類》（上海：上海古籍出版社，1995 年），第 7 冊，卷之 5，頁 193。

〔註274〕〔三國・魏〕王弼注，〔唐〕陸德明音義，孔穎達正義：《周易經傳注疏》，卷 4，頁 102。

〔註275〕〔東漢〕鄭康成注，〔唐〕陸德明音義，孔穎達正義：〈禮器〉，《禮記注疏》，收入《景印摛藻堂四庫全書薈要・經部第 50 冊・禮類》（臺北：世界書局，1988 年），總第 51 冊，卷 24，頁 538。

〔註276〕〔東漢〕鄭康成箋，〔唐〕陸德明音義，孔穎達正義：《毛詩注疏》，收入《景印摛藻堂四庫全書薈要・經部第 22 冊・詩類》（臺北：世界書局，1988 年），總第 23 冊，卷 19，頁 522。

〔註277〕〔東周〕卜子夏撰：《子夏易傳》，收入《景印文淵閣四庫全書・經部 1・易類》（臺北：臺灣商務印書館，1983 年），第 7 冊，卷 9，頁 118。

〔註278〕〔唐〕李籍撰：《周髀算經音義》，收入《景印摛藻堂四庫全書薈要・子部・第 19 冊・數術類》（臺北：世界書局，1988 年），總第 264 冊，頁 158。

〔註279〕按南宋・張行成（？）即曰：「震☳居卯，朝之位；兌☱居酉，夕之位。」〔南宋〕張行成撰：〈觀物外篇中之中〉《皇極經世觀物外篇衍義》，收入《景印文淵閣四庫全書・子部 110・術數類》（臺北：臺灣商務印書館，1985 年），第 804 冊，卷 5，頁 130。

〔註280〕〔東漢〕鄭康成注，〔唐〕陸德明音義，〔北宋〕賈公彥正義：《周禮注疏》，收入《景印摛藻堂四庫全書薈要・經部第 45 冊・禮類》（臺北：世界書局，1988 年），總第 46 冊，卷 21，頁 407。

〔註281〕按：依鄭玄注「弁服，喪冠也。」故可知，此「凶事」即指喪事而言。〔東漢〕鄭康成注，〔唐〕陸德明音義，〔北宋〕賈公彥正義：《周禮注疏》，收入《景印摛藻堂四庫全書薈要・經部第 45 冊・禮類》），總第 46 冊，卷 21，頁 407。

〔註 282〕八月遠於一旬十日之外，〔註 283〕因而希聲指「八月有凶」之「八月」，隱含鑑戒於遠之旨。〈復〉卦䷗，初九陽爻，屬內卦震☳體，震☳者，長男、陽卦，有陽息陰消之象，喜事之徵也。〈說卦傳〉纂紀：「震，東方也。」〔註 284〕若此，希聲即語「震☳在東方，得少陽七之象，其數少於一旬十日之內。故〈復䷗·象〉所著『七日』，則有吉慶摘取近日之要。況七、八二者於《周易》，咸屬靜止、不動之數，是以其意趣，皆在兩卦〈象〉辭及其內卦卦象之中陳露。」

　　觀覽希聲之論，殆沿荀爽、褚氏「兌☱為八月」之說為本，兼采《周禮》、《禮記》之則，且綜漢、唐諸儒之傳，融合七、八象數之學，已然脫離傳統十二辟卦，詮註〈臨〉卦䷒「至于八月有凶」之藩籬窠臼，全然不類於歷代各家之識具，遂成其一家之創見。

　　惟鄭玄、虞翻、陸績、何氏以降之「建子至建未」；荀爽、褚氏、陸希聲之「建寅迄建酉」；王弼、孔穎達、李鼎祚之「建丑莅建申」之「八月」諸說，皆有道理，咸有根據，堪稱大風有隧，其來有自。惟劉牧於《易數鈎隱圖》，針對〈臨〉卦䷒：「至于八月有凶」，亦有專篇之撰述，所持看法及其脈絡根由，則於後續條文討論。

二、劉牧〈臨〉卦䷒：「至于八月有凶」之思想評議

　　劉牧於「至于八月有凶」之「八月」，如同歷代各家，猶然提出個人獨特之闡發：

　　　　粤若諸家之說，皆與〈臨〉卦䷒之義不相偶契，何以知之？且〈卦·
　　　　象〉之辭，所以各論一卦之體也。夫〈臨〉卦䷒者，主建丑之月也。
　　　　何氏從建子陽生而數，則卦辭當在〈復〉卦䷗之下，不當屬〈臨〉
　　　　卦䷒也。褚氏從寅而數，則卦辭當在〈泰〉卦䷊之下，亦不當屬〈臨〉

〔註 282〕〔東漢〕鄭康成注，〔唐〕陸德明音義，孔穎達正義：〈曲禮上〉，《禮記注疏》，收入《景印摛藻堂四庫全書薈要·經部第 50 冊·禮類》（臺北：世界書局，1988 年），總第 51 冊，卷 3，頁 82。

〔註 283〕按鄭玄注「旬，十日也。」〔東漢〕鄭康成注，〔唐〕陸德明音義，孔穎達正義：〈曲禮上〉，《禮記注疏》，收入《景印摛藻堂四庫全書薈要·經部第 50 冊·禮類》，總第 51 冊，卷 3，頁 82。

〔註 284〕〔三國·魏〕王弼注，〔唐〕陸德明音義，孔穎達正義：《周易經傳注疏》，收入《景印摛藻堂四庫全書薈要·經部第 1 冊·易類》（臺北：世界書局，1988 年），總第 2 冊，卷 13，頁 301。

卦☷也。孔氏宜據建申〈否〉卦☴為八月，則〈否〉☴之六三，當消〈泰〉☳之九三，又與〈臨〉卦☵九二〔註285〕之不應也。今若以建未為八月，取〈遯〉卦☶之六二，消〈臨〉卦☵之九二，則於義為允矣。何者？且〈臨〉卦☵之〈象〉曰：「浸而長」，注云：「陽道轉進，陰道日消也。」〈遯〉卦☶之〈象〉，亦曰「浸而長」，注云：「陰道欲進而長，正道亦未全滅也。」今以二卦之爻，既相偶合，又，〈象〉辭皆有陰、陽浸長之說，則其義不得不然也。所以稱建未為八月耳。〔註286〕

劉牧以為歷來眾家所作「至于八月有凶」之「八月」陳述，皆與〈臨〉卦☵之義不相吻合。並援王弼：「凡〈象〉者，統論一卦之體者也」〔註287〕之說，而云凡〈卦・象〉之辭，咸談一卦之全體。故謂〈臨〉卦☵，本主建丑之月，惟何氏循陸績之釋，從子月一陽生起算，若此，卦辭理當繫於建子之〈復〉卦☷，不該隸屬於〈臨〉卦☵。然褚氏從寅而數，則卦辭亦應綴接〈泰〉卦☳之下，不應與〈臨〉卦☵連結。再者穎達依王弼之注，疏通「八月」在申為〈否〉☴。惟〈否〉卦☴三陰之六已生，倘沿「寅、申相衝」之道，〔註288〕則以〈否〉

〔註285〕 按原文標寫「九三」，惟文淵閣版錄記「又與〈臨〉卦☵『六三』之不應也。」〔北宋〕劉牧撰：《易數鈎隱圖附遺論九事》，收入《景印文淵閣四庫全書・經部2・易類》（臺北：臺灣商務印書館，1983 年），第 8 冊，卷中，頁 153。然朱震則云「〈否〉☴之六三，當消〈泰〉☳之九三，又更〈臨〉卦☵之『九二』不應。」〔南宋〕朱震撰：《叢說》，收入《景印摛藻堂四庫全書薈要・經部第 2 冊・易類》（臺北：世界書局，1988 年），總第 3 冊，頁 841。筆者按十二辟卦，陰消陽長之爻位變化，及劉牧舉〈否〉、〈泰〉，下卦三陰、三陽彼此之消息，以對照〈臨〉卦☵內卦二陽一陰之不應，若然當取朱震之說，方符劉牧全般上、下之語意，故予逕改。

〔註286〕 〔北宋〕劉牧撰：《易數鈎隱圖》，收入《景印摛藻堂四庫全書薈要・經部第 14 冊・易類》（臺北：世界書局，1988 年），總第 15 冊，卷中，頁 267。

〔註287〕 〔三國・魏〕王弼著，〔唐〕邢璹注，陸德明音義：〈略例下〉，《周易略例》，收入《景印摛藻堂四庫全書薈要・經部第 1 冊・易類》（臺北：世界書局，1988 年），總第 2 冊，頁 324。

〔註289〕 按京房云：「於六十四卦，遇王則吉，廢則凶，衝則破，刑則敗，死則危，生則榮。」〔西漢〕京房撰，〔東漢〕陸績注：《京氏易傳》，收入《景印摛藻堂四庫全書薈要・子部第 19 冊・數術類》（臺北：世界書局，1988 年），總第 264 冊，卷下，頁 28。又按隋・蕭吉（？）曰：「支衝破者，子、午衝破；丑、未衝破；寅、申衝破；卯、酉衝破；辰、戌衝破；巳、亥衝破。」〔隋〕蕭吉撰：〈第十三論衝破〉，《五行大義》，收入《續修四庫全書・子部・術數類》（上海：上海古籍出版社，1995 年），第 1060 冊，卷第 2，頁 228。

卦陰陽消息之爻數而視，理應相對建寅、〈泰〉卦䷊三陽之九，然卻與無法應和之建丑、〈臨〉卦䷒二陽之九相對，因而形成矛盾。〈臨䷒·彖〉載記：「剛浸而長」，〔註289〕王弼解曰：「陽轉進長，陰道日消」；〔註290〕〈遯䷠·彖〉亦錄：「浸而長也」，〔註291〕王弼猶訓：「陰道欲浸而長，正道亦未全滅」。〔註292〕況建未、〈遯〉卦䷠，陰六滋生二爻，循「丑、未相衝」〔註293〕以觀，則已然消散相對建丑、〈臨〉卦䷒之二陽爻九；且〈臨〉䷒、〈遯〉䷠彼此〈彖〉辭，互有陰、陽漸長之意；對應之初、二爻位，剛、柔亦相交錯，若此，「八月」以建未而定，於義允當，不得不然。

　　〈卦·彖〉之辭，本即詮釋一卦之義；「至于八月有凶」，為〈臨〉卦䷒，〈卦〉、〈彖〉之語。然〈臨〉卦䷒，建丑、〈復〉卦䷗，建子，若如何氏迤自子月計算至未，藉以而作「八月」之釋，則劉牧認為「至于八月有凶」，即須綴繫於〈復〉卦䷗而非〈臨〉卦䷒，故由此不采何氏之言，惟已一併否定陸績之敘。同理，褚氏洎寅迄酉，然〈泰〉卦䷊，建寅，則「至于八月有凶」，即該聯繫〈泰〉卦䷊而非〈臨〉卦䷒，是以同然推翻荀爽之見。

　　孔穎達雖承王弼之旨，自丑至申，以疏「八月」之數，惟劉牧詆詰建申之〈否〉䷋，三陰生，與建寅之〈泰〉䷊，三陽生，彼此陰陽消長之爻位、數相埒，反與建丑，二陽生之〈臨〉卦䷒，相互陰陽消長之爻位、數，不相對等，而予推翻。

　　劉牧另以〈臨〉䷒、〈遯〉䷠二卦，交相比較〈彖〉傳，咸皆提及「剛、柔浸長」之文，且〈臨〉卦䷒建丑、〈遯〉卦䷠建未，丑、未本即相對，〈臨〉

〔註289〕　〔三國・魏〕王弼注，〔唐〕陸德明音義，孔穎達正義：《周易經傳注疏》，收入《景印摛藻堂四庫全書薈要・經部第 1 冊・易類》（臺北：世界書局，1988 年），總第 2 冊，卷 4，頁 102。

〔註290〕　〔三國・魏〕王弼注，〔唐〕陸德明音義，孔穎達正義：《周易經傳注疏》，收入《景印摛藻堂四庫全書薈要・經部第 1 冊・易類》，總第 2 冊，卷 4，頁 102。

〔註291〕　〔三國・魏〕王弼注，〔唐〕陸德明音義，孔穎達正義：《周易經傳注疏》，收入《景印摛藻堂四庫全書薈要・經部第 1 冊・易類》（臺北：世界書局，1988 年），總第 2 冊，卷 6，頁 147。

〔註292〕　〔三國・魏〕王弼注，〔唐〕陸德明音義，孔穎達正義：《周易經傳注疏》，收入《景印摛藻堂四庫全書薈要・經部第 1 冊・易類》，總第 2 冊，卷 6，頁 147。

〔註293〕　〔隋〕蕭吉撰：〈第十三論衝破〉，《五行大義》，收入《續修四庫全書・子部・術數類》（上海：上海古籍出版社，1995 年），第 1060 冊，卷第 2，頁 228。

卦▉二陽，順次滋長，劉牧繪製示意如下：

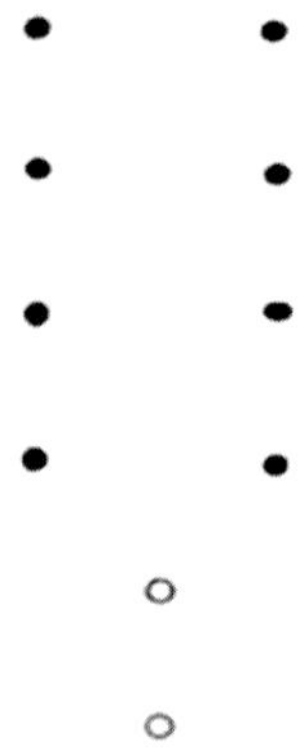

圖 5-6-1〈臨〉卦▉八月第四十七〔註 294〕

初、二爻位之白點，代表陽爻；三～上爻，各別二黑之點則為陰爻。〈遯〉卦
▉二陰，次序生息，其圖則為：

圖 5-6-2〈遯〉卦▉第四十八〔註 295〕

劉牧以初、二爻位，各自二黑之點，譬如陰爻；三～上爻之白點，喻為陽爻。
〈臨〉▉、〈遯〉▉二卦，陰、陽爻位之消、長，彼此同然呼應，洵然符契〈彖〉
義之趣，更且〈臨〉卦▉建丑，〈遯〉卦▉建未，丑、未本即夏曆之月而相對，
從丑訖未，累有八月，已然陽消迨盡，陰氣漸盛，已呈凶兆，是以劉牧據此贊
其〈卦·彖〉，闡抉卦象、爻變之蘊奧，條理自然恰當，毫無一絲強辭，故「至
于八月有凶」之「八月」，蓋屬夏曆之「未月」而無疑。

〔註 294〕〔北宋〕劉牧撰：《易數鈎隱圖》，收入《景印摛藻堂四庫全書薈要·經部第
14 冊·易類》（臺北：世界書局，1988 年），總第 15 冊，卷中，頁 266。
〔註 295〕〔北宋〕劉牧撰：《易數鈎隱圖》，收入《景印摛藻堂四庫全書薈要·經部第
14 冊·易類》（臺北：世界書局，1988 年），總第 15 冊，卷中，頁 266。

　　惟劉牧曾言：「文王作卦辭，周公作爻辭，仲尼輔之十翼，《易》道始明。」
〔註296〕且反詰：「或問當文王演卦之時，乃商之末世也，豈可正朔未改，而易子
正月為義哉？」〔註297〕若此，劉牧為明〈臨〉卦䷒卦辭，何以繫接「至于八
月有凶」之緣由，則又接續鄭玄所稱「當文王之時，紂為無道，故於是卦，為
殷家著興衰之戒以見」及虞翻「於周為八月」之敘，而荅曰：

> 周公作爻辭，父基子構，所以爻辭多文王後事，則知文王之旨，周
> 公述而成之，故以周正為定。況乎《易》有三〔註298〕名：「夏曰《連
> 山》，商曰《歸藏》，周曰《周易》。」「連山」，則神農氏之號也；「歸
> 藏」，則軒轅氏之號也。既「連山」、「歸藏」並是代號，所以題「周」
> 以別餘代，亦由《周禮》之謂也。且《易》既題「周」以正名，則
> 公不得不以周之正朔定其月也，孰謂不然？〔註299〕

劉牧謂「連山」為炎帝神農氏別號，〔註300〕「歸藏」，則黃帝軒轅氏稱號。
〔註301〕惟《易》有三名：「夏曰《連山易》，商名《歸藏易》，周叫《周易》。」
「連山」、「歸藏」皆為表示朝代之名號，若此，《周易》即如《周禮》題「周」
之般，代表隸屬「周代」之《易》、《禮》，以與其他朝代有所區別。文王既
演《周易》，作卦辭，已然隨周正而定，建立《周易》之基礎；周公承繼文
王意趣，融通述作爻辭，以成就完備《周易》，是以爻辭之中，存有諸多文
王後事之記載。文王之時，殷商末世，雖以《周易》為名，然隱周曆紀事，

〔註296〕〔北宋〕劉牧撰：〈〈龍圖〉〈龜書〉論上〉，《易數鈎隱圖》，卷下，頁272。
〔註297〕按標註□之字，原文遺佚，遍查文獻未獲；惟依李覯之述：「又念文王演卦，
　　　　在商之末，正朔未改，不可以未為八月」云云之意，嘗試模擬劉牧之原文，
　　　　筆者以為或雖未近，惟抑恐不遠矣。〔北宋〕李覯撰：〈刪定易圖序論・論四〉，
　　　　《盱江集》，收入《景印文淵閣四庫全書・集部34・別集類》（臺北：臺灣商
　　　　務印書館，1985年），第1095冊，卷4，頁62。
〔註298〕按原文寫「二」，明顯傳抄之訛，逕改為「三」。
〔註299〕〔北宋〕劉牧撰：《易數鈎隱圖》，卷中，頁267。
〔註300〕按唐・張守節（？）《史記正義》曰：「《帝王世紀》云『神農氏，姜姓也。……，
　　　　以火德王，故號炎帝。……又曰魁隗氏又曰連山氏，又曰列山氏。」〔西漢〕
　　　　司馬遷撰，〔南朝・宋〕裴駰集解，〔唐〕司馬貞索隱，張守節正義：〈五帝
　　　　本紀第一〉，《史記》，收入《景印摛藻堂四庫全書薈要・史部第1冊・正史
　　　　類》（臺北：世界書局，1988年），總第87冊，卷1，頁32。
〔註301〕按唐・司馬貞（679～732）《史記索隱》謂：「按皇甫謐云『黃帝生於壽丘……
　　　　居軒轅之丘，因以為名，又以為號。』」〔西漢〕司馬遷撰，〔南朝・宋〕裴
　　　　駰集解，〔唐〕司馬貞索隱，張守節正義：〈五帝本紀第一〉，《史記》，卷1，
　　　　頁32。

故藉卦辭以惕商紂之無道，俟換代改朝之後，「周公制禮樂，立政刑，以起八百年之業」，〔註302〕則必然改正朔，易服色，頒定周朝曆法，推行於天下，如此之分析，有誰能說不是？

　　綜覽劉牧之述，若然可知，「至於八月有凶」之所以繫於〈臨〉卦▤▤之下，實則出於文王慨歎殷商之盛衰，而為鑑誡後人所作之微言。惟「八月」，即自周正之子月起算，涖建未而得之數。是以劉牧譏諷何氏「以建子至建未為八月，則是究其末而不原其本矣。」〔註303〕然劉牧此話，猶亦已將陸績嘲哈於內。惟李覯則贊陸績、何氏之敘，且云：

> 或曰：〈臨〉▤▤「至於八月有凶」，諸儒之論，孰為得失？曰：何氏
> 云「建子陽生，至建未為八月，當矣。〈臨〉▤▤二陽，〈遯〉▤▤二陰，
> 合耦之卦也。……推其本而言之，〈復〉▤▤生為一月，〈臨〉▤▤長為
> 二月，至〈遯〉▤▤為八月，不亦可乎？〔註304〕

李覯比較〈臨〉卦▤▤「至於八月有凶」之諸儒訓解，認為以何氏之見，最為妥善。尚且以為自〈復〉卦▤▤一陽生為一月，〈臨〉卦▤▤二陽生為二月，至〈遯〉卦▤▤二陰生為八月之演繹，本即「至于八月有凶」之「八月」原意。若此，李氏之評泊，咸皆同然於陸績、何氏之傳。更且依此而抨擊劉牧：

> 而劉氏固守〈臨〉▤▤之建丑，數至〈遯〉▤▤之建未，則七月，以不
> 滿八之故，遂用周正，排建未為八月。又念文王演卦在商之末，正
> 朔未改，不可以未為八月，乃稱周公述而成之，故以周正為定。且
> 先儒以為文王作卦辭，周公作爻辭，劉氏既未有以破之，安得謂卦
> 辭亦周公所成，以飾〈臨〉卦▤▤，「八月」，用周正之說乎？〔註305〕

審閱李覯之陳述，或許由於推崇，偏袒於陸績、何氏，故而明顯全然誤釋劉

〔註302〕〔南宋〕項安世撰：〈▤▤習坎坎下坎上・六爻〉，《周易玩辭》，收入《景印摛藻堂四庫全書薈要・經部第 3 冊・易類》（臺北：世界書局，1988 年），總第 4 冊，卷 6，頁 667。

〔註303〕〔北宋〕劉牧撰：《易數鈎隱圖》，收入《景印摛藻堂四庫全書薈要・經部第 14 冊・易類》（臺北：世界書局，1988 年），總第 15 冊，卷中，頁 267。

〔註304〕〔北宋〕李覯撰：〈刪定易圖序論・論四〉，《旴江集》，收入《景印文淵閣四庫全書・集部 34・別集類》（臺北：臺灣商務印書館，1985 年），第 1095 冊，卷 4，頁 62。

〔註305〕〔北宋〕李覯撰：〈刪定易圖序論・論四〉，《旴江集》，收入《景印文淵閣四庫全書・集部 34・別集類》（臺北：臺灣商務印書館，1985 年），第 1095 冊，卷 4，頁 62。

牧詮註之含意。惟筆者以為，劉牧純然沿襲鄭玄、虞翻之箋疏，亦且遵奉先
儒傳嬗「文王作卦辭，周公作爻辭」之共識，誠然未有如同李覯所斥之趨向。
此概可由批駁劉牧，不亞於李覯之朱震辨析，得窺端倪：

> 劉氏云「若從建子，則卦辭當在〈復〉卦䷗之下，〈否〉䷋之六三，
> 當消〈泰〉䷊之九三，又更〈臨〉卦䷒之九二，不應。」今以〈遯〉
> ䷠之六，二，消〈臨〉䷒之九，二，則於我為得。則是劉氏取何氏
> 之說而條達之也。〔註306〕

朱震稱「若就己而言，劉牧訓『〈遯〉卦䷠，二陰六，消〈臨〉卦䷒，二陽九』
之說法，則是相宜而恰當。惟劉牧能作如是之闡示，實乃掇拾何氏之辭，改
以條理通達之語。」

　　若然大體從上以判，顯示朱震同然抑或未曉劉牧，實乃沿習鄭、虞之趣，
而非何、陸之要。故而錯認劉牧因循何氏，改易條暢其敘。尚且評議未睹，
猶似李覯攻詰劉牧，有關文王、周公，何者撰作卦辭之疑句。顯然朱震之論
斷，非如李覯之誤解，僅祇訛謬於劉牧抄襲何氏之舛戾。若此回顧李覯之訾
議：

> 且周易書名，周公設官，可題周家以別餘代，卦辭豈得擅改？彼禮
> 樂損益，蓋從時之宜，《易》之為書，萬世無斃，況文考之手澤，周
> 公改之何意？文王若曰七月有凶，有何妨害？而周公故以八月定之
> 乎？文王作《易》之時，便題周字，亦可矣，何必周公也？〔註307〕

其顛倒淆混劉牧之宗旨，確然有其重新商榷檢討之必要。劉牧〈臨〉卦䷒：
「至于八月有凶」之「八月」，蓋以周曆八月為其纂述之根本。《周易》行世，
西伯雖未王於天下，惟作卦辭之際，已然端詳〈臨〉䷒、〈遯〉䷠，相對陽消
陰息之卦象，配以周室曆數，隱譬八月有凶而為告戒。俟周代商，周公頒定
曆法，夫子十翼之〈彖〉，始明「剛、柔浸長」之理，爾後漢儒，佐以十二辟
卦，亦然契合夏曆丑、未相沖之值月，惟其自丑訖未之數，洽如卦辭之「八
月」。如此即為劉牧，呼喝何氏乃至陸績，只知其末而未究其原之義蘊。惟審
考劉牧「至于八月有凶」之「八月」文辭，已然可證，其承續於鄭玄、虞翻一
脈之思想淵流，則毋庸置辯，毫無疑慮。

〔註306〕〔南宋〕朱震撰：《叢說》，收入《景印摛藻堂四庫全書薈要·經部第2冊·
　　　　易類》（臺北：世界書局，1988年），總第3冊，頁841。
〔註307〕〔北宋〕李覯撰：〈刪定易圖序論·論四〉，《盱江集》，卷4，頁62～63。

第七節　小結

　　劉牧早於張載、程頤、朱熹，堪稱歷來首位，質疑孔穎達采用韓康伯持注之〈繫傳〉本，錄記「大衍之數五十，……，天數五，地數五，五位相得而各有合。……，凡天地之數五十有五，……。是故四營而成易，……。天一，地二，天三，……，地十。」等文句序列，編排有誤，而提出說法者。且執持「天一，地二，天三……，地十。天數五，地數五，五位相得而各有合。……，凡天地之數五十有五，此所以成變化而行鬼神也」之條次，蓋與班固《漢書·律曆志》援引之版本，可謂同然一冊。

　　其云大衍之數，自天地之極數五十有五，減天五而成。然天五並非不用，而是斡駕於四象生數，天一、地二、天三、地四，變化融入四象、五行成數，六、七、八、九之中。四象皆因天五之運用所致，故舉四象，則天五已然隱喻其內，此為天五退藏於密之義。惟歷代注疏諸家不明其由，是以略而不釋。若此，劉牧即稱大衍之數五十，實乃天地之用數，攸關揲蓍策籌，以推演天地陰陽，生成萬物，所具卦象之數。

　　劉牧為探索、解決，天地、大衍，滋益八卦乃至萬物之源，則提出「形由象生，象由數設」之「數→象→形（物）」獨創理論。惟其創論之宗，洵與「天一、地二、天三、地四」，四象生數與天五之參伍以變，有其先天、後天形上之象與形下器物，始終一脈，聯結推衍之因果。其言〈河圖〉，具形而上之先天意象，則奇陽之數對於先天陽卦；陰耦之數應於先天陰卦，則適得其所，毫無違忌。其視〈洛書〉，為形而下之後天寓意，則奇數映於後天陽卦，偶數照於後天陰卦，亦為理所當然，未有相背。

　　然張惠言不識劉牧形上、形下之先、後天底蘊，而將「〈河圖〉天地數」相比於後天八卦方位，尚以此抨擊劉牧不知駁雜陰陽，卻反形成己身陰、陽顛倒，錯誤無次之矛盾。

　　況鄭玄已犯「二變而為六，六變而為八」，違逆「二變而為八，八變而為六」之「陰以八為象，陰動而退」之律；以及「七、九、八、六亦是兩儀，亦為四象」之訛雜釋解；更且「兩般四象生成說」之模糊謬亂。若此三件淆舛不清之詮註，惠言居然無視，逕取以訾劉牧「天五不用而用」之趣旨，故其所據，洵然有虧，誠不足為道。

　　劉牧一概不睬眾儒陳述，亦且否定韓康伯沿襲王弼之論。惟提出太極即太初、元炁混而為一、始見炁之時；其炁已顯，非无之境。并詮太極生兩儀，

兩儀既分，即由天一而始，已然有數，繼而分存四象生數一、二、三、四；再由生數與天五之變化以成四象、五行之老陰六、水；少陽七、火；少陰八、木；老陽九、金及土十之數。總一、二、三、四、五、六、七、八、九、十，合得天地之極數五十五。然五十有五減五而成大衍之數，又自大衍去一而為四十有九，以推演天地萬物，是以劉牧謂大衍後於天地極數，且譏評康伯援王弼所稱「易始於太一，即太極，而為虛无」之注義，已然迂腐，不合情理。

　　劉牧云天地之數五十有五，由天一、地二、天三、地四、天五，計十五之數居內，外則圍繞五行成數六、七、八、九、十，四十之數。惟天五執變化樞紐，散乎木、火、土、金、水五行之位，踞中无定象，故天地之數除五而餘大衍五十。然天一同於〈乾〉卦☰用九「見群龍無首」、「天德不可為首」之旨，完備萬象生化肇始根本之稟付，猶如太初、太極之尊，儼為造化之主而巍然不動，若此大衍減一，祇用四十有九。

　　又言生數之地二、天三、地四，合得陽九之數；天三，喻如乾☰之三畫；地二、地四，譬為坤☷之六畫，若然，陽數之九，則為乾☰之三爻，俱坤☷之六段而成。陽九運幹，通暢於四象、五行成數，六、七、八者之間，是以揲蓍其用四十有九之要，即在於六、七、八、九，四象之數。

　　惟《遺論九事》「大衍之數五十」，談及「虛天一不用，象乎太極，而神功不測」，洵為相類王弼、韓康伯、顧懽、孔穎達之流，猶然同訓「其一不用，是易之太極，虛无之意」。且引鄭玄、穎達注疏之文，以佐五行之位，各自虛一，而為五行之藏用，以證天地五十有五，扣除虛五而成大衍五十之因。蓋此則與劉牧論天地五十五減「天五」實數之不類，故由兩處之牴牾，可斷《遺論九事》「大衍之數五十」，絕非劉牧所為，殆屬不知何代、甚名之先儒解注。

　　然李衡誤將《遺論九事》「大衍之數五十」，所載「虛天一而不用，象乎太極而神功不測也」以降之撰述，節刪接合劉牧之文，且錯視為劉牧之注，而全然輯錄於《周易義海撮要》。惟《撮要》之書，乃沿采房審權之《周易義海》損益而成，若然張冠李戴之舛，是否審權之際已然存在，已無從可考，惟此淆混訛竄之失，誠令後世學者渾然不察，而積非承襲，如葉良佩即犯此病，亦將同然雜駁之文，裒掇於《周易義叢》而傳世。惟李、葉雖皆有過，然所輯內容，卻恰可校覈補葺今本《遺論九事》缺漏之文字，猶尚屬有佳。

　　《遺論九事》「著數揲法」，亦相類於《遺論九事》「大衍之數五十」之情狀。開宗首句，即緣王、韓、顧、孔「其一不用，以其虛无，非所用也」之

趣，而云「虛一而不用也」。且指「其用四十九數」為混沌未分之「太極」，咸與劉牧「太極者，元炁混而為一之時」及「其用四十有九」之陳違忤。故由此已判，「蓍數揲法」之圖、文，斷非劉牧之作。然李衡仍謬為劉牧之敘，竟將「蓍數揲法」全文，錄記於《周易義海撮要》；葉良佩猶如李衡之般，亦然「錯把馮京當馬涼」，而纂次於《周易義叢》。

李衡、葉良佩於《易》學輯佚之采摘裒合，不可謂無功，然將先儒之言，雜加於劉牧之身，致使他人錯認而淪為前後抵牾、講解不一之輩，此般無心之惡劣，實不容小覷而輕忽。

如胡世安幾近一字不漏，芟夷抄襲《遺論九事》「蓍數揲法」，尚且繪示之圖，更是全然依循，甚至隻字未提，所列圖、文出於何處。若然，倘有不識「蓍數揲法」，本非劉牧之作者觀之，定然遭受李衡、葉良佩訛誤之影響，而以為胡氏之述，均源於劉牧，導致徵引淆舛，發為笑談。

劉牧反對褚、莊二氏「變月為日」之敘，惟亦以四正、十二辟卦之規，循褚、莊「一爻主一月」之算，以指謫、譏刺孔穎達之疏，為「不思之甚」。更藉〈繫辭〉，攻訛穎達援《易緯》、鄭玄「六日七分」以釋「七日來復」之差。

劉牧稱《易緯》及鄭玄，將六十四卦，三百八十四爻，除去〈坎〉☵、〈離〉☲、〈震〉☳、〈兌〉☱四正，二十四爻，剩餘三百六十之數，雖符〈繫辭〉當期之日，然與夫子所敘不類。故假十二消息，起子自〈復〉☷，止亥至〈坤〉☷，計十二月，相對十二卦，七十二爻，折算當期之日，且得一爻五日，每卦三十日，而非六日七分，若然，依此駁詰穎達，豈可取雜書《易緯》、賢人鄭玄之說，而破孔聖〈繫辭〉之原義。

劉牧為避其偏頗與衝突，既不摭《易緯》「爻別主一日」之式，更不用爻主「一月」或「一候」之類，而另創「天為陽、為奇，左旋，其數自少陽七至老陽九；地為陰、為偶，右動，其數自少陰八至老陰六，故老陰數六盡，則上接少陽七數生」之「七日來復」立論。

劉牧反對孔穎達專主《易緯》「六日七分」之配卦，遵守「待老陰六數盡，至七日，少陽乃生」之識見。然其字面之意，則與《遺論九事》「復見天地之心」：「六者，陰數也。……六乃老陰之數，至於少陽來復，則七日之象明矣」之語相彷，彼此或有該類同源之思想；且《易數鉤隱圖》「七日來復」與「復見天地之心」二圖無異，惟縱然如此，劉牧「七日來復」諸般之詮解，則與「復見天地之心」摘取「一爻為一日」，以釋〈復〉卦☷「七日來復」之陳述，

全然相悖。

　　況「復見天地之心」援《解微》及陸子之說，以證「七日來復」，又與劉牧末云「則合《經》注之意」，藉「王弼《經》注」以相應之結語不契，若然，由「一爻為一日」及「《解微》、陸子」兩處抵觸之辯析，確然可證《遺論九事》「復見天地之心」之作者定非劉牧，洵為不知何代、甚名之先儒文句。

　　然張文伯則斷章拼湊《遺論九事》「復見天地之心」〈論上〉、〈論下〉之文，全然訛記為劉牧所述。惟張文伯陰錯陽差之謬失，李榮陞亦出現相埒之疏舛，同然欲引劉牧「七日來復」之注，以佐個人之著，然皆牛頭不對馬嘴，而誤導於世。

　　許瑞宜雖有相互比較，竟也不查劉牧執「一爻為一月」，以駁穎達「六日七分」之事，竟指「復見天地之心」所采「一爻主一日」而云：「此與《鈎隱圖・七日來復圖》所持之論點相同。」其病可謂相類於張、李二氏。

　　惟袁公輔，逕自抄截《遺論九事》「復見天地之心」些許文句，摻為己見，且無註明來由。文中出現爭議諸字，咸與張文伯節錄一般，而袁氏後於文伯，恐其抄襲，或乃沿於張氏之處。

　　張文伯、李榮陞、許瑞宜，雖無抵牾文章竊取之譏，然皆粗疏大意，錯將前儒之言，冠為劉牧之創，然袁氏則殆已觸挂禁忌，淪為剽竊學術之徒。

　　綜覽《遺論九事》「復見天地之心」之〈論下〉全文，除《易》曰：『雷在地中』，動息也。復見天地心」句，及中間兩連詞「然則」、「故或」，為作者己身之字句，餘盡蓋由王弼、孔穎達、子夏三者注疏傳文之串連。若然以觀，《遺論九事》「復見天地之心」之作者，猶早位居袁公輔之首，表率引領「襲為己說」之尤矣。然張文伯，則變本加厲，竟將全文舛出劉牧之手，致使後人曲解，而世代流傳。

　　劉牧闡挟〈復〉卦䷗「七日來復」，咸未採摘漢、唐諸家「爻主一日」、「改月稱日」或「六日七分」之論述，亦未擇取「爻主一月」、「爻為一候」之申辯，另摛「七為少陽」之演繹，然則旨趣相異於陸希聲、王洙之詮敘。

　　劉牧創見之根本，洵以〈河圖〉四象、〈洛書〉成數「七、九、八、六」，為其推衍鋪陳之樞紐，恪遵〈繫辭〉「當期之日，三百有六十」之典式，既不侷促於一孔之見，亦能應和《遺論九事》「復見天地之心」所云：「六乃老陰之數，至於『少陽』來復」之意，且不違陸績「七日，陽之稱也。七、九稱陽之數也。……日亦陽也」之傳注，更且符契《易緯乾鑿度》所載：「是以陽動而

進，譬如陽氣之滋長，變七之九；陰動而退，猶如陽氣之消散，變八之六」之律。若然陽息陰消、陰長陽滅，陽極而陰生，陰至而陽始，是以七、九、八、六，往復巡迴，絲毫不爽，陰六之盡，亦即七陽來復。

劉牧以王弼：「陽氣始剝盡至來復時，凡七日」之說，為其論辯「七日」之根據。而孔穎達則援鄭玄所注「一，正之者也」，而疏「爻別主一日」。故沿每卦「六日七分」，進位小數，采擇「七日」以解王弼之義，惟此即為劉牧無可接受，且一再攻詰之癥結所在。劉牧洵非懷疑「六日七分」之理，純然無法苟同，穎達正義「七日來復」之偏固。

劉牧「七日來復」之「日」字，非以「天行之日」為示，反以同然陸績所傳「日亦陽也」之義訓註，此即李覯未能詳究，故不取劉牧陳述之關鍵。

惟朱震同然未能體悟，劉牧竭力詆切孔疏之原委，亦如穎達，遵奉《易緯》「一卦六日七分」、「爻別主一日」而舉成數以釋，且據此訾議劉牧。然朱震雖有別於穎達，另循六十卦值日之次以論〈中孚〉䷼七日來〈復〉䷗，惟此則與王弼沿〈剝〉卦䷖之後，銜接〈復〉卦䷗之《周易》卦序相悖，雖能閃避「六日七分」不容於十二辟卦之「一爻主一月」、「一爻主五日」、「一卦主一月」之矛盾，然則卦序之不允，誠為朱震始料未及，而無法圓滿者。

劉牧恪遵〈繫辭〉「三百有六十，當期之日」及《周易·序卦》之秩，嚴守陸績「日亦陽也」、王弼〈復〉卦䷗「七日來復」之注旨，兼顧十二辟卦、《黃帝內經》之演繹，不採眾家「七日」之詮註，免脫落入以偏概全之藩籬，獨以〈河圖〉四象、〈洛書〉五行成數「六、七、八、九」，結合《易緯乾鑿度》之「七變九、八變六」，七、九、八、六，陰陽進退、往復之法度，使其創論，跳出「爻主一日」、「爻主五日」、「爻主一月」、「卦主一月」相互混淆之圈圇，而不形成孤執一說之管見，所持「七為少陽」以傳註「七日來復」之獨特訓解，足堪成一家之言，洵不為過。

歷來諸儒，蓋皆沿襲〈序卦傳〉所著，大抵均視〈乾〉䷀居六十四卦之首。惟劉牧結合十二辟卦之剛、柔進退，兼備《易緯稽覽圖》、《易緯是類謀》之四正典式，尚且融入鄭玄、荀爽釋解之思想真諦，以成就〈乾〉䷀、〈坤〉䷁之第宅，坎☵、離☲始終之定規，故而提出相異眾家之主張，而稱〈復〉卦䷗為重卦之首。

六十四卦，重卦之首〈復〉䷗，生之於坎☵，一陽動於下卦震☳，震☳、坎☵，同為四正之卦，且震☳者，上交於外卦坤☷，若此形成四正之坎☵、震

☵與坤☷地、〈乾〉天☰之陽，四者彼此牽聯之關係。

　　然既有陽氣始生於坎☵子之〈復〉卦䷗，則亦當有陰氣初息於離☲午之〈姤〉卦䷫，若然形成離☲、巽☴、乾☰與〈坤〉地☷之陰，四者聯繫之情狀。惟巽☴者，非四正，〈姤〉卦䷫即與〈復〉卦䷗不同，是以劉牧為求離☲生天風〈姤〉卦䷫之離☲、巽☴、乾☰、〈坤〉☷之陰，能與坎☵生地雷〈復〉卦䷗之坎☵、震☳、坤☷、〈乾〉☰之陽，同然符契四正，天地，子午相因之意趣，故掇巽☴改兌☱之變易，以解巽☴非四正之惑。

　　劉牧遵奉十翼之〈說卦〉、〈序卦〉、〈彖〉、〈象〉及重卦諸言，兼採十二辟卦、《易緯稽覽圖》、《易緯是類謀》之脈絡，融合鄭玄、荀爽之箋注，開創六十四卦重卦之首為〈復〉卦䷗之闡釋，可謂舉一隅成三隅反之典範；惟以兌☱代巽☴，采摘變易之敘，藉〈歸妹〉䷵之〈象〉、初，以圓〈姤〉䷫缺四正之疑，則其說之可或不可，恐抑見仁見智，然整體而識，確然已樹一家之論。

　　太極生陰、陽兩儀，一、三象陽儀；二、四如陰儀，天五幹運其中，各與一、二、三、四交相駕和而生四象六、七、八、九，再因四象以生八卦，而推衍萬物。此即劉牧所稱陰、陽兩儀匹配，運其妙用所成之變化。惟其過程，猶如「道」者，一陰、一陽神奇相耦運行之理則一般。若此太極所生兩儀，演化而成木、火、土、金、水，五行之物，必然吻合「各含一陰、一陽之炁而生」之規律。然此亦即〈繫傳〉：「一陰、一陽之謂道」之涵育真諦。是以根究劉牧一陽起坎☵子生〈復〉䷗，而為重卦之首，惟子、午分陰、陽，一陰出離☲午生〈姤〉䷫，陰、陽終始，消長相輔，本為「道」之義理發揮與展現。

　　惟萬物皆有陰、陽和合之性，人且居萬物之首，稟承天、地五行之氣而生。若此，劉牧沿循《易緯乾坤鑿度》、《黃帝內經》、《易緯乾鑿度》所述，依天地外在五行，必然相應人體五臟之氣，同然成就內在五常之情，以詮釋「人稟五行」之蘊。故以離☲火，為五臟之心、五常之禮；兌☱金，為五臟之肺，五常之義；震☳木，為五臟之肝、五常之仁；坎☵水，為五臟之腎、五常之智。

　　◇離☲、✖坎☵、৺震☳、ɣ兌☱四者，分居南、北、東、西之處，中央之土，分旺四季，無卦可示，劉牧則因天五不用之理，而以十黑✖✖之點，代表土、為五臟之脾。尚且承襲毛亨、京房、《漢書》、《易緯乾坤鑿度》之言，執持「土性為信」，「水性為智」，故而歸結五行之木、火、土、金、水，對應人性五常之德，即為木仁、火禮、土信、金義、水智。

　　然劉牧承續鄭玄所云「當文王之時，紂為無道，故於是卦，為殷家著興

衰之戒以見」及虞翻「於周為八月」之敘，以解〈臨〉卦䷒「至于八月有凶」
之緣由。若然可知，劉牧訓注「至於八月有凶」，實因文王慨歎殷商之盛衰，
而為鑑誡後人所作之微言。且「八月」之數，蓋以周曆為本，即自周正子月起
算，迄周八月建未所致。

《周易》行世，姬昌（1152～1056B.C.）雖未王於天下，惟作卦辭之時，
已然端詳〈臨〉䷒、〈遯〉䷠，相對陽消陰息之卦象，配以周室曆數，隱喻八
月有凶以為告戒。俟周代商，周公頒定曆法，若此夫子十翼之〈彖〉，始明「剛、
柔浸長」之義，爾後漢儒，輔以十二辟卦，猶然契合夏曆丑、未相沖之值月，
且其自丑至未之周曆月數，洽如卦辭所示之「八月」。若此即知劉牧「至于八
月有凶」之「八月」旨趣，確然因習於鄭玄、虞翻一脈之思想淵流，毋庸置
辯，毫無疑慮。

惟李覯顯然全般誤解劉牧文意而加抨擊，思緒有欠允當；朱震猶然未識
劉牧論述之根由，誤以為承接於何氏，同然缺乏考校。若然以視，李、朱二
者，或謂同犯文人相輕之病，以致使然。

本章接續前章未竟之圖述研究，計有《易數鉤隱圖》：「天五第三」、「大
衍之數第十五」、「其用四十有九第十六」、「乾☰畫，三位第二十二」、「坤☷
畫，三位第二十三」、「陽中陰第二十四」、「陰中陽第二十五」、「乾☰獨陽第二
十六」、「坤☷獨陰第二十七」、「離☲為火第二十八」、「坎☵為水第二十九」、
「震☳為木第三十」、「兌☱為金第三十一」、「天五合地十為土第三十二」、「人
稟五行第三十三」、「坎☵生〈復〉卦䷗第四十三」、「離☲生〈姤〉卦䷫第四十
四」、「七日來復第四十六」、「〈臨〉卦䷒八月第四十七」、「〈遯〉卦䷠第四十
八」、「十日生五行并相生第五十五」，凡二十一圖。合併前章討論之三十四圖，
《易數鉤隱圖》全書五十五圖，業已全般完成分析與釐比。

本章於二十一圖中，發現劉牧為輔翼乾☰陽畫奇、坤☷陰畫偶及陽中有
陰，陰中有陽之陳敘，致使「乾☰畫，三位第二十二」與「陽中陰第二十四」；
「坤☷畫，三位第二十三」與「陰中陽第二十五」，兩、兩圖示，相互重複。
合算前章統計重複之圖數五，則《易數鉤隱圖》全書五十五圖中，共有七圖
之數重複。若然於焉可知，晁公武《郡齋讀書志》記錄《易數鉤隱圖》三卷，
何以稱圖數四十八之真象，迄此而得以大白。同然亦明晁公武其時《易數鉤
隱圖》之圖數，並未納入《遺論九數》之圖數，實際依然五十五數，與今本無
異。

　　且由本章之探索、解析，發現《遺論九事》之「大衍之數五十第三」、「蓍數揲法第八」、「復見天地之心第六」，計三處之圖、敘，咸非劉牧所作，概為不知年代及姓名之先儒纂述，惟劉牧反對「六日七分」，堅持「老陰六數盡，七日少陽生」，以釋「七日來復」之創論，雖與「復見天地之心」部分之言相類，然則彼此實際闡發之思想識具，殆屬南轅北轍，毫無交會。

　　前文已辨《遺論九事》，五處之圖、文，皆非劉牧所為。加之本章三處，合計已證八則之圖示、陳說，咸非劉牧之作。然《遺論九事》共有九則圖、敘，尚餘一處攸關律呂之圖、著。惟律呂之學，本即專門之科別，非單一小節，即可了然清楚。故而受限篇幅，本章未能查考析辯。然為求探究之徹底與圓滿，筆者即另闢章節，詳加研討。